혁명의 기술에 관하여

혁명의 기술에 관하여

Revolution at the Gates:
Selected Writings of Lenin from 1917

블라디미르 일리치 레닌

슬라보예 지젝 편집 및 서문 | 정영목 옮김

생각의힘

차례

파국과 혁명 사이에서 1   혁명의 기술에 관하여

일러두기

1. 『혁명의 기술에 관하여』는 Verso에서 출간한 *Revolution at the Gates* 2011년판의 'Introduction: Between the Two Revolutions'와 'Revolution at the Gates'를 우리말로 옮긴 것이다. *Revolution at the Gates*의 'Afterword: Lenin's Choice'는 『레닌의 유산: 진리로 나아갈 권리』로 출간하였다.

2. 이 책에 실린 레닌 글의 출전은 V. I. Lenin, *Collected Works*(4th English edition, 42 volumes, Moscow: Progress Publishers 1964)이다.

3. *Collected Works* 편집자의 주석은 일련번호로, 레닌의 주석은 *로, 한국어판 옮긴이 주석은 •로 표기하였다. 단 '지젝의 서문'에서는 지젝의 주석은 일련번호로 표기하였다.

4. 단행본은 『 』, 신문, 잡지, 영화, 노래, 강령, 의사록, 팸플릿 등은 「 」로 표기하였다.

5. 날짜 표기는 러시아력(율리우스력)을 기본으로 표기하되 괄호 안에 신력을 넣었다.

6. 본문에서 굵게 표시한 글자는 슬라보예 지젝이 강조한 부분이다.

지젝의 서문

레닌을 재현실화한다는 생각에 대한 공중의 첫 번째 반응은 물론 빈정거리는 폭소다. 마르크스는 좋다. — 오늘날에는 심지어 월스트리트에도 여전히 마르크스를 좋아하는 사람들이 있다. 자본주의의 힘을 완벽하게 묘사한 상품의 시인 마르크스, 우리 일상생활의 소외와 물화를 보여준 '문화 연구'의 마르크스. 그러나 레닌은 — 안 되지, 농담이겠지! 레닌은 마르크스주의를 실천에 옮기려는 노력의 **실패**, 20세기 세계 정치 전반에 자취를 남긴 커다란 재앙, 경제적으로 비능률적인 독재로 치닫고 만 '현실 사회주의' 실험 등을 대표하는 사람 아닌가? 따라서 오늘날 급진 좌파(얼마가 남아 있든) 사이에 합의가 있다면, 그것은 급진적인 정치 기획을 소생시키려면 먼저 레닌의 유산을 등져야 한다는 것이다. 계급투쟁의 무자비한 강조, 조직의 특권적 형식인 '당', 권력의 폭력적이고 혁명적인 장악, 그 뒤에 이어지는 '프롤레타리아 독재' ⋯ 이 모든 것이 좌파가 '탈산업적' 후기 자본주의라는 조건에서 살아남을 기회라도 가지려면 버려야 하는 '좀비가 된 개념들' 아닌가?

겉으로 보기에 설득력 있는 이런 논증에서 문제는 『무엇을 할 것인가』에서 자신의 생각과 실천의 기본 좌표를 정리한 뒤 그 뒤로 가차 없이 그것을 추구하기만 한 지혜로운 혁명 지도자라는 레닌의 기존 이미지를 너무 쉽게 받아들인다는 것이다. 레닌에 관하여 다른 이야기를 할 것이 있다면 어쩔 것인가? 오늘날의 좌파가 진보 운동의 시대 전체의 종말이라는 충격적인 경험을 하고 있는 것은 사실이다. 이 경험은 그 기획의 기본 좌표 자체를 다시 만들어낼 것을 강요하고 있다. 기억해야 할 것은 레닌주의를 낳은 것이 바로 이에 상응하는 경험이었다는 점이다. 1914년 가을, 유럽의 모든 사회민주주의 정당들(러시아의 볼셰비키와 세르비아의 사회민주주의자들이라는 존경할 만한 예외가 있었지만)이 '애국주의적 노선'을 채택했을 때 레닌이 받은 충격을 상상해보라. 레닌은 심지어 독일 사회민주주의자들이 제국의회 Reichstag에서 군사 예산에 찬성표를 던졌다고 보도한 사회민주주의자들의 일간신문 「포어베르츠Vorwärts」가 러시아 노동자들을 속이려는 러시아 비밀경찰의 위조품이라고 생각했을 정도였다. 유럽 대륙을 둘로 쪼갠 이 군사적 갈등의 시대에 어느 한편을 들어야 한다는 관념을 거부하는 것, 자기 나라의 '애국적 열정'과 대항하여 싸우는 것이 얼마나 어려웠겠는가! 얼마나 많은 위대한 정신들(프로이트를 포함하여)이 불과 단 두 주라 해도 민족주의적 유혹에 굴복했던가!

1914년의 이 충격은 알랭 바디우Alain Badiou의 표현을 빌자면 재난désastre, 세계 전체가 사라진 재앙이었다. 진보에 대한 목가적이고 부르주아적인 믿음만이 아니라, 그것과 동행했던 사회주의 운동도 사라졌다. 레닌 자신(『무엇을 할 것인가』의 레닌)도 발밑의 땅이 꺼지는 느낌을 받았다. 그의 절망적인 반응에서는 어떤 만족감도 찾아볼 수 없다. "내가 그럴 거라고 했잖아!" 하며 고소해하는 태도는 찾아볼 수가 없다. 이 절망Verzweiflung의 순간, 이 재앙이 레닌적 사건의 터를 닦았다. 제2인터내셔널의 진화론적 역사주의를 깨는 터를 닦아준 것이다. 그리고 이것을 깨달은 유일한 사람, 재앙의 '진실'을 분명하게 표현한 유일한 사람이 레닌이었다. 이 절망의 순간을 거치면서 헤겔의 『논리학』을 정독한 결과, 혁명의 독특한 기회를 발견하는 능력을 갖춘 레닌이 태어났다.[1]

오늘날, '높은 수준의 이론'과 가장 구체적인 정치 투쟁 사이의 이런 관련을 강조하는 것은 중요한 일이다. 노엄 촘스키Noam Chomsky처럼 참여하는 지식인조차 진보적인 정치 투쟁에서 이론적 지식은 하찮은 것이라고 폄하하는 판이기 때문이다. 신자유주의적인 전 지구화 모델에 대항한 오늘날의 투쟁에서 위대한 정치적·사회적 이론서를 공부하는 것이 무슨 도움이 되는가? 우리는 분명한 사실들(촘스키가 그의 수많은 정치적 텍스트에서 하고 있듯이 그것은 그냥 공개하기만 하면 된다) 또는 전혀 이해할 수 없는 불가해한 복잡성을 다루고 있는 것이 아닌가? 이런 반이론적 유혹과 싸우려면, 자유, 권력, 사회에 관한 수많은 이론적 가설에 관심을 돌리게 하는 것만으로는 부족하다.

---

1   이 대목은 세바스티앙 뷔젱(Sebastian Budgen), 유슈타슈 쿠벨라키스(Eustache Kouvélakis)와 나눈 대화에서 도움을 받았다.

그런 것은 촘스키의 정치적 텍스트에도 풍부하다. 오늘날 더 중요한 것은 인류 역사상 처음으로 일상적 경험(생명공학, 생태학, 사이버공간, 가상현실)이 우리 **모두**에게 자유와 인간 정체성의 본질 등 기본적인 철학적 쟁점들과 대면하도록 강요한다는 점일 것이다.

레닌으로 돌아가보자. 그의『국가와 혁명』은 1914년의 충격적인 경험과 밀접한 관련을 맺고 있다. 레닌이 이 작업에 주체적으로 완전하게 몰입했다는 것은 1917년 7월 카메네프에게 보낸 유명한 편지에서도 분명하게 알 수 있다.

> 이건 우리끼리만 하는 이야기요. 만일 그들이 나를 죽이면, "마르크스주의와 국가"라는 제목의 내 노트(스톡홀름에 있소)를 출판해주기 바라오. 파란 표지의 노트요. 이것은 마르크스와 엥겔스의 말, 또 판네쿡 Anton Pannek* 을 논박하는 카우츠키Karl Johann Kautsky의 말을 인용해 모아놓은 것이오. 거기에 일련의 논평과 메모, 정리해놓은 생각 등이 붙어 있소. 일주일이면 출판할 수 있을 거요. 나는 이것이 중요하다고 생각하오. 플레하노프만이 아니라 카우츠키도 잘못 생각했기 때문이오. 단, 이건 모두 우리끼리만 하는 이야기요.[2]

여기에서는 실존적 참여가 극에 달하고 있다. 레닌의 '유토피아'의 핵심이 1914년의 재앙의 잿더미에서, 제2인터내셔널 정통주의

•   네덜란드 출신의 마르크스주의자이자 천문학자.

2   V. I. Lenin, *Collected Works*, Moscow: Progress Publishers 1965, vol. 42, p. 67.

의 청산에서 생겨나고 있는 것이다. 부르주아 국가, 즉 국가 **자체**를 박살내고, 상비군, 경찰, 관료 없이 모두가 사회적 문제의 관리에 참여하는 새로운 공동체적 사회 형식을 만들어내야 한다는 급진적 명령이 나온 것이다. 레닌에게 이것은 먼 미래를 위한 이론적 기획이 아니었다. 그는 1917년 10월에 이렇게 주장했다. "2,000만 명은 안 되더라도 1,000만 명으로 이루어진 국가기구는 즉시 가동할 수 있다."[3] **이러한 순간의 몰아침이 진정한 유토피아다.** 우리가 고수해야 하는 것은 이런 레닌주의적 유토피아의 **광기**(엄격하게 말하자면 키에르케고르적인 의미에서)다. 따라서 스탈린주의는 굳이 따진다면 현실주의적 '상식'으로의 회귀를 나타낸다. 『국가와 혁명』의 폭발적 잠재력은 엄청나다. 이 책에서는 "서양의 정치 전통의 어휘와 문법이 순식간에 의미를 잃어버린다."[4]

그다음에 이어진 시기는 알튀세르Louis Althusser의 마키아벨리에 관한 텍스트의 제목을 빌어 '레닌의 고독la solitude de Lénine'이라고 부를 수 있다. 기본적으로 레닌 혼자 버티며 자신의 당 내의 흐름과 맞서 싸우던 시기이기 때문이다. 레닌이 「4월테제」(1917)에서 그 순간Augenblick, 즉 혁명의 독특한 기회를 발견했을 때, 당의 동료 대다수가 처음에는 레닌의 제안에 무감각과 경멸을 드러냈다. 볼셰비키당의 저명한 지도자 가운데 레닌의 혁명 요구를 지지하는 사람은 한 명도 없었다. 「프라우다Pravda」는 레닌의 「4월테제」가 당, 그리고

---

3   Neil Harding, *Leninism*, Durham, NC: Duke University Press 1996, p. 309에서 인용.

4   같은 책, p. 152.

편집진 전체의 의견과 관련이 없다고 밝히는 예외적인 글을 실었다. 레닌은 대중의 지배적인 분위기에 영합하고 그것을 활용하는 기회주의자와는 거리가 멀었던 셈이다. 외려 그의 입장은 매우 특이했다. 보그다노프는 「4월테제」를 "미치광이의 헛소리"라고 불렀다.[5] 심지어 나데즈다 크루프스카야 * 자신도 이렇게 결론을 내렸다. "레닌이 미친 것처럼 보여 걱정스럽다."[6]

이것이 우리가 여전히 뭔가 배울 것이 있는 레닌이다. 레닌이 위대한 것은 이런 재앙과 같은 상황에서 **성공을 두려워하지 않았기** 때문이다. 이것은 로자 룩셈부르크Rosa Luxemburg와 아도르노Theodor Wiesengrund Adorno에게서 발견되는 부정적인 페이소스와 대조를 이룬다. 이들 두 사람에게 궁극적인 진정한 행동이란 실패 — 이것이 상황의 진실을 드러낸다. — 를 받아들이는 것이었다. 그러나 레닌은 1917년 때가 무르익기를 기다리지 않고 선제 파업을 조직했다. 1920년에는 노동계급(내전에서 다수가 죽었다)이 없는 노동계급 정당의 지도자로서 국가를 조직하는 일에 착수하여, 정당이 자신의 기초, 즉 자신의 노동계급을 조직한다 — 심지어 재창조한다. — 는 역설을 완전히 받아들였다.

1차 혁명으로 차르 체제를 무너뜨리고 민주주의적 체제를 수립한 1917년 2월부터 10월의 2차 혁명에 이르는 기간에 레닌이 쓴 글들보다 이런 위대함이 더 분명하게 드러나는 곳은 없다. 이 책의 첫

---

5   같은 책, p. 87.
•   레닌의 부인.
6   같은 곳.

글(「멀리서 쓴 편지들」)은 레닌이 독특한 혁명적 기회를 처음 파악하는 과정을 드러내며, 마지막 텍스트(「페테르부르크 노동자·병사 대의원 소비에트 회의」의 의사록)는 볼셰비키의 권력 장악을 선언한다. '독창적인 혁명 전략가 레닌'에서부터 '상연된 유토피아(국가기구의 즉각적 철폐)의 레닌'에 이르기까지 모든 것이 여기에 있다. 다시 키에르케고르를 참조해보자. 우리가 이 글들에서 인식하게 되는 것은 **생성 중인 레닌**이다. 아직 '소비에트 제도 레닌'이 되기 전, 열린 상황에 내던져진 레닌이라는 것이다. "역사의 종말"이라고 일컬어지는 후기 자본주의적 봉쇄 속에서 우리가 지금도 그런 진정한 역사적 열림의 엄청난 충격을 경험할 수 있을까?

1917년 2월 레닌은 거의 익명의 정치적 이주자로 취리히에 좌초해 있었으며, 러시아와 연락할 수 있는 믿을 만한 통로도 없었다. 러시아 상황도 거의 스위스 언론을 통해 접했다. 그런데 1917년 10월에는 처음으로 성공한 사회주의혁명을 지도했다. 도대체 그 사이에 무슨 일이 있었던가? 2월에 레닌은 즉시 혁명적인 기회를 인식했다. 독특한 우연적인 상황들이 빚어낸 결과물이었다. 만일 이 순간을 포착하지 못하면, 어쩌면 수십 년 동안 혁명의 기회가 다시 오지 않을 수도 있었다. 10월에 위험을 무릅쓰고 다음 단계로 나아가자고, 즉 혁명을 반복하자고 완강하게 고집한 사람은 레닌 혼자였다. 그는 자신의 당의 중앙위원회 위원들 다수에게 조롱을 당했다. 여기에 추려 모은 텍스트들에서 우리는 레닌이 자신의 전망을 밀어붙이던, 고집스럽고, 끈기 있고, 종종 좌절감을 안겨주던 혁명적 작업을 일별할 수 있을 것이다. 그러나 비록 레닌의 개인적인 개입이 불가결했다고는 해도, 10월혁명의 이야기를 외로운 천재가 방향을 잃은 대중과 맞서 서서히 자신의 전망을 밀어붙인 이야기로 바꾸어서는 안 된다. 레닌이 성공했던 것은 그의 호소가 '당'의 노멘클라투라 nomenklatura*를 우회하여, 엄청나게 분출한 풀뿌리 민주주의 — 내가 혁명적 미시정치라고 부르고 싶은 유혹을 느끼는 것 — 에서 반향을 일으켰기 때문이다. 당시 러시아에서는 모든 대도시에서 지역위원회들이 생겨나 '합법' 정부의 권위를 무시하고 자신의 손으로 일을 처리하고 있었다. 이것이 10월혁명에서 언급되지 않은 이야기이며, 쿠데타를 성취한 극소수의 무자비한 헌신적 혁명가들 집단이 등장하는 신화의 이면이다.

오늘날의 독자들에게 가장 먼저 눈에 띄는 것은 1917년의 레닌의 텍스트들이 직접 **읽을 만하다**는 것이다. 긴 주석을 달아 설명할 필요가 없다. 이상하게 들리는 이름들을 모르더라도 무엇이 핵심적인 문제인지 금방 눈에 들어온다. 오늘날의 시점에서 거리를 두고 보면 이 텍스트들은 자신들이 참여하는 투쟁의 윤곽을 그려내는 데 거의 고전적인 명료함을 보여준다. 레닌은 상황의 역설을 완전하게 이해하고 있다. 2월혁명으로 차르 체제가 무너지고 난 뒤인 1917년 봄에 러시아는 유럽 전체에서 가장 민주적인 나라였다. 전례 없는 수준의 대중 동원, 조직의 자유, 언론의 자유를 보여주고 있었다. 그러나 이런 자유 때문에 외려 상황은 불투명했다. 대단히 모호했다.

- 라틴어에서 파생한 러시아어로, 특권을 가진 간부직에 있는 사람들 또는 특권 관료 체제 전반을 의미하기도 한다.

두 혁명(2월혁명과 10월혁명) 사이에 쓴 레닌의 모든 텍스트들을 꿰는 실이 있다면 그것은 다양한 정당과 기타 정치적 주체들 사이에 벌어지는 정치투쟁의 '분명한' 형식적 윤곽과 그 실제적인 사회적 목표(즉 각적인 평화, 토지 분배, 그리고 물론 "모든 권력을 소비에트로", 즉 기존 국가기구의 해체와 그것을 코뮌 같은 형태의 새로운 사회적 관리로 대체하는 것) 사이에 간극이 있다는 레닌의 주장이다. 이 간극은 숭고한 열망 속에서 자유가 폭발한다는 상상으로서의 혁명, 즉 '모든 것이 가능해 보이는' 상황에서 보편적 연대가 이루어지는 마법의 순간으로서의 혁명과 이런 열망의 폭발이 관성을 가진 사회적 구조물 자체에 흔적을 남기게 하려고 할 경우에 수행해야 하는 사회적 재건이라는 어려운 **일** 사이의 간극이다.

이 간극 — 프랑스혁명에서 1789년과 1793년 사이의 간극의 반복 — 이 레닌이 독특하게 개입했던 바로 그 공간이다. 혁명적 **유물론**의 근본적인 교훈은 혁명이 두 번 일어난다는 것이며, 여기에는 그럴만한 핵심적인 이유들이 있다. 이 간극은 단지 형식과 내용 사이의 간극이 아니다. '1차 혁명'에서 빠진 것은 사실 내용이 아니라 **형식 자체**다. 혁명은 낡은 형식 속에 그대로 처박힌 채, 기존의 국가기구와 그 민주적 기구를 그냥 이용하기만 하면 자유와 정의를 이룰 수 있다고 생각한다. 만일 '좋은' 당이 자유선거에서 승리하여, 사회주의적 변혁을 '합법적으로' 수행해 나간다면 어떻게 될까? (거의 우스꽝스럽다고까지 할 수 있는 이런 환상의 가장 명료한 표현은 1920년대에 카를 카우츠키가 정리한 테제, 즉 사회주의의 첫 단계, 자본주의로부터 사회주의로 이행하는 단계의 논리적인 정치 형식은 부르주아 정당과 프롤레타리아 정당의 의회 내 연립이라는 테제다.) 이 점은 근대 초기에서 완벽하게 유사한 예를 찾아볼 수 있다. 당시 교회의 이데올로기적 헤게모니에 대한 반대는 처음에는 다른 종교적 이데올로기라는 형식, 즉 **이단**으로 표현되었다. 이와 마찬가지로 '1차 혁명'의 주도자들은 자본주의적 민주주의라는 정치 형식 내에서 자본주의적 지배를 전복하고자 한다. 이것은 헤겔이 말하는 "부정의 부정" 과정이다. 우선 구질서는 그 자체의 이데올로기적, 정치적 형식 내부에서 부정된다. 그다음에는 이런 형식 자체가 부정된다. 동요하는 사람들, 이 형식 자체를 극복하는 두 번째 걸음을 내딛기를 두려워하는 사람들은 (로베스피에르Maximilien de Robespierre의 말을 되풀이하자면) "혁명 없는 혁명"을 원하는 사람들이다. 레닌은 이런 후퇴의 다양한 형태들을 분별해내는 데서 그의 '의심의 해석학'이 지닌 모든 힘을 보여준다.

　레닌은 1917년의 글들에서 혁명에 대한 어떤 '보장'을 찾는 일에 몰두한 사람들을 위해 가장 신랄한 아이러니를 아껴두었다. 이 보장은 두 가지 주요한 형태를 띤다. 그것은 레닌이 되풀이하여 지적하듯이, 사회적 '필연성'이라는 물화된 개념(너무 일찍 혁명을 하는 모험을 하면 안 된다. 역사적 발전 법칙의 관점에서 때가 '무르익는' 적당한 순간을 기다려야 한다. "사회주의 혁명을 하기에는 너무 이르다. 노동 계급은 아직 성숙하지 않았다"), 아니면 규범적('민주주의적') 정통성("주민 다수가 우리 편이 아니다. 따라서 혁명은 민주적이지 못하다")이었다. 마치 혁명적 행위자가 국가 권력을 장악하는 모험을 하기 전에 대타자the big Other인 어떤 인물로부터 허락을 받아야 한다(다수가 혁명을 지지한다는 것을 확인해줄 국민투표를 한다든가)는 듯한 태도인 것이다. 라캉의 경우와 마찬가지로 레닌의 경우에도 핵심은 혁명이 오직 스스로 권위를 부여할 뿐ne s'autorise que d'elle-même 이라는 점이었다. 우리는 대타자가 보호해주지 않는 혁명적 **행동**에 나서야 한다는 것이다. '때 이르게' 권력을 잡는 것을 두려워하고 보장을 찾는 것은 행동의 심연에 대한 두려움 때문이다. 이것이 레닌이 끊임없이 비난하는 '기회주의'의 궁극적 형태다. '기회주의'란 그 자체로, 본디, 행동에 대한 두려움을 '객관적' 사실, 법칙, 규범이라는 보호막으로 가리는 그릇된 태도라는 것이 레닌의 전제다. 그래서 기회주의와 싸우는 첫걸음은 그것을 분명하게 **알리는** 것이다. "그러면 무엇을 할 것인가? 우리는 '사실을 말해야 한다ausprechen was ist'. 우리 중앙위원회 내부에 … 경향 또는 의견이 있다는 사실을 인정해야 한다…"[7]

레닌의 답은 다른 일군의 '객관적 사실들'을 참조하는 것이 아니라, 로자 룩셈부르크가 10년 전 카우츠키에 반대하여 펼친 주장을 반복하는 것이다. 혁명의 객관적 조건이 다가오기를 기다리는 사람은 영원히 기다리게 될 것이다. 그런 객관적 관찰자(참여하는 행위자가 아니라)의 입장 자체가 혁명의 주요한 장애물이다. 제2단계에 대한 형식민주주의적 비판에 맞선 레닌의 반론은 이런 '순수 민주주의적' 선택 자체가 유토피아적이라는 것이다. 러시아의 구체적인 상황에서 부르주아 민주주의적 국가는 생존할 가능성이 없다. 2월혁명의 진정한 이익(결사와 언론의 자유 등)을 보호하는 유일하게 '현실적인' 방법은 사회주의혁명으로 나아가는 것이며, 그렇지 않을 경우 차르를 지지하는 반동이 승리하게 된다.

---

7   9장 「위기가 무르익었다」, p. 219 참조.

불필요하다는 것을 알기 위해서 반드시 해보아야만 하는 일이 있다. 이것이 정신분석학의 일시성 개념의 기본적 교훈이다. 치료 과정에서 사람들은 그릇된 방향으로 나아가 몇 달을 허비하다가 '갑자기 깨달으며' 올바른 방법을 찾게 된다. 뒤돌아보면 이런 우회는 불필요한 것인 동시에 필수적인 것이었다. 혁명에도 똑같은 이야기를 할 수 있지 않을까? 그렇다면 레닌이 말년에 볼셰비키 권력의 한계를 완전히 알게 되었을 때 무슨 일이 일어났을까? 우리가 레닌과 스탈린을 대립시키는 것은 바로 이 대목에서다. 레닌이 『국가와 혁명』에서 유토피아를 부인하고 나서 오랜 시간이 흐른 뒤에 쓴 마지막 글들에서는 볼셰비키 권력이 해야 할 일에 대한 겸허하고 '현실적인' 기획의 윤곽을 발견할 수 있다. 러시아 대중의 경제적 저개발 상태와 문화적 후진성 때문에 러시아가 '사회주의로 직접 이행'하는 것은 불가능하다. 소비에트 권력이 할 수 있는 일이란 '국가 자본주의'라는 온건한 정치와 무기력한 농민 대중에 대한 강력한 문화 교육을 결합하는 것뿐이다. '공산주의 선전'이라는 세뇌가 아니라, 인내심을 가지고 점진적으로 선진적이고 문명화된 기준들을 밀어붙이는 것이다. 사실과 수치들을 보면 "서유럽의 보통 문명국 수준에 이르려면 우리가 해야 할 다급하고 힘겨운 기초 작업이 얼마나 엄청난지" 알 수 있다. "우리는 우리가 아직 반아시아적 무지로부터 벗어나지 못했다는 점을 염두에 두어야 한다."[8] 그래서 레닌은 모든 종류의 직접적

---

8   V. I. Lenin, "Pages from a Diary", in *Collected Works*, Moscow: Progress Publishers 1966, vol. 33, p. 463.

인 '공산주의 이식'에 되풀이하여 반대한다.

> 이것을 우리가 농촌에 엄격하게 공산주의적인 관념들을 즉시 순수한 형태로 선전해야 한다는 [의미로]* 이해해서는 절대 안 된다. 우리의 농촌에 공산주의를 세울 물질적 기초가 없는 한, 공산주의가 그렇게 보급되는 것은 해로울 수 있다. 사실 치명적일 수도 있다.[9]

그의 되풀이되는 주제는 이것이다. "지금 가장 해로운 것은 서두르는 것이다."[10] 스탈린은 이런 '문화혁명'의 입장에 반대하여 "한 국가에서 사회주의를 건설"한다는 철저하게 반레닌주의적 관념을 채택했다.

그렇다면 레닌은 암묵적으로 볼셰비키의 유토피아주의에 대한 멘셰비키의 일반적인 비판, 즉 혁명은 미리 정해진 필연적인 단계들을 따라야 한다(혁명은 물질적 조건들이 자리를 잡을 때에만 일어날 수 있다)는 관념을 받아들인 것일까? 바로 이 대목에서 우리는 레닌의 세련된 변증법적 감각이 작동하는 모습을 관찰할 수 있다. 1920년대 초에 이르러 레닌은 볼셰비키 권력의 주요 임무가 진보적인 부르주아 정권의 과제(의무교육 등)를 수행하는 것임을 잘 알고 있다. 그러나 이런 과제를 수행하는 것이 프롤레타리아혁명 권력이라는 사실은 이

---

* 인용문에서 꺽쇠괄호는 인용자가 자신의 말을 집어넣고 싶을 때 일반적으로 사용한다.

9 같은 책, p. 465.

10 V. I. Lenin, "Better Fewer, but Better", in *Collected Works*, vol. 33, p. 488.

상황을 근본적으로 바꾸어놓는다. 이런 '문명화' 조치들을 제한적인 부르주아 이데올로기적 틀을 제거한 방식으로 수행할 독특한 기회(의무교육이 편협한 부르주아의 계급적 이해관계를 선전하는 사업의 이데올로기적 위장이 아니라 진정한 의무교육이 될 것이다 등)가 있는 것이다. 따라서 러시아의 **가망 없는 상황**(프롤레타리아 권력이 부르주아적 문명화 임무를 수행할 수밖에 없는 후진성) 자체가 독특한 이점으로 전환될 수 있다는 것이야말로 올바른 변증법적 역설인 것이다.

만일 이렇게 철저하게 가망 없는 상황이 노동자와 농민을 열 배로 자극하여 우리에게 서유럽 국가들과는 다른 방식으로 문명의 근본적인 필수 요소들을 만들어낼 기회를 준다면 어떨까?[11]

여기에 혁명의 두 가지 모델, 두 가지 양립할 수 없는 논리가 있다. 하나는 역사적 진화의 필연성을 따라 혁명이 '그 나름의 적당한 때'에 폭발할 순간, 최종적 위기가 무르익은 목적론적 순간을 기다리는 사람들의 입장이다. 또 하나는 혁명에는 '적절한 때'라는 것이 없다는 사실을 아는 사람들, 혁명적 기회가 나타나면 '규범적인' 역사적 발전을 우회해서라도 잡아야만 한다는 것을 인식하는 사람들의 입장이다. 레닌은 의지를 앞세우는 '주관론자'가 아니다. 그가 강조하는 것은 예외(1917년 러시아의 경우처럼 특별한 일군의 상황들)가 규범 자체를 바꾸어버릴 방법을 제공한다는 것이다.

---

11 V. I. Lenin, "Our Revolution", in *Collected Works*, vol. 33, p. 479.

이런 논리, 이런 근본적 입장은 오늘날 그 어느 때보다 시의적절하지 않을까? 우리 역시 정치적 행위자들을 포함하여 국가와 그 기구가 핵심적인 쟁점들을 점점 표현하지 못하는 시대에 살고 있지 않은가? 다름 아닌 존 르 카레[John Le Carré*]가 그 점을 최근에 이렇게 표현했다. "정치가들은 세계의 진정한 문제들을 무시하고 있다."(그가 말하는 문제란 생태, 건강관리의 악화, 궁핍, 다국적기업의 역할 등이다.) 르 카레는 단지 일부 정치가들의 단견만 지적하는 것이 아니다. 만일 그가 하는 말을 진지하게 받아들인다면, 유일한 논리적 결론은 우리에게 이런 핵심적인 문제들을 직접 '사회화'할 새로운 **정치화 형식**이 긴급히 필요하다는 것이다. 러시아의 다급한 문제들(평화, 토지 분배 등)을 '합법적'인 의회적 수단을 통하여 풀 수 있다는 1917년의 착각은, 예를 들어 생태적 위협을 생태에 대한 시장 논리(오염을 일으키는 사람이 그들이 끼친 피해의 대가를 지불하게 한다)를 확대하여 피할 수 있다는 오늘날의 착각과 똑같다.

'레닌'은 낡은 교조적 확실성을 가리키는, 노스탤지어에 젖은 이름이 아니다. 정반대다. 우리가 건져내야 할 레닌은 낡은 좌표가 아무런 쓸모가 없게 된 상황, 재앙에 가까운 그런 새로운 상황에 내던져지는 근본적인 경험을 했던 레닌이며, 그런 상황에서 어쩔 수 없이 마르크스주의를 다시 만들어내야 했던 레닌이다. 어떤 새로운 문제에 관하여 레닌이 했던 신랄한 말을 들어보자. "이 문제에 관해서 마르크스와 엥겔스는 아무 말도 하지 않았다." 핵심은 레닌으로 회귀하는 것이 아니라, 키에르케고르적인 의미에서 레닌을 **반복**하는 것이다. 오늘날의 상황에서 똑같은 충동을 되살리자는 것이다. 레닌으로 돌아가자는 것은 노스탤지어에 젖어 '좋았던 옛 혁명기'를 **재상연**하자는 것도 아니고, 낡은 강령을 '새로운 조건'에 맞게 기회주의적·실용주의적으로 **조정**하자는 것도 아니다. 제국주의와 식민주의라는 조건에서, 더 정확하게 말하자면 1914년의 재앙으로 오랜 진보주의 시대가 정치·이데올로기적으로 붕괴한 뒤에 혁명적 기획을 다시 만들어낸 레닌의 행동을 현재의 세계적인 조건에서 **반복**하자는 것이다. 에릭 홉스봄은 20세기라는 개념을 장기간에 걸친 자본주의의 평화적 팽창이 끝난 1914년부터 '현실적으로 존재하는 사회주의'가 붕괴한 뒤 세계 자본주의의 새로운 형태가 나타난 1990년까지라고 규정했다.[12] 우리는 레닌이 1914년에 대응하여 한 일을 1990년에 대응하여 해야 한다. '레닌'은 식상한 기존의 (탈)이데올로기적 좌표들을 중단시킬, 우리가 살고 있는 맥 빠지는 사고 금지Denkverbot 상황을 중단시킬 강력한 자유를 의미한다. '레닌'이란 그냥 다시 생각을 해도 좋다는 뜻이다.

레닌의 기여를 평가할 때 레닌이라는 **개인**은 어떤 역할을 할까? 사실 우리는 그를 어떤 혁명적 입장의 순수한 상징으로 단순화하고 있는 것이 아닐까? 마르크스는 1862년 7월 30일 엥겔스에게 보낸 편지에서 페르디난트 라살Ferdinand Lassalle — 독일 사회민주주의

12   Eric Hobsbawm, *The Age of Extremes*, New York: Vintage 1996.

의 공동 창립자이자 그 안에서 영향력을 놓고 마르크스와 경쟁했던 사람 ― 을 가리켜 "포마드와 싸구려 보석으로 위장한 번드르르한 유대인"이라고 했을 뿐 아니라, 더 가혹하게 "유대계 검둥이"라고도 했다. "그의 머리 모양과 머리카락이 자라는 모양으로 보아 그가 모세의 출애굽 때 끼어들었던 흑인의 후손이라는 것이 이제 아주 분명해 보이네(그게 아니면 그의 어머니나 친할머니가 흑인과 교잡한 거겠지)."[13] 우리는 이런 진술을 마르크스의 이론의 유럽중심주의적 편견의 증거로 읽는 대신, 그것이 근본적으로 그의 이론과 **관련이 없다**고 간단하게 처리해버려야 한다. 이 진술의 유일하게 긍정적인 의미라고 한다면 그 덕분에 우리가 마르크스를 묘사한 어떤 성인전聖人傳에도 빠져들지 않을 수 있다는 것이다. 이것이 한 인간 마르크스와 그의 이론 사이의 줄일 수 없는 간극을 분명하게 드러내기 때문이다. 사실 그의 이론이야말로 바로 그런 인종차별적 태도의 분출을 분석하고 비판할 도구들을 제공한다. 물론 레닌을 두고도 똑같은 말을 할 수 있다. 그의 이른바 '무자비함'은 스탈린주의 성인전에 나오는 고양이나 어린아이를 사랑한 것과 똑같은 자리를 차지한다.

1956년 러시아 탱크들이 헝가리 폭동을 짓밟은 뒤 게오르크 루카치(그는 임레 나지 정부에 참여했다)는 죄수가 되었다. KGB 장교가 그에게 무기를 소지했냐고 묻자, 루카치는 차분하게 호주머니에 손을 넣어 자신의 펜을 꺼내주었다.[14] 이 제스처에 담긴 뜻이 여기에 모은

---

13   *Marx-Engels-Werke*, Berlin(GDR): Dietz Verlag 1968, vol. XXX, p. 259.

14   Arpad Kadarkay, *Georg Lukács*, Oxford: Blackwell 1991, p. 434.

레닌의 텍스트들에도 적용되는 것이 아닐까? 만일 펜이 무기였던 적이 있다면, 레닌이 1917년 텍스트들을 쓸 때 사용한 그 펜이야말로 무기였다.

파국과 혁명 사이에서

1

멀리서 쓴 편지들[1]

1 이 장의 첫 네 편지는 1917년 3월 7일에서 12일(20일에서 25일) 사이에 썼다. 다섯 번째 미완성 편지는 레닌이 스위스를 떠나기 전날 저녁인 1917년 3월 26일(4월 8일)에 썼다.

러시아에서 혁명적 사태가 벌어져 부르주아 임시정부가 들어서고 페트로그라드 소비에트 집행위원회가 구성되었다는 첫 번째 소식을 듣자마자 레닌은 「프라우다」에 실을 글을 쓰기 시작했다. 그는 언론을 중요한 선전과 조직 수단으로 생각했다. "이제는 언론이 중요합니다." 레닌은 알렉산드라 콜론타이에게 3월 3일(16일)에 그렇게 썼다. "나는 강연을 하거나 회의에 참석할 수 없습니다. 매일 「프라우다」에 글을 써야 하기 때문입니다." 제네바의 러시아 이주자와 스위스 사회주의자들에게 혁명에서 당의 임무에 관하여 강연해 달라는 V. A. 카르핀스키의 초대에 3월 8일(21일)에 답장을 보내면서 레닌은 그렇게 썼다.

"멀리서 쓴 편지들"의 첫 번째와 두 번째 편지는 3월 9일(22일)에 오슬로의 알렉산드라 콜론타이에게 페트로그라드로 전달해 달라고 부탁했다. 3월 17일(30일) 레닌은 J. S. 하네키에게 처음 네 편지가 페트로그라드의 「프라우다」에 도착했는지 물어보면서, 도착하지 않았으면 사본을 보내겠다고 말했다. 알렉산드라 콜론타이는 페트로그라드로 이 편지들을 가져가, 3월 19일(4월 1일) 「프라우다」에 전달했다.

첫 번째 편지는 3월 21일과 22일(4월 3일과 4일)에 「프라우다」 14, 15호에 실렸는데, 편집진에서 상당히 축약을 하고 수정도 했다. 3월 중순부터 「프라우다」 편집진에는 L. B. 카메네프와 J. V. 스탈린이 참여했다. 두 번째, 세 번째, 네 번째 편지는 1917년에는 발표되지 않았다.

첫 번째 편지

첫 번째 혁명의 첫 번째 단계[2]

제국주의 세계 전쟁으로 첫 번째 혁명이 일어났다. 이것은 첫 번째 혁명일 뿐, 마지막 혁명은 분명히 아니다.

스위스에서 얻을 수 있는 빈약한 정보로 판단해보건대, 이 첫 번째 혁명, 즉 1917년 3월 1일, **러시아혁명**의 첫 단계는 끝이 났다. 우

---

2 「프라우다」 편집진은 첫 번째 편지에서 5분의 1 가량을 삭제했다. 삭제된 내용은 주로 레닌이 멘셰비키와 사회주의자혁명가당 지도자들을 조정자와 부르주아지 추종자들이라고 규정한 대목, 니콜라이 2세의 양위를 얻어내려는 카데트와 10월당의 시도를 영국과 프랑스 정부의 대리인들이 돕고 있다는 사실을 멘셰비키와 사회주의자혁명가당 지도자들이 인민에게 감추려 한다는 것, 약탈 전쟁을 계속하기로 결정한 임시정부의 군주주의적이고 제국주의적인 성향의 폭로 등과 관련된 것이다.

리 혁명의 이 첫 번째 단계도 물론 마지막 단계가 아니다.

어떻게 이런 '기적'이 일어날 수 있었을까? 불과 8일 ─ 밀류코프 씨가 러시아의 모든 해외 대표부에 보낸 자랑스러운 전보에서 이야기한 기간이다. ─ 만에 수백 년 동안 유지되어온, 또 1905~1907년 3년 동안 전국을 뒤흔든 거대한 계급 전투들을 거치면서도 완강하게 유지되어온 군주제가 무너졌으니 말이다.

자연이나 역사에 기적은 없다. 그러나 모든 혁명에 적용되는 이야기지만, 역사의 모든 갑작스러운 전환은 아주 풍부한 내용을 보여주고, 경쟁하는 사람들 사이의 투쟁 형식과 세력 관계에서 생각지도 못했던 독특한 조합을 이루어내기 때문에, 문외한이 보기에는 기적적으로 보일 만한 것이 많다.

차르 군주제가 며칠 만에 무너지는 데는 세계사적인 중요성을 가진 수많은 요인들의 조합이 필요했다. 이제 그 가운데 주요한 것들을 언급해보겠다.

러시아 프롤레타리아가 1905~1907년 3년 동안 보여준 거대한 계급 전투와 혁명적 에너지가 없었다면, 1917년 2차 혁명은 그렇게 급속하게 ─ **초기 단계**가 며칠 만에 완료되었다는 의미에서 ─ 진행될 수 없었을 것이다. 1차 혁명(1905)은 땅을 깊게 갈아 오래된 편견들을 뿌리째 뽑아내고, 수백만 노동자와 수천만 농민이 정치생활과 정치투쟁에 눈뜨게 했으며, 러시아 사회의 모든 계급(과 모든 주요 정당)이 서로 ─ 또 세계를 향해 ─ 진실한 성격과 진실한 이해관계, 힘, 행동방식, 당면한 목표와 궁극적 목표를 드러내게 해주었다. 1차 혁명과 그에 이어진 반혁명 시기(1907~1914년)는 차르 군주제의 본질을 까발렸고, 그것을 '극한'으로 몰고 갔으며, 괴물 라스푸틴이 지배하는 차르 도당의 모든 부패와 비행, 냉소와 타락을 드러냈다. 또 로마노프 가문[•]의 짐승 같은 잔혹성을 모조리 폭로했다. 그들은 러시아를 유대인, 노동자, 혁명가들의 피로 적신 학살자들이었다. **수백만 데샤티나**^{••}의 **토지를 소유**하면서, 어떤 잔혹 행위, 어떤 범죄도 불사하고, 그들 자신과 **그들의 계급**의 '신성한 재산권'을 보존하기 위해서라면 아무리 많은 수의 시민이라도 파멸시키고 교살할 각오가 되어 있는 **지주**들, '귀족들 가운데도 제일가는 귀족'이었다.

1905~1907년의 혁명과 1907~1914년의 반혁명이 없었다면, 러시아 인민의 모든 계급과 러시아에 거주하는 모든 민족의 분명한 '자결自決'도 불가능했을 것이다. 이 계급들의 상호 관계, 그리고 이들과 차르 군주제의 관계는 이 시기에 결정되었고, 그것이 1917년 2월~3월 혁명의 8일 동안 분명하게 드러났다. 이 8일 간의 혁명은, 비유적인 표현을 써도 좋다면, 십여 차례의 크고 작은 리허설 뒤에 '공연'되었다. '배우들'은 서로를, 자기 역할을, 자신이 있어야 할 곳을, 자기 무대를 자세히, 구석구석 알았다. 정치적 경향과 행동방식의 크고 작은 차이까지 모두 다 알고 있었던 것이다.

구치코프나 밀류코프 같은 자들과 그들의 부하들이 "대폭동"이라고 비난했던 1905년의 위대한 1차 혁명은 12년의 세월 뒤에 "찬란한", "영광스러운" — 구치코프나 밀류코프 같은 자들이 이것을

"영광스럽다"고 말한 것은 그들이 이 혁명을 통해 권좌에 올랐기 때문이다(**당분간이지만**). — 1917년 혁명을 낳았다. 그러나 여기에는 위대하고, 막강하고, 전능한 '무대감독'이 필요했다. 그는 한편에서는 세계사의 진행 속도를 엄청나게 높여야 했고, 또 한편에서는 전례 없는 강도의 세계적 위기 — 경제적, 정치적, 민족적, 국제적 위기 — 를 만들어내야 했다. 세계사가 특별히 속도를 높일 뿐 아니라, 아주 갑작스럽게 방향을 틀 필요도 있었다. 그렇게 갑작스럽게 방향을 트는 상황에서만 로마노프 왕조를 실은, 피에 물든 더러운 마차가 **단일격에** 뒤집힐 수 있기 때문이다.

이 전능한 '무대감독', 이 엄청난 가속의 동력은 제국주의 세계 전쟁이었나.

이것이 세계 전쟁이라는 사실은 이제 논란의 여지가 없다. 현재 미국과 중국이 이미 반은 발을 들여놓았고, 곧 완전히 개입하게 될 터이기 때문이다.

이것이 **양쪽 편** 모두에게 제국주의 전쟁이라는 사실 역시 이제는 논란의 여지가 없다. 오직 자본가들과 그들의 부하들, 사회애국주의자social-patriot와 사회배외주의자social-chauvinist, 또는 일반적인 비판적 규정 대신 러시아에 익숙한 정치적 이름들을 사용한다면, 한편으로는 오직 구치코프와 르보프, 밀류코프와 신가료프 같은 자들, 또 한편으로는 오직 그보즈됴프, 포트레소프, 치헨켈리, 케렌스키, 치헤이제 같은 자들만이 이 사실을 부인하거나 속일 수 있다. 독일과 영국-프랑스의 부르주아지는 양쪽 다 외국을 약탈하고 작은 민족들을 교살하려고, 금융계에서 우위를 차지하고 식민지들을 분할 및 재분할하려고, 여러 나라의 노동자들을 오도하고 분열시켜 비틀거리는 자본주의 체제를 구하려고 전쟁을 하는 중이다.

제국주의 전쟁 때문에 객관적 필연성에 따라 프롤레타리아와 부르주아지의 계급투쟁은 전례 없이 엄청난 속도가 붙고 격렬해질 수밖에 없다. 제국주의 전쟁은 적대적인 계급들 사이의 내전으로 바뀔 수밖에 없다.

1917년 2월~3월 혁명으로 이런 **변화는 시작되었다**. 이 첫 단계의 특징은 우선 두 세력이 차르 체제를 공동으로 공격한 것이었다. 하나의 세력은 부르주아지와 지주의 러시아 전체인데, 여기에는 그 무의식적인 부하들과 의식적인 지도자들, 영국과 프랑스의 사절과 자본가들이 따라붙는다. 또 하나의 세력은 병사와 농민 대표까지 자신의 편으로 끌어들이기 시작한 **노동자 대의원 소비에트다**.[3]

---

3   여기서 레닌이 말하는 것은 페트로그라드 노동자 대의원 소비에트다. 이 소비에트는 2월혁명 초기에 나타났다. 소비에트 선거는 개별 공장에서 자발적으로 시작되었으며, 며칠이 안 되어 수도의 모든 공장으로 퍼져나갔다. 2월 27일(3월 12일) 소비에트가 첫 회의를 열기 전, 멘셰비키 청산자들인 K. A. 그보즈됴프와 B. O. 보그다노프, 두마 의원들인 N. S. 치헤이제, M. I. 스코벨레프 등이 소비에트를 완전히 장악하려고 스스로 소비에트 임시 집행위원회를 구성했다. 같은 날 저녁에 열린 1차 회의에서 소비에트는 치헤이제, 케렌스키, 스코벨레프등으로 이장단을 구성했으며, 이들이 A. G. 실랴프니코프, N. N. 수하노프, Y. M. 스테클로프 등과 함께 집행위원회를 구성했다. 그들은 사회주의 정당들의 중앙위원회와 페트로그라드 위원회의 대표자들을 끌어들이기 위한 조항을 만들었다. 사회주의혁명가당은 처음에는 소비에트 조직에 반대했지만, 나중에 V. A. 알렉산드로비치, V. M. 제니노프 등을 대표로 보냈다.

소비에트는 노동자와 병사의 기관을 자임했으며, 소비에트 1차 대회 (1917년 6월)까지 사실상 전 러시아의 중심이었다. 3월 1일(14일)에 집행위원회는 병사 대표를 포함시키기 위해 확대 개편했으며, 이때 F. F. 린데, A. I. 파데린, A. D. 사도프스키 등이 들어갔다.

집행위원회 사무국은 N. S. 치헤이제, Y. M. 스테클로프, B. O. 보그다노프, P. I. 스투카, P. A. 크라시코프, K. A. 그보즈됴프 등으로 구성되었다. N. S. 치헤이제와 A. F. 케렌스키는 두마 위원회에서 소비에트를 대표했다.

2월 28일(3월 13일)에 소비에트는 페트로그라드와 러시아 주민에게 보내는 성명을 발표했다. 이 성명은 인민에게 소비에트를 중심으로 모여 지역 행정을 처리하자고 촉구했다. 3월 3일(14일)에 소비에트는 식량, 군사 업무, 공공질서, 언론 등과 관련된 위원회들을 구성했다. 언론위원회는 「이즈베스티야(Izvestia)」의 첫 편집진을 구성했는데, 여기에는 N. D. 소콜로프, Y. M. 스테클로프, K. N. 수하노프, K. S. 그리네비치 등이 참여했다. V. A. 바자로프와 B. V. 아빌로프는 잠시 뒤에 참여했다.

집행위원회 회의에는 4차에 걸친 모든 국가 두마의 사회민주당 의원들, 병사위원회의 대표 5명, 노동조합 중앙사무국의 대표 2명, 지구 소비에트의 대표자들, 「이즈베스티야」의 편집진을 비롯한 다른 조직들이 자문 자격으로 참석했다.

소비에트는 지구 소비에트를 조직하려고 특별 대표들을 임명했으며, 의용대(노동자 1,000명 당 자원자 100명을 받아들였다)를 조직하기 시작했다.

소비에트 지도부는 타협분자들이었으나, 투쟁적인 노동자와 병사들의 압력 때문에 차르 체제의 관리들을 체포한다든가, 정치범을 석방하는 등 수많은 혁명적 조치를 취할 수밖에 없었다.

3월 1일(14일)에 소비에트는 "페트로그라드 수비대에 보내는 명령 1호"를 발표했다. 이 명령은 군대를 혁명적으로 바꾸는 데 큰 역할을 했다. 이후로 모든 군대 단위들은 정치적 행동에서 오직 소비에트의 지도만 받게 되었다. 모든 무기는 중대와 대대 병사위원회가 통제하게 되었으며, 두마 임시위원회의 명령도 소비에트의 명령과 모순되지 않을 때에만 따르게 되었다.

그러나 결정적인 순간에, 3월 1일(14일) 밤 소비에트 집행위원회의 타협적인 지도자들은 권력을 자발적으로 부르주아지에게 넘겨주었다. 그들은 부르주아지와 지주들의 대표로 구성된 임시정부를 인정했다. 이것은 해외에 알려지지 않았다. 카데트의 입장보다 급진적인 신문들은 해외 반출이 허용되지 않았기 때문이다. 레닌은 러시아에 돌아오고 나서

이 세 정치적 진영, 이 세 근본적인 정치세력 — (1) 봉건 지주들의 우두머리이자, 낡은 관료제와 군부 특권계급의 우두머리인 차르 군주제, (2) 부르주아지와 지주-**10월당**[4]-**카데트**[5]의 러시아, 그 뒤에는 프티부르주아지가 늘어서 있다(케렌스키와 치헤이제가 이들의 주요한 대표자들이다), (3) 노동자 대의원 소비에트, 이들은 프롤레타리아

야 권력을 넘겨준 사실을 알게 되었다.

4　차르의 1905년 10월 17일(30일) 성명 반포 후에 결성된 반혁명적 정당인 '10월 17일 연맹'. 이 정당은 자본주의 노선을 따라 영지를 운영하는 지주들과 대부르주아지의 이해관계를 대표하고 지지했다. 모스크바의 거물 제조업자이자 부동산 소유자 A. I. 구치코프, 부유한 지주 M. V. 로지안코가 그 지도자들이다. 10월당은 차르의 국내외 정책에 완전한 지지를 표명했으며, 제1차 세계대전 때는 책임 있는 정부를 요구하는 가짜 야당 집단인 "진보주의 블록"에 가담했다. 10월당은 2월혁명 뒤에 여당이 되었으며, 사회주의 혁명을 막기 위해 할 수 있는 모든 일을 했다. 그들의 지도자 구치코프는 1차 임시정부의 전쟁장관이 되었다. 10월 사회주의혁명 뒤에 이 정당은 소비에트 권력에 대항하는 전투에서 중심세력 가운데 하나가 되었다.

5　이 이름은 러시아의 자유주의·군주주의 부르주아지의 주요 정당인 입헌민주당에서 나왔다. 이 정당은 1905년 10월에 창립되었으며, 주로 자본가, 젬스트보 지도자, 지주, 부르주아 지식인으로 구성되었다. 지도자들 가운데는 P. N. 밀류코프, S. A. 무롬체프, V. A. 마클라코프, A. I. 신가료프, P. B. 스트루베, F. I. 로디체프 등이 유명하다. 카데트는 제국주의적 부르주아지의 정당이 되었으며, 제1차 세계대전 중에는 차르 정부의 침략 정책을 적극적으로 지지했고, 2월혁명 때는 군주제를 구출하려고 노력했다. 그들은 임시정부의 지배적 세력으로, 인민에게는 유해하지만 미합중국, 영국, 프랑스 제국주의에는 유리한 반혁명 정책을 따랐다. 소비에트 권력의 화해할 수 없는 적인 카데트는 무장 반혁명 활동과 외세 개입 캠페인에서 적극적인 역할을 했다. 그 지도자 대부분은 반혁명 세력이 패배한 후 외국으로 떠났으며, 해외에서 반소비에트, 반혁명 사업을 계속했다.

전체와 주민 가운데 가장 가난한 사람들 전체를 동맹자로 삼으려 하고 있다. — 은 "첫 번째 단계"의 8일이라는 짧은 기간에 완전히 또 분명하게 자신을 드러냈다. 심지어 지금 이 글의 나처럼 사건의 현장에서 아주 멀리 떨어진 곳에서 빈약한 외신 급보를 보는 것에 만족해야 하는 관찰자에게도 그것이 분명하게 보인다.

그러나 이 문제를 더 자세하게 다루기 전에 가장 중요한 요인, 즉 제국주의 세계 전쟁을 이야기하던 대목으로 돌아가야겠다.

이 전쟁은 교전 강국들, 자본주의 체제의 '우두머리'이자 자본주의 노예 체제의 노예 소유자들인 자본가 교전 집단들을 서로 **강철 사슬**로 묶어버렸다. **하나의 핏덩어리** — 이것이 역사의 지금 이 순간의 사회석, 정치적 삶이다.

전쟁이 발발하자 부르주아지에게로 달아나 버린 사회주의자들 — 독일의 다피트와 샤이데만 같은 사람들, 러시아의 플레하노프, 포트레소프, 그보즈됴프 같은 사람들 — 은 혁명가들의 '환상', **바젤 선언***의 '환상', 제국주의 전쟁을 내전으로 바꾸는 '우스꽝스러운 꿈'에 반대하여 오랫동안 시끄럽게 목소리를 높였다. 그들은 자본주의가 힘, 끈기, 적응력을 드러냈다면서 온갖 목소리로 찬가를 불렀다. **그들은** 자본가들이 여러 나라의 노동계급을 '적응'시키고, 길들이고, 오도하고, 분열시키는 것을 도왔다!

그러나 "마지막에 웃는 자가 가장 기분 좋게 웃는 자다." 부르주

---

*   1912년 11월 24 ~ 25일에 스위스 바젤에서 개최된 사회주의 인터내셔널 긴급대회에서 채택된 선언으로, 세계의 노동자들에게 제국주의 세계 전쟁의 위험을 경고하면서 평화를 위해 투쟁할 것을 촉구하고 있다.

아지는 전쟁으로 인한 혁명적 위기를 오랫동안 지연시킬 수 없었다. 이 위기는 최근에 방문한 한 관찰자의 말을 따르면 '뛰어나게 조직된 기근'을 겪고 있는 독일에서 시작하여, 역시 기근이 다가오고 있지만 조직은 '뛰어나지' 못한 영국과 프랑스에 이르기까지 모든 나라에서 저항할 수 없는 힘으로 깊어지고 있다.

혁명적 위기가 차르 체제의 러시아에서 **가장 먼저** 발생한 것은 당연한 일이다. 러시아가 혼란이 가장 극심했고 프롤레타리아가 가장 혁명적이었기 때문이다(특별한 자질 때문이 아니라 1905년의 전통이 살아있기 때문에). 이 위기는 러시아와 그 동맹국들이 당한 일련의 대단히 심각한 패배 때문에 더 깊어졌다. 이 패배는 정부의 낡은 구조와 구질서를 흔들고, 그것에 반대하는 **모든** 계급의 주민의 분노를 자극했다. 군대는 이 패배에 몹시 실망했다. 이 과정에서 지휘 체계를 오랫동안 장악하고 있던 인력, 즉 완고한 귀족과 특별히 부패한 관료들이 많은 부분 제거되고, 주로 부르주아지, 귀족 출신이 아닌 지식인, 프티부르주아지로 구성된 젊고 새로운 인력이 그 자리를 채웠다. 부르주아지에게 굴복하여 또는 단순히 줏대가 없어서 '패전주의'에 반대한다며 소리를 지르고 울부짖었던 사람들은 이제 가장 후진적이고 야만적인 차르 군주제의 패전과 혁명이라는 큰불의 **시작** 사이에 역사적 관련이 있다는 사실과 직면하게 되었다.

전쟁 초기의 패배들은 격변을 촉진한 부정적 요인이었던 반면, 영국-프랑스 금융자본, 영국-프랑스 제국주의, 러시아의 10월당-카데트 자본 사이의 **연계**는 니콜라이 로마노프에 반대하는 직접적인 **음모의 조직**으로 이 위기를 가속화한 요인이었다.

현재 상황에서 매우 중요한 이런 측면을 뻔한 이유로 영국-프랑스 언론은 쉬쉬하고, 독일 언론은 악의적으로 강조하고 있다. 우리 마르크스주의자들은 냉정하게 진실을 직시하여, 제국주의 교전국인 영국과 프랑스의 거짓말, 외교적이고 행정적인 달콤한 공식적 거짓말에도, 또 그들의 경제적, 군사적 경쟁자들인 독일의 낄낄대고 으스대는 태도에도 현혹되지 말아야 한다. 2월~3월 혁명에서 사태의 전체적 흐름은 니콜라이 2세(마지막 차르이기를 바라며 또 그렇게 만들기 위해 우리는 노력할 것이다)와 빌헬름 2세 사이의 '단독' 협정과 '단독' 휴전을 막으려고 오랫동안 필사적으로 노력해온 영국과 프랑스 대사관과 그들의 요원이나 '연줄'들이 10월당원이나 카데트와 합세하여, 또 장군들과 육군이나 상트페테르부르크 수비대의 장교들 가운데 일부와 합세하여, 니콜라이 로마노프의 **폐위**를 분명한 목적으로 하는 음모를 직접 꾸몄다는 사실을 분명하게 보여준다.

어떤 환상도 품지 말자. 노동자 정당과 카데트 사이의 '협정', 카데트의 노동자 정당 '지원' 등을 찬양할 준비가 되어 있는 사람들 — 그보즈됴프-포트레소프 정책과 국제주의 사이에서 동요하며 종종 프티부르주아적 평화주의에 빠져들곤 하는 **조직위원회**OC[6] 지지자

---

6 1912년 8월 청산주의자들의 회의에서 시작된 멘셰비키의 지도 중심. 제1차 세계대전 때 조직위원회는 사회배외주의적 정책을 추종했고, 전쟁에서 차르 체제 러시아의 역할을 정당화했으며, 주전론적 선전을 했다. 조직위원회는 「나샤 차랴(Nasha Zarya, 우리의 새벽)」라는 잡지를 간행했고, 이 잡지의 폐간 뒤에는 「나셰 드옐로(Nashe Dyelo, 우리의 대의)」를 내다가 나중에 「드옐로(Dyelo)」로 개칭했다. 또 「라보차예 우트로(Rabocheye Utro, 노동자들의 아침)」라는 신문을 발행하다가, 나중에 「우트로(Utro)」로 개칭했

들이나 멘셰비키 같은 사람들이다. — 처럼 실수를 하지 말자. 그들은 기계적으로 암기한 낡은 (그리고 결코 마르크스주의적이지 않은) 교조에 따라 '우두머리 전사' 니콜라이 로마노프를 폐위시키고, 그 자리에 더 힘이 있고, 신선하고, 유능한 **전사들**을 앉히려는 영국-프랑스 제국주의자들 또는 구치노프나 밀류코프 같은 사람들의 음모를 감추려 노력하고 있을 뿐이다.

혁명이 그렇게 빠른, 또 피상적으로 언뜻 보기에는 그렇게 근본적인 성공을 거둔 것은 매우 독특한 역사적 상황으로 인해 **전혀 유사하지 않은 흐름들, 완전히 이질적인** 계급적 이해관계들, **완전히 반대되는** 정치적이고 사회적인 노력들이 합쳐졌다는 사실, 그것도 놀랄 만큼 '조화로운' 방식으로 합쳐졌다는 사실 하나 때문일 뿐이다. 즉 한쪽에는 영국-프랑스 제국주의자들의 음모가 있었다. 그들은 제국주의 전쟁을 계속할 목적으로, 그 전쟁을 더 격렬하고 더 집요하게 수행할 목적으로, 러시아의 노동자와 농민을 새로 수백만 명 학살할 목적으로, 밀류코프, 구치코프 등에게 권력을 잡을 것을 촉구했다. 그래야 구치코프 같은 자들이 콘스탄티노플을 얻을 수도 있고, 프랑스 자본가들이 시리아를 얻고, 영국 자본가들이 메소포타미아

다. 조직위원회는 1917년 8월 멘셰비키 중앙위원회 선거 때까지 활동했다. 러시아 내부에서 활동한 조직위원회 외에 P. B. 악셀로드, I. S. 아스트로프-포베스, Y. O. 마르토프, A. S. 마르티노프, S. Y. 셈코프스키 등 다섯 명의 서기로 구성된 국외서기국이 있었다. 국외서기국은 친중도파 노선을 따랐으며, 국제주의적 표현으로 러시아 사회배외주의자들을 지지하는 입장을 감추었다. 국외서기국은 신문 「이즈베스티야」를 발간했는데, 이 신문은 1915년 2월부터 1917년 3월까지 나왔다.

를 얻을 수 있었기 때문이다. 그러나 이것만이 아니다. 다른 쪽에서는 **빵**, **평화**, **진정한 자유**를 요구하는 대단히 프롤레타리아적이고 또 대중적인 운동, 혁명적 성격을 띤 운동(도시와 시골의 주민 가운데 극빈층 전체가 참여한 운동)이 있었다.

러시아의 혁명적 프롤레타리아가 카데트 – 10월당의 제국주의를 "지지했다"고 말하는 것은 대단히 어리석은 일이다. 그들의 제국주의는 영국의 돈으로 '대충 기워놓은' 것이며, 차르 체제의 제국주의만큼이나 혐오스러운 것이다. 혁명적 노동자들은 악명 높은 차르 **군주제**를 파괴하고 있었으며, 상당 부분 이미 파괴를 했고, 또 앞으로 그 기초까지 파괴하게 될 것이다. 뷰캐넌George Buchanan* , 구치코프, 밀류코프 등이 하나의 군주를 **다른 군주**로, 그것도 기왕이면 로마노프 집안의 군주로 **대체**하려는 투쟁이 어떤 짧고 예외적인 역사적 위기에 혁명적 노동자들에게 **도움을 주었다** 해도, 혁명적 노동자들은 들뜨지도 않고 그렇다고 낙심하지도 않는다.

상황은 그런 식, 오직 그런 식으로만 전개되어 나간다. 진실을 두려워하지 않는 정치가, 혁명에 참여한 사회적 세력들의 힘을 침착하게 평가하는 정치가, 현재의 모든 특이사항들뿐 아니라 더 근본적인 동기까지 보는 관점, 러시아와 세계 전체의 프롤레타리아와 부르주아지의 더 깊은 이해관계까지 보는 관점에서 '현재의 상황'을 평가하는 정치가의 눈에는 그렇게, 오직 그렇게 보일 수밖에 없다.

페트로그라드 노동자들은 러시아 전체의 노동자들과 마찬가지

---

* 1910년부터 1918년까지 재임한 주러시아 영국 대사.

로 희생을 무릅쓰고 차르 군주제와 싸웠다. 자유를 위하여, 농민에게 땅을 주기 위하여, **평화를 위하여**, 제국주의적 학살에 반대하여 싸웠다. 영불 제국주의 자본은 학살을 계속하고 확대하려고 궁정에서 음모를 꾸미고, 근위대 장교들과 공모하고, 구치코프나 밀류코프 같은 자들을 부추기고 격려하고, **완전히 새로운 정부**를 급조했다. 프롤레타리아의 투쟁이 차르 체제에 첫 타격을 가한 직후 이 정부가 **실제로 권력을 잡았다.**

이 새로운 정부에서는 10월당원들과 **평화혁신당**[7]의 르보프와 구치코프, 어제의 교수형 집행인 스톨리핀Petr Stolypin*을 교사했던 자들이 **진짜로 중요한** 자리들, 핵심적인 자리들, 결정적인 자리들과 군대와 관료까지 좌우하고 있다. 이 정부에서 밀류코프와 다른 카데트는 그저 장식물, 간판에 불과할 뿐이다. — 그들은 감상적으로 학자연하는 연설이나 하려고 거기에 있을 뿐이다. 이 정부에서 **트루도비키**[8]인 케렌스키는 노동자와 농민을 속이기 위해 연주하는 발랄라이

---

7   대부르주아지와 지주들이 모인 입헌군주제 지지 조직. 이 정당은 1906년 1차 두마의 해체 뒤에 결성되었다. 평화혁신당은 10월당 '좌파'와 카데트 '우파'를 결합하였으며, P. A. 헤이덴, N. N. 르보프, P. P. 랴부신스키, M. A. 스타코비치, Y. N.과 G. N. 트루베츠코이, D. N. 시포프 등이 그 주요 지도자들이었다. 10월당과 마찬가지로 평화혁신당 역시 자본주의 노선을 따라 영지를 운영하는 지주들과 산업 및 상업 부르주아지의 이해관계를 보호하고 장려하려 했다. 3차 두마에서 이 당은 이른바 민주개혁당과 결합하여 진보주의 그룹을 만들었다.

*   제정 러시아의 정치가. 니콜라이 2세 시대에 총리를 지냈다. 혁명과 자유주의 운동을 탄압하고 내정 개혁을 강행하였다.

8   1906년 4월 프티부르주아 민주주의자들이 결성한 국가두마의 트루도비키 그룹 구성원. 나로드니키 성향의 농민과 지식인들이다. 이 그룹은

카[*] 역할을 할 뿐이다. 이 정부는 이런 인물들이 그저 우연히 모여 있는 곳이 아니다.

그들은 러시아에서 새로 정치권력을 잡은 계급의 대표자들이다. 이 자본주의적 지주와 부르주아지 계급은 오랫동안 이 나라를 경제적으로 지배해왔지만, 1905~1907년 혁명, 1907~1914년의 반혁명기, 마지막으로 1914~1917년의 전쟁기에 특히 급속하게 정치적으로 조직화하여, 지방정부 기구, 공공 교육, 여러 가지 유형의 의회, 두마, 전시산업위원회 등을 장악해왔다. 이 새로운 계급은 1917년에는 이미 '거의 완전하게' 권력을 **쥐고** 있었으며, 따라서 그들에게 필요한 것은 차르 체제를 무너뜨리고 부르주아지를 위한 길을 열어줄 첫 타격들뿐이었다. 믿을 수 없을 정도로 엄청난 노력을 요구했던 제국주의 전쟁은 후진적인 러시아의 발전에 가속도를 붙여, 우리는 '일거에'('일거에'인 것처럼 **보인다**) 이탈리아, 영국, 그리고 거의 프랑스까지 **따라잡았다.** 우리는 '연립'을 얻었으며, '거국적'(즉 제국주의적 학살을 계속하고 인민을 속이기 위하여 개편된) '의회제' 정부를 얻었다.

이 정부 — **현재의** 전쟁과 관련하여 보자면 10억 달러짜리 '회사'인 '영국과 프랑스'의 대리인에 불과하다. — 와 나란히 주요하지만 비

카데트와 혁명적 사회민주주의자들 사이에서 동요했으며, 제1차 세계대전 때 그 구성원 대부분은 사회배외주의적 입장을 채택했다.

트루도비키는 부유한 농민, 즉 쿨라크를 대변했으며, 2월혁명 뒤에는 임시정부를 적극적으로 지지했다. 그들의 대표자들 가운데 하나인 자루드니는 7월 사태 이후에 법무장관이 되어, 볼셰비키를 탄압하는 경찰 캠페인을 지휘했다. 10월혁명 뒤 트루도비키는 반혁명 세력의 편을 들었다.

[*] 기타와 비슷한 러시아의 현악기.

공식적인, 동시에 충분한 발전이 이루어지지 않았고 상대적으로 허약한 **노동자들의 정부**가 태어났다. 이 정부는 프롤레타리아와 도시 및 농촌 주민 가운데 빈곤한 계층 전체의 이해관계를 대변한다. 이것이 페트로그라드의 **노동자 대의원 소비에트**다. 소비에트는 병사, 농민, 또 나아가서 농업 노동자들과 관계를 맺으려 한다. 물론 농민보다도 농업 노동자들과 특별하게 또 일차적으로 관계를 맺으려 한다.

이러한 것이 우리가 최대한 객관적으로 정확하게 규정하려고 노력해야 하는 **실제적인** 정치 상황이다. 마르크스주의 전술은 그것을 세울 수 있는 유일하게 견고한 기초, 즉 **사실**이라는 기초 위에 세워야 하기 때문이다.

차르 군주제는 분쇄되었지만, 최종적으로 숨이 끊어진 것은 아니다.

10월당-카데트 부르주아 정부는 제국주의 전쟁을 '끝까지' 밀고 나가고 싶어 하며, 현실적으로 영국-프랑스 금융 권력의 대리인 노릇을 하고 있다. 이 정부는 인민을 통제하는 권력을 유지할 수 있고 제국주의적 학살을 계속할 수만 있다면 인민에게 최대한의 자유와 빵을 **약속할 수밖에 없다.**

노동자 대의원 소비에트는 노동자들의 조직이며, 노동자들의 정부의 맹아이며, 주민 가운데 가난한 계층에 속하는 대중 전체, 즉 주민의 10분의 9 — 이들은 **평화, 빵, 자유**를 얻으려고 노력한다. — 의 이해관계를 대표한다.

이 세 세력의 갈등이 지금까지 벌어진 상황, 혁명의 첫 번째 단계로부터 두 번째 단계로 옮겨가는 **과도적** 상황을 규정한다.

첫 번째와 두 번째 세력 사이의 적대는 심각하지 **않다.** 그것은 일시적이며, **오로지** 상황의 현재 국면, 제국주의 전쟁의 갑작스러운 사태 반전의 결과일 뿐이다. 새로운 정부는 **전체**로 보아 군주주의적이다. 케렌스키의 **말뿐인** 공화주의는 도저히 진지하게 받아들일 수도 없고 훌륭한 정치가의 말로 간주할 만한 가치도 없으며, **객관적으로** 보아 정치적 궤변에 불과하기 때문이다. 차르 군주제에 마지막 타격을 가하지 않은 새 정부는 이미 지주인 로마노프 왕조와 **거래를 시작했다**. 10월당-카데트 유형의 부르주아지는 근로 인민에 맞서 자본의 특권을 보호하기 위해 군주제가 관료제와 군부의 우두머리 역할을 해줄 것을 **요구한다**.

따라서 노동자들이 차르의 반동에 대항하는 투쟁을 하기 위해 새 정부를 지지해야 한다고 말하는 사람(포트레소프, 그보즈됴프, 치헨켈리 같은 사람들, 그리고 대단히 **포착하기 어려운** 방식이기는 하지만 **치헤이제도** 이런 말을 하는 것으로 보인다)은 노동자들의 배반자이며, 프롤레타리아 대의의 배반자이며, 평화와 자유라는 대의의 배반자이다. 실제로, 정확하게 말하면, 새 정부는 이미 제국주의 자본에, 전쟁과 약탈이라는 제국주의 정책에 손발이 묶여 있으며, 이미 로마노프 왕조와 거래를 시작했고(인민에게 물어보지도 않고!), 이미 차르 군주제를 복원하기 위한 작업을 하고 있고, 이미 미하일 로마노프라는 후보에게 새로운 왕이 되어줄 것을 조르고 있고, 이미 왕좌를 지탱할 조치, 정통 군주제(법에 따르는, 낡은 법에 따라 지배하는)를 보나파르트주의적인 국민투표 군주제(부정한 국민투표에 따라 지배하는)로 대체할 조치들을 취하고 있기 때문이다.

안 된다. 차르 군주제에 대항하여 진짜 투쟁을 하려면, 말로만이 아니라, 밀류코프와 케렌스키의 입에 발린 약속만이 아니라 실제로 자유를 보장받으려면, 노동자들은 새 정부를 지지해서는 안 된다. 정부가 노동자들을 '지지해야' 한다! 자유와 차르 체제의 완전한 파괴를 보장하는 유일한 방법은 **프롤레타리아를 무장**시키는 것, 노동자 대의원 소비에트의 역할, 의미, 권력을 강화하고 확장하고 발전시키는 것이기 때문이다.

나머지 모든 것은 말장난과 거짓말, 자유주의적이고 급진적 진영의 정치가들의 자기기만, 부정한 술수에 불과하다.

노동자들의 무장을 지원하라. 아니면 최소한 막지는 마라. 그러면 러시아의 자유는 무적일 것이며, 군주제는 복원 불가능할 것이며, 공화국은 안전할 것이다.

반대일 경우, 구치코프와 밀류코프 같은 사람들은 군주제를 복원하고, 자신들이 약속한 '자유'는 **하나도**, 절대 하나도 주지 않을 것이다. 모든 부르주아혁명에서 모든 부르주아 정치가들은 약속으로 인민을 '먹이고' 노동자들을 속였다.

우리의 혁명은 부르주아혁명이며, **따라서** 노동자들은 부르주아지를 지지해야 한다고 포트레소프, 그보즈됴프, 치헤이제 같은 사람들은 말한다. 예전에 플레하노프가 했던 말과 똑같다.

그러나 우리 마르크스주의자들은 이렇게 말한다. 우리의 혁명은 부르주아혁명이며, **따라서** 노동자들은 인민이 부르주아 정치가들의 기만에 눈을 뜨게 해주어야 하며, 그들에게 말을 믿지 말고 오직 **자신**의 힘, **자신**의 조직, **자신**의 단결, **자신의 무기**만을 믿으라고 가르쳐야 한다.

10월당과 카데트의 정부, 구치코프와 밀류코프 같은 사람들의 정부는 설사 진지하게 원한다 해도(갓난아기가 아니라면 구치코프와 르보프가 진지하다고 생각하는 사람은 없을 것이다) 결코 인민에게 **평화, 빵, 자유를 줄 수 없다**.

이 정부는 평화를 줄 수 없다. 이 정부는 전쟁 정부, 제국주의적 학살을 계속하기 위한 정부, 아르메니아, 갈리치아, 터키를 약탈하고, 콘스탄티노플을 합병하고, 폴란드, 쿠를란트, 리투아니아 등을 재정복하러 나선 **약탈** 정부이기 때문이다. 이 정부는 영국-프랑스 제국주의 자본에 손발이 묶여 있다. 러시아 자본은 수조 루블을 주무르는 전세계적인 '회사', '영국과 프랑스'라고 부르는 회사의 지사에 불과하다.

이 정부는 빵을 줄 수가 없다. 이 정부는 부르주아 정부이기 때문이다. 이 정부는 **기껏해야** 독일이 그랬듯이 인민에게 '뛰어나게 조직된 기근'만 줄 수 있을 뿐이다. 그러나 인민은 기근을 받아들이지 않을 것이다. 그들은 빵이 있으며 그것을 얻을 수 있다는 것, 그러나 **자본과 토지 소유의 신성함을 존중하지 않는** 방법으로만 얻을 수 있다는 것을 배울 것이다. 그것도 아마 아주 빨리 배우게 될 것이다.

이 정부는 자유를 줄 수 없다. 이 정부는 지주와 자본가의 정부로서 인민을 두려워하며, 이미 로마노프 왕조와 거래를 시작했기 때문이다.

이 정부를 상대하는 우리의 직접적인 태도의 전술적 문제는 다른 글에서 다룰 것이다. 그 글에서 우리는 현재 상황의 특수성, 즉 혁명의 첫 번째 단계로부터 두 번째 단계로 옮겨가는 **과도기**라는 특수성과 더불어 왜 **이** 순간의 슬로건, '오늘의 임무'가 다음과 같은 것이 되어야 하는지 설명할 것이다. **노동자들이여, 여러분은 차르 체제에 대항한 내전에서 프롤레타리아 영웅주의, 인민 영웅주의의 기적을 이루어냈다. 이제 여러분은 혁명의 두 번째 단계에서 승리를 거둘 수 있는 길을 닦기 위하여 조직의 기적, 프롤레타리아 조직과 전 인민 조직의 기적을 이루어내야 한다.**

당장은 혁명의 현 단계에서 계급투쟁과 계급 간 세력 관계 분석에만 국한하기로 하자. 이 점에서도 아직 질문이 남아 있기 때문이다. **이** 혁명에서 프롤레타리아의 **동맹자**는 누구인가?

프롤레타리아에게는 동맹자가 둘 있다. 첫째는 반半프롤레타리아, 또 부분적으로는 소농으로 구성된 광범한 대중이다. 이들의 숫자는 수천만을 넘으며, 러시아 주민 절대 다수를 이룬다. 이 대중에게 평화, 빵, 자유, 토지는 **필수적**이다. 이 대중은 어느 정도 부르주아지, 특히 생활 조건이 가장 비슷한 프티부르주아지의 영향을 받아 부르주아지와 프롤레타리아 사이에서 동요할 수밖에 없다. 그러나 전쟁의 잔인한 교훈들 ─ 구치코프, 르보프, 밀류코프 일파가 이 전쟁을 더 힘차게 수행하면 수행할수록 그 교훈은 **더** 잔인해질 터인데 ─ 은 **불가피하게** 이 대중을 프롤레타리아 쪽으로 밀어붙여, 이들은 프롤레타리아를 따르게 될 것이다. 우리는 이제 새로운 질서가 허용하는 상대적 자유와 노동자 대의원 소비에트를 활용하여 무엇보다도 먼저 이 대중을 **계몽**하고 **조직**해야 한다. 농민 대의원 소비에트와 농업 노동자 소비에트 ─ 이것이 우리가 가장 긴급한 과제 가운데 하나다. 이와 관련하여 우리는 농업 노동자들이 자신만의 별도 소비에트를 세우도록 지원해야 할 뿐 아니라, 토지가 없는 가장 가난한 농민이 부유한 농민과 **별도로** 조직을 갖추도록 지원해야 한다. 현재의 특별한 과제와 긴급하게 필요한 조직의 특별한 형태는 다음 편지에서 다루도록 하겠다.

둘째로, 러시아 프롤레타리아의 동맹자는 모든 교전국과 만국의 프롤레타리아다. 현재 이 동맹자는 전쟁 때문에 상당한 억압을 당하고 있다. 그럼에도 유럽의 사회배외주의자들, 다시 말해서 러시아의 플레하노프, 그보즈됴프, 포트레소프처럼 부르주아지에게로 달아난 자들이 프롤레타리아의 이름으로 행세하는 경우가 너무 많다. 그러나 제국주의 전쟁이 진행되면서 매달 프롤레타리아가 그들의 영향으로부터 해방되어 가고 있으며, 러시아혁명 때문에 **불가피하게** 이 과정에는 엄청난 속도가 붙게 될 것이다.

프롤레타리아는 이 두 동맹자와 더불어 현재의 과도기 상황의 **특수성을 활용**하여 우선 구치코프-밀류코프의 반¼군주제가 아니라 민주공화국을 이루고 농민이 지주에게 완전한 승리를 거두도록 지원해야 하며, 그다음에는 **사회주의**로 나아가야 한다. 프롤레타리아는 그렇게 할 수 있고 또 할 것이다. 오직 사회주의만이 전쟁에 지친 인민에게 **평화, 빵, 자유**를 줄 수 있기 때문이다.

두 번째 편지
새 정부와 프롤레타리아

오늘(3월 8일[21일]) 내가 손에 쥐고 있는 주요한 문건은 가장 보수적이고 부르주아적인 영국의 신문 「더 타임스The Times」 3월 16일자다. 여기에는 러시아혁명에 관한 기사들이 한 묶음 실려 있다. 물론 이 문건보다 구치코프와 밀류코프 정부 쪽에 우호적으로 기울어 있는 ─ 부드럽게 표현해서 ─ 자료는 찾기 쉽지 않을 것이다.

이 신문의 통신원은 3월 1일(14일) 수요일, 그러니까 1차 임시정부가 여전히 존재하고 있던 시점, 즉 로지 안코가 이끌고 또 이 신문의 표현대로 하자면 '사회주의자'인 케렌스키와 치헤이제도 포함된 13인 두마 집행위원회[9]가 아직 존재하고 있던 시점에 상트페테르부르

---

9 1차 임시정부, 또는 국가 두마 임시위원회는 1917년 2월 27일(3월 12일)에 구성되었다. 그날 도엔스의 두마 위원회는 차르에게 전보를 보내 수도의 위기 상황에 주목하고, "조국과 왕조를 구할" 즉각적인 조치를 취할 것을 촉구했다. 차르는 두마 의장 M. V. 로지 안코에게 두마 해체 포고를 보내는 것으로 응답했다. 폭동을 일으킨 인민은 이 무렵 두마 의원들이 비공개회의를 열고 있던 두마 의사당 타우리다 궁을 둘러싸고, 그곳으로 통히는 모든 길을 막고 있었다. 건물은 병사와 무장 노동자들이 점거했다. 이런 상황에서 두마는 서둘러 "페트로그라드의 질서를 유지하고 여러 기관이나 개인과 연락을 할 수 있도록" 임시위원회를 선출했다.
　임시위원회의 구성원은 극우파인 V. V. 슐긴과 V. N. 르보프, 10월당원인 S. I. 시들로프스키와 I. I. 드미트리유코프와 M. V. 로지 안코(의장), 진보주의자인 V. A. 르제프스키와 A. I. 코노발로프, 카데트인 P. N. 밀류코프와 N. V. 네크라소프, 트루도비키인 A. F. 케렌스키, 멘셰비키인 N. S. 치헤이제 등이었다.

크에서 이 기사를 쓰고 있다.

"구치코프 씨, 스타코비치 씨, 트루베츠코이 왕자, 바실리에프 교수, 그림, 베르나드스키 등 상원[국가의회]에서 선출된 22명으로 구성된 그룹은 어제 차르에게 전보를 보내 "왕조" 구원 등의 목적을 위하여 두마를 소집하고 "나라의 신임"을 받는 사람을 정부 수반에 임명할 것을 탄원했다. 이어서 통신원은 이렇게 말한다. "전보를 보낸 시점에서는 황제가 오늘 도착하여 어떤 결정을 내릴지 알려져 있지 않다. 그러나 한 가지는 확실하다. 황제가 그에게 충성하는 백성 가운데 가장 온건한 분자들의 소망에 즉각 따르지 않을 경우 제국 두마의 임시위원회가 현재 행사하는 영향력은 모조리 사회주의자들의 손으로 넘어갈 것이라는 점이다. 또 사회주의자들은 공화국을 세우고 싶어 하지만, 질서정연한 정부를 세울 능력은 없으며 따라서 불가피하게 이 나라는 내부의 무정부 상태와 외부의 참화로 급속하게 빠져들 것이라는 점이다…"

이것은 정치적으로 대단히 총명하고 명석한 사람의 글이다. 이 영국인은 구치코프와 밀류코프 같은 사람들처럼 생각하면서도(그들을 이끌지는 않는다 해도), 계급의 힘과 이해관계를 얼마나 잘 이해하고 있는가! "황제에게 충성하는 백성 가운데 가장 온건한 분자들", 즉 군주주의적인 지주와 자본가들은 자신들의 손에 권력을 쥐고 싶어 한다. 그렇지 않을 경우 '영향'이 '사회주의자들'의 손으로 넘어갈 것임을 잘 알고 있다. 왜 다른 사람들이 아니고 '사회주의자들'일까? 이 영국인 구치코프 추종자는 정치 무대에 다른 사회 세력은 **없다**는 것, **또 있을 수도 없다는 것**을 아주 잘 알고 있기 때문이다. 혁명은 프롤레타리아가 한 것이다. 혁명은 영웅주의를 보여주었다. 혁명은 피를 흘렸다. 혁명은 고된 노동을 하는 사람들과 가난한 사람들을 아우르는 가장 폭넓은 대중을 끌어들였다. 혁명은 빵, 평화, 자유를 요구하고 있다. 혁명은 공화국을 요구하고 있다. 혁명은 사회주의를 지지한다. 그러나 구치코프와 밀류코프 같은 자들이 이끄는 한 줌의 지주와 자본가들은 대다수의 의지 또는 노력을 배반하고, **늑장을 부리는 군주제와 거래**를 마무리하고, 군주제를 강화하고, 군주제를 구하고 싶어 한다. 르보프와 구치코프를 임명해주십시오, 전하, 그러면 우리는 인민에 맞서 군주제를 지지하겠습니다. 그것이 새로운 정부 정책의 전체적 의미이며, 요점이다!

하지만 기만, 인민을 속이는 것, 주민 압도적 다수의 의지를 침해하는 것은 어떻게 정당화할 것인가?

인민을 비방함으로써 정당화한다. 이것이 부르주아지의 오래된, 그러나 늘 새로운 방법이다. 그래서 이 영국인 구치코프 추종자는 비방하고, 비난하고, 침을 뱉고, 게거품을 문다. "내부의 무정부 상태와 외부의 참화"에 빠져든다는 둥, "질서정연한 정부"는 불가능하다는 둥!!

그것은 사실이 아니다, 구치코프 추종자 선생! 노동자들은 공화국을 원한다. 그런데 공화국은 군주제보다 훨씬 더 "질서정연한" 정부다. 제2의 로마노프가 제2의 라스푸틴을 데려오지 않을 것이라는 보장을 인민이 어디에서 얻을 수 있단 말인가? 참화는 바로 전쟁의 지속 때문에, 즉 새 정부 때문에 초래되는 것이다. 오직 농촌 노동자들의 지지, 또 농민이나 도시 거주자들 가운데 극빈층의 지지를 받는 프롤레타리아 공화국만이 평화를 확보하고, 빵과 질서와 자유를 제공할 수 있다.

무정부 상태에 관한 모든 왁자지껄한 헛소리들은 전쟁으로부터, 전쟁 차관으로부터 이익을 얻기를 바라는, 인민에 **맞서** 군주제를 복원하기를 바라는 자본가들의 이기적인 이해관계를 감추는 장막에 불과하다.

통신원은 계속해서 말한다. "어제 사회민주당은 매우 선동적인 성격의 성명을 발표했는데, 이 문건은 도시 전역에 널리 뿌려졌다. 그들[즉 사회민주당]은 교조주의자들에 불과하지만, 현재와 같은 시기에는 엄청난 악영향을 줄 수 있다. 장교와 인민 가운데 온건한 분자들의 지지 없이는 무정부 상태를 피하기를 바랄 수 없다는 사실을 깨달은 케렌스키 씨와 치헤이제 씨는 신중하지 못한 동료들을 고려해야 하며, 이 때문에 자기도 모르게 임시위원회의 과제를 복잡하게 만드는 태도를 취하는 쪽으로 내몰리곤 한다…"

오, 위대한 영국인 구치코프 추종자 외교관이여! 당신이야말로 얼마나 "신중하지 못하게" 진실을 불쑥 내뱉고 말았는가!

케렌스키와 치헤이제가 "고려해야 하는" "사회민주당"과 "신중하지 못한 동료들"은 분명히 1912년 1월 회의에서 복원된 우리 당의 중앙위원회나 상트페테르부르크 위원회를 가리킨다.[10] 이들은 '교조'

---

10   1917년 3월 9일(22일) 러시아 중앙위원회 사무국의 구성은 다음과 같았다. A. I. 예릴리자로바, K. S. 예레메이예프, V. N. 잘레즈스키, P. A. 잘루츠키, M. I. 칼리닌, V. M. 몰로토프, M. S. 올민스키, A. M. 스미르노프, Y. D. 스타소바, M. I. 울리야노바, M. I. 카하레프, K. M. 슈베드치

즉 근본적인 것, 원칙, 가르침, **사회주의**의 목표에 충실하다는 이유로 부르주아지가 늘 '교조주의자'이라고 욕하는 바로 그 볼셰비키다. 물론 영국인 구치코프 추종자는 공화국, 평화, 차르 군주제의 완전한 파괴, 인민을 위한 빵을 목표로 투쟁에 나설 것을 촉구한 우리 당의 성명[11]과 행동을 선동적이고 교조주의적이라고 욕하고 있다.

인민을 위한 빵과 평화는 선동이고, 구치코프와 밀류코프에게 돌아간 장관직은 '질서'다. 귀에 익은 낡은 이야기다!

그렇다면 영국인 구치코프 추종자가 묘사한 케렌스키와 치헤이제의 전술은 무엇인가?

바로 동요다. 이 구치코프 추종자는 한편으로는 이들을 찬양한

코프, A. G. 실리야프니코프, K. I. 슈트코. 3월 12일(25일)에 G. I. 보키와 M. K. 무라노프가 추가되었으며, J. V. 스탈린도 추가되었지만 발언권만 있을 뿐 투표권은 없었다.

러시아사회민주노동당 페트로그라드 위원회는 1917년 3월 2일(15일) 회의에서 결성되었으며, 비합법위원회에 참여했던 위원 전원과 새로 선출된 위원들로 구성되었다. 그 위원들은 다음과 같다. B. V. 아빌로프, N. K. 안티포프, B. A. 젬추진, V. N. 잘레즈스키, M. I. 칼리닌, N. P. 코마로프, L. M. 미하일로프, V. M. 몰로트포, K. 오를로프, N. I. 포드보이스키, P. I. 스투카, V. V. 슈미트, K. I. 슈트코, 그리고 중앙위원회 사무국을 대표하는 A. G. 실리야프니고프었다.

11 이것은 중앙위원회가 발표하여 「이즈베스티야」 1917년 2월 28일(3월 13일)자(1호)의 부록으로 배포했던, 러시아의 모든 시민에게 호소하는 러시아사회민주노동당 성명을 가리킨다. 레닌은 이 성명을 1917년 3월 9일(22일) 「프랑크푸르터 차이퉁(Frankfurter Zeitung)」의 조간판에 실린 축약된 형태로 보게 되었다. 다음 날 그는 오슬로를 통해 페트로그라드 「프라우다」에 전보를 쳤다. "방금 중앙위원회 성명 발췌본을 읽음. 성공을 빌며. 평화와 사회주의의 선구자 프롤레타리아 의용대 만세!"

다. 이들이 군대 장교와 온건한 분자들의 '지지' 없이는 무정부 상태를 피할 수 없다는 것을 '깨달았기'(착한 아이들이야! 똑똑한 아이들이야!) 때문이다(그러나 우리는 우리의 교조, 우리의 사회주의적 가르침을 따라 인간 사회에 무정부 상태와 전쟁을 들여오는 자들은 바로 자본가들이며, **모든** 정치권력을 프롤레타리아와 극빈자들에게 옮겨놓을 때에만 전쟁, 무정부 상태, 기아를 없앨 수 있다고 생각해왔다!). 다른 한편으로 이들은 "신중하지 못한 동료들을 고려해야 한다." 즉 볼셰비키, 중앙위원회가 복원하고 통일시킨 러시아사회민주노동당을 고려해야 하는 것이다.

케렌스키와 치헤이제가 자신들이 한번도 속한 적이 없던, 그들과 글로 그들을 대변하는 자들(사회주의자혁명가당원들[12], 인민사회주의당원

---

12 1901년 말과 1902년 초 여러 나로드니키 그룹과 서클들이 합쳐져서 만들어진 러시아 프티부르주아 정당. 사회주의가혁명가당은 프롤레타리아와 소소유자 사이의 계급적 차이에 무지했으며, 농민 내부의 계급적 차이와 모순을 간과했고, 혁명에서 프롤레타리아의 지도적 역할을 부정했다. 사회주의자혁명가당의 관점은 나로드니키주의와 수정주의의 관념들을 절충적으로 혼합한 것이다. 볼셰비키당은 사회주의자로 위장하려는 그들의 시도를 폭로하고, 그들에 맞서 농민에게 영향력을 행사하려고 결연하게 투쟁했으며, 그들의 개인 테러 전술이 노동계급 운동에 끼치는 위험을 보여주었다.

사회주의자혁명가당원들이 지지 기반으로 삼으려 했던 농민이 동질적인 계급이 아니었기 때문에 그들은 정치적이고 이데올로기적인 불안정성과 조직적 분열을 드러냈으며, 또 자유주의적 부르주아지와 프롤레타리아 사이에서 늘 동요했다. 일찍이 1차 러시아혁명(1905~1907년)에서 사회주의자혁명가당의 우익이 떨어져나와 합법적인 트루도비키 인민사회주의당을 결성했다. 그들의 입장은 카데트와 흡사했다. 좌익은 반(半)무정부주의적인 최대주의자 연맹을 결성했다. 사회주의자혁명가당의 다수는 제1차 세계대전 동안 사회배외주의적 입장을 채택했다.

들, 멘셰비키 조직위원회 지지자들 등)이 늘 하찮은 지하 서클, 교조주의자 분파 등으로 욕하고, 비난하고, 매도했던 볼셰비키당을 '고려'하도록 강요하는 힘은 무엇인가? 혁명의 시기에, 명백한 대중적 행동의 시기에, 제정신을 가진 정치가들이 '교조주의자들'을 '고려'해야 했던 경우가 어디에, 언제 있었던가??

우리 가엾은 영국인 구치코프 추종자는 완전히 혼란에 빠져 있다. 그는 논리적인 주장을 펼치지 못했으며, 완전한 거짓도 그렇다고 완전한 진실도 말하지 못했으며, 단지 자신의 속을 드러냈을 뿐이다.

케렌스키와 치헤이제는 중앙위원회 사회민주당*이 프롤레타리아에게, 대중에게 행사하는 영향력 때문에 그것을 고려할 수밖에 없다. 우리 당은 멀리 1914년에 우리의 두마 대표들이 체포되어 시베리아 유형을 가는 사건을 겪었음에도 **불구하고**, 상트페테르부르크 위원회가 전쟁 중에 전쟁에 반대하고 차르 체제에 **반대하는** 비합법 활동으로 혹심한 탄압과 체포를 당했음에도 불구하고, 대중과, 혁명적 프롤레타리아와 함께했다는 사실이 확인되었다.

"사실은 완강하다"라는 영국 격언이 있다. 당신에게 그 격언을 들려주고 싶다, 존경하는 영국인 구치코프 추종자여! 위대한 혁명의 시기에 우리 당이 상트페테르부르크 노동자들을 인도했다는 것, 적어도 그들을 헌신적으로 지원했다는 것은 이 영국인 구치코프주의자 '자신'도 인정할 **수밖에 없었던** 사실이다. 그는 또 케렌스키와 치헤이제가 부르주아지와 프롤레타리아 **사이에서** 동요하고 있다는 사

* 볼셰비키 사회민주주의자들을 가리킨다.

실도 인정할 수밖에 없었다. 그보즈됴프 추종자들, '방위주의자들', 즉 사회배외주의자들, 즉 제국주의적이고 약탈적인 전쟁의 옹호자들은 이제 철저하게 부르주아지를 추종하고 있다. 케렌스키도 내각에 들어가자, 즉 2차 임시정부에 들어가자, 부르주아지에게로 완전히 달아나고 말았다. 치혜이제는 달아나지는 않았지만, 한쪽의 부르주아지의 임시정부, 구치코프와 밀류코프 같은 사람들, 다른 한쪽의 프롤레타리아와 인민 가운데 극빈 대중, 노동자 대표 소비에트와 중앙위원회가 단결시킨 러시아사회민주노동당 사이에서 계속 **동요하고** 있다.

그 결과 혁명은 우리가 노동자들에게 노동계급 운동과 프티부르주아지 내의 주요 성당과 주요 경향들 사이의 계급적 차이를 분명하게 깨달아야 한다고 촉구했을 때 우리가 특별히 강조한 점을 확인해주었다. 예를 들어 거의 18개월 전인 1915년 10월 13일에 제네바의 「조치알-데모크라트Sotsial-Demokrat」 41호에 쓴 것을 확인해주었다.

지금까지도 그랬지만, 우리는 사회민주당원들이 민주주의적 프티부르주아지와 함께 임시 혁명정부에 참여하는 것은 받아들일 수 있는 일로 간주한다. 그러나 혁명적 배외주의자들과는 함께할 수 없다. 혁명적 배외주의자들이란 독일에 승리를 거두기 위하여, 다른 나라들을 약탈하기 위하여, 러시아의 다른 민족들에 대한 대大러시아의 지배를 공고히 하기 위하여 차르 체제에 승리를 거두고자 하는 사람들을 가리킨다. 혁명적 배외주의는 프티부르주아지의 계급적 입장에 기초를 두고 있다. 프티부르주아지는 늘 부르주아지와 프롤레타리아 사이에서 동요한다.

현재 그들은 배외주의(이 때문에 프티부르주아지는 심지어 민주주의혁명에서도 일관된 혁명적 태도를 보여주지 못한다)와 프롤레타리아 국제주의 사이에서 동요하고 있다. 현재 트루도비키, 사회주의자혁명가당, 「나샤 차랴」(현재의 「드엘로」), 치헤이제의 두마 그룹, 조직위원회, 플레하노프 씨 등이 이런 프티부르주아지의 정치적 대변인이다. 만일 러시아에서 혁명적 배외주의자들이 승리를 거둔다면, 우리는 이번 전쟁에서 **그들의** '조국'을 방어하는 데 반대할 것이다. 우리의 슬로건은 이렇다. 배외주의자들에게 반대한다. 설사 혁명적이고 공화주의적이라 해도 배외주의자들에게는 **반대하며**, 사회주의혁명을 위한 국제 프롤레타리아의 동맹을 **지지한다**.

다시 영국인 구치코프 추종자에게로 돌아가보자.

그는 계속해서 이렇게 말한다. "제국 두마의 임시위원회는 목전의 위험을 고려하여, 장관들을 체포하려는 원래의 계획을 의도적으로 실행에 옮기지 않았다. 사실 어제만 해도 아무런 어려움 없이 그렇게 할 수 있었을 것이다. 따라서 협상의 문은 열려 있는 셈이다. 그 덕분에 우리['우리' = 영국의 금융자본과 제국주의]는 코뮌과 내전으로 인한 무정부 상태라는 무서운 시련을 거치지 않고도 새로운 체제의 모든 혜택을 볼 수 있다…"

구치코프주의자들은 **자기들**이 혜택을 볼 수 있는 내전은 **지지**했지만, 인민, 즉 근로 인민의 실제 다수가 혜택을 볼 수 있는 내전에는 **반대**하고 있다.

온 나라를 대표하는 두마 임시위원회[지주와 자본가들의 4차 두마

위원회에 관하여 이 따위로 이야기하다니!]와 순수하게 계급적 이해관계를 대표하지만[이것이 한쪽 귀로는 유식한 말을 들었지만 노동자 대의원 소비에트가 프롤레타리아와 빈민, 즉 전 주민의 10분의 9를 대표한다는 사실을 감추고 싶어 하는 외교관의 말이다] 현재와 같은 위기에는 엄청난 권력을 휘두르는 노동자 대표 평의회 사이의 관계는 그들 사이의 충돌 — 그 결과는 너무 무시무시해서 이루 말로 묘사할 수 없을 정도다. — 가능성 때문에 합리적인 사람들 사이에 적지 않은 우려를 자아내었다.

다행스럽게도 케렌스키 씨의 영향력 덕분에 적어도[이 '적어도'라는 말에 주목하라!] 일단은 이런 위험을 피했다. 케렌스키 씨는 대단한 웅변 능력을 갖춘 젊은 변호사로서, 자신의 노동자 유권자들의 이익을 위하여[즉 노동자들의 표를 얻기 위하여, 노동자들과 시시덕거리기 위하여] 위원회와 함께 일할 필요성을 깨닫고 있다[이 구치코프 추종자의 의견에 따르면 역시 '깨닫기'는 했지만, 케렌스키만큼 명료하게 깨닫지는 못한 것이 분명한 치헤이제와는 달리]. 오늘[3월 1일(14일), 수요일] 만족스러운 협정[13]이 체결되어, 모든 불필요한 마찰은 피하게 되었다.

이 협정이 무엇인지, 이것이 노동자 대의원 소비에트 **전체**의 의사

---

13   1917년 3월 1일(14일) 밤에 두마 임시위원회와 페트로그라드 소비에트 집행위원회의 사회주의자혁명가당 및 멘셰비키 지도자들 사이에 체결된 협정을 가리킨다. 이들 소비에트 지도자들은 자발적으로 권력을 부르주아지에에 넘겨주었으며, 두마 임시위원회가 자신의 입맛대로 임시정부를 세울 권한을 주었다.

로 체결된 것인지, 어떤 조건이 따라붙은 것인지 우리는 모른다. 이 **주요한** 점에 관하여 이 영국인 구치코프 추종자는 이번에는 아무 말도 하지 않는다. 그것도 당연한 일이다! 이 조건들을 분명하게 밝히는 것, 정확하게 모든 사람들에게 알리는 것이 부르주아지의 이익에 맞지 않기 때문이다. 그렇게 되면 부르주아가 그 조건들을 위반하는 것이 더 어려워지기 때문이다!

***

위의 글을 이미 써놓은 상태에서 나는 두 가지 매우 중요한 기사를 읽었다. 첫째는 매우 보수적이고 부르주아적인 파리의 신문 「르 탕Le Temps」[14] 3월 20일자에 실린 것으로, 새로운 정부에 대한 '지지'를 호소하는 노동자 대의원 소비에트의 성명이다.[15] 둘째는 베를린

---

14   1861년부터 1942년까지 파리에서 발간된 일간신문. 이 신문은 지배층을 대변했으며, 실질적으로 프랑스 외무부의 기관지였다.

15   노동자·병사 대의원 소비에트 집행위원회 성명은 르보프 왕자를 수반으로 하는 임시정부의 수립 발표와 동시에 「이즈베스티야」 1917년 3월 3일(16일)(4호)에 발표되었다. 집행위원회 가운데 사회주의자혁명가당과 멘셰비키 위원들이 작성한 이 성명은 새 정부가 "그 임무를 수행하고 구체제에 반대하는 결연한 투쟁을 하는 한" 민주세력은 새 정부를 지지할 것이라고 선언했다.

　　성명은 "정부에 민주적 대표들을 파견하지 않기로" 한 3월 1일(14일)의 집행위원회 결정에도 불구하고, 소비에트가 케렌스키에게 새 정부에 참여할 권한을 주었다는 사실을 언급하지 않았다. 「르 탕」은 통신원이 보낸 급보로 이 소식을 알렸다. 3월 2일(15일) 소비에트는 "소수의 반대를 무릅쓰고" 케렌스키가 법무장관으로 정부에 들어가는 것을 승인했다.

의 한 신문(「나치오날-차이퉁National-Zeitung」)에 실렸다가 취리히의 한 신문(「노이에 취르허 차이퉁Neue Zürcher Zeitung」 정오판 1면, 3월 21일)에 재수록된 3월 1일(14일) 스코벨레프의 국가 두마 연설 발췌문이다.[16]

프랑스 제국주의자들이 왜곡한 것이 아니라면 노동자 대의원 소비에트의 성명은 매우 주목할 만한 문건이다. 이것은 상트페테르부르크 프롤레타리아가 적어도 이 성명이 발표되던 시점에서는 프티부르주아 정치가들의 압도적 영향 아래 있었음을 보여준다. 앞에서도 언급했듯이 이런 정치가의 범주에는 케렌스키와 치헤이제 유형의 사람들이 들어간다.

이 성명에서 우리는 두 가지 정치적 관념과 그에 상응하는 두 가지 슬로건을 발견할 수 있다.

첫째, 이 성명은 정부(새로운 정부)가 '온건분자'들로 이루어져 있다고 말한다. 이것은 결코 완전하지 않은 이상한 묘사로, 마르크스주의적인 성격은 전혀 없는, 순수하게 자유주의적인 성격의 묘사다. 나 역시 어떤 의미 ─ 다음 편지에서 정확히 어떤 의미인지 이야기할 것이다. ─ 에서는 이제 혁명의 첫 단계가 완성된 상황에서 모든 정부가 '온건할' 수밖에 없다는 데 동의할 용의가 있다. 그러나 이 정부가 제국주의 전쟁을 계속하기를 원한다는 사실, 이 정부가 영국 자본의

---

16 「나치오날-차이퉁」은 1848년부터 1938년까지 베를린에서 발행하였고, 1914년부터는 「아흐트우르 아벤트블라트(Acht-Uhr Abendblatt)」라는 이름으로 발행하였다. 「노이에 취르허 차이퉁」은 1780년 취리히에서 창간되어 1821년까지 「취르허 차이퉁」이라는 이름으로 발간되었으며, 현재 스위스에서 가장 영향력 있는 신문이다.

대리인이라는 사실, 군주제를 복원하고 지주와 자본가들의 지배를 강화하기를 원한다는 사실을 우리 자신에게나 인민에게 감추는 것은 절대로 용납할 수 없다.

성명은 모든 민주주의자들이 새로운 정부를 '지지'해야 하고, 노동자 대의원 소비에트가 케렌스키의 임시정부 입각을 요청하고 또 인정한다고 선언한다. 그 조건들은 다음과 같다. 전쟁 중에 이미 약속한 개혁을 이행할 것, 민족들의 '자유로운 문화적'(이것만?) 발전을 보장할 것(완전히 카데트적이고, 지독히도 자유주의적인 강령이다), 임시정부 활동을 감독하기 위하여 노동자 대의원 소비에트의 구성원과 '군인들'로 이루어진 특별위원회를 설립할 것.[17]

관념과 슬로건의 두 번째 범주에 들어가는 이 감독위원회는 나중에 따로 이야기할 것이다.

러시아의 루이 블랑Louis Blanc*인 케렌스키의 임명과 새 정부에

---

17 외국 언론은 페트로그라드 소비에트가 임시정부를 제어할 특별 기구를 구성했다고 보도했다. 이 보도에 기초하여 레닌은 처음에는 이 통제기구의 조직을 환영했지만, 오직 경험만이 이것이 기대에 부응할지 보여줄 것이라고 지적했다. 실제로 집행위원회가 3월 8일(21일)에 임시정부의 활동에 '영향'을 끼치고 또 그것을 '통제'하기 위해 구성한 이 이른바 연락위원회는 임시정부가 소비에트의 신망을 이용하여 반혁명적 정책을 위장하는 것을 거들기만 했다. 연락위원회의 구성원은 M. I. 스코벨레프, Y. M. 스테클로프, N. N. 수하노프, V. N. 필리포프스키, N. S. 치헤이제이며, 나중에 V. M. 체르노프와 I. G. 체레텔리도 참여했다. 이 위원회는 권력을 소비에트로 넘기기 위한 대중의 적극적인 혁명적 투쟁을 막는 데 일조했다. 이 위원회는 1917년 4월에 해체되었고, 그 기능은 페트로그라드 소비에트 집행위원회 사무국이 접수했다.

• 프랑스의 사회주의자, 역사가로 보통선거제를 주장하고 노동조합을 결

대한 지지 호소는 혁명의 대의와 프롤레타리아의 대의를 배신한 고전적인 예라고 말할 수 있다. 이런 배신 때문에 그런 정책의 지도자와 지지자들이 얼마나 진지하게 사회주의에 헌신했는가에 관계없이 수많은 19세기 혁명들이 파멸을 맞이했던 것이다.

프롤레타리아는 전쟁 정부, 복고 정부를 지지할 수도 없고 지지해서도 안 된다. 반동과 싸우려면, 군주제를 복원하고 반혁명군을 모으려는 로마노프 일가와 그들의 친구들의 모든 가능한 또 현실성 있는 시도를 저지하려면, 구치코프 일당을 지지하지 않고, **프롤레타리아** 의용대를 **조직**, 확대, 강화하는 것, 노동자들의 지도 아래 인민을 무장시키는 것이 필수적이다. 이런 주요하고, 근본적이고, 급진적인 조치가 없다면, 군주제를 복원하고 약속된 자유를 폐지하거나 축소하려는 시도에 진지하게 저항을 하는 것도 불가능하고, 인민에게 빵, **평화**, 자유를 주는 길로 단호하게 나아가는 것도 불가능하다.

케렌스키와 더불어 1차 임시정부(13차 두마 위원회)를 구성했던 치헤이제가 앞서 언급한 또는 비슷한 성격의 원칙적 고려 때문에 2차 임시정부에 들어가지 않은 것이 사실이라면, 그것은 칭찬할 만한 일이다. 그 점은 솔직하게 이야기해야 한다. 그러나 안타깝게도 그러한 해석은 사실들, 또 무엇보다도 늘 치헤이제와 함께 행동했던 스코벨레프의 연설과 모순된다.

위에 언급한 자료를 신뢰할 수 있다면, 스코벨레프는 "사회적[? 분

성해 영세업자와 노동자의 빈곤을 없애야 한다고 주장했다. 파리코뮌에는 비판적 태도를 취해 개입하지 않았다.

명히 사회민주주의적이란 뜻일 것이다) 그룹과 노동자들은 임시정부의 목적에 조금밖에 공감하지 않는다(거의 공감하지 않는다)", 노동자들은 평화를 요구하고, 전쟁이 계속되면 어차피 봄에는 참화가 벌어질 것이다. "노동자들의 목적과 사회[자유주의적 사회]의 정치적 목적은 하늘과 땅처럼 거리가 멀지만, 그럼에도 그들은 사회와 임시 협정eine vorläufige Waffenfreundschaft을 체결"했으며, "자유주의자들은 전쟁의 의미 없는unsinnige 목표들을 버려야 한다"는 등의 이야기를 했다.

이 연설은 우리가 앞서 언급했던 「조치알-데모크라트」의 발췌문에서 부르주아지와 프롤레타리아 사이의 "동요"라고 부른 것의 한 예다. 자유주의자들은 자유주의자로 남아 있는 한 전쟁의 "의미 없는" 목표들을 "버릴" **수 없다.** 이 목표는 그들끼리 결정한 것이 아니라, 영국-프랑스의 금융자본, 수천억 달러를 주무르는 세계적으로 막강한 세력이 결정한 것이다. 우리의 임무는 자유주의자들을 '달래는' 것이 아니라, 자유주의자들이 막다른 골목에 이른 이유, 그들이 손발이 묶여 있는 이유, 그들이 차르 체제가 영국을 비롯한 다른 나라들과 체결한 조약이나 러시아와 영국-프랑스 자본 사이의 거래를 **감추는** 이유를 노동자들에게 **설명**하는 것이다.

스코벨레프는 노동자들이 자유주의 사회와 어떤 성격이든 협정을 체결했다고 말하지만, 그가 그 협정에 이의 제기를 하지 않고, 두마 연단에서 그것이 노동자들에게 얼마나 해로운지 설명하지 않는다면, 곧 그 협정을 **승인**하는 것과 다름없다. 그리고 그것이야말로 그가 해서는 안 되는 일이다.

스코벨레프가 직접적이든 간접적이든, 공개적이든, 암묵적이든 노동자 대의원 소비에트와 임시정부 사이의 협정을 승인하는 것은 그가 부르주아지 쪽으로 기운다는 뜻이다. 반면 노동자들이 평화를 요구한다거나, 그들의 목적이 자유주의자들의 목적과 하늘과 땅처럼 거리가 멀다고 말하는 것은 그가 프롤레타리아 쪽으로 기운다는 뜻이다.

반면 우리가 지금 살펴보고 있는 노동자 대의원 소비에트의 성명에 나오는 두 번째 정치적 관념은 순수하게 프롤레타리아적이고, 진정으로 혁명적이고, 그 구상이 심오한 수준에서 올바르다. 그것은 곧 프롤레타리아·병사가 임시정부를 감독하는 '감독위원회'(러시아어로도 이렇게 부르는지는 모르겠다. 이 이름은 내가 불어에서 의역한 것이다)를 설립하자는 관념이다.

이것이야말로 현실적인 것이다! 이것이야말로 인민을 위하여 자유, 평화, 빵을 요구하며 피를 뿌린 노동자들이 할 만한 일이다! 이것은 차르 체제를 막고, 군주제를 막고, 구치코프나 르보프 일당과 같은 군주주의자를 막을 수 있는 **현실적 보장**을 향한 **현실적 일보 전진**이다! 이것은 러시아 프롤레타리아가 그 모든 한계에도 불구하고, 그래도 1848년에 루이 블랑을 '인정'했던 프랑스 프롤레타리아보다는 발전했음을 보여주는 표시다! 이것은 프롤레타리아 대중의 본능과 정신이 개혁과 자유의 선언, 외침, 약속에 만족하지 않고, "노동자들이 인정한 장관"이라는 직책 등 겉만 번지르르한 장식에 만족하지 않고, **오직** 지지를 얻을 수 있는 곳에서만, 즉 프롤레타리아, 계급의식이 있는 노동자들이 조직하고 지도하는 **무장** 인민대중에게서만 지지를 구하고 있다는 증거다.

이것은 올바른 길로 나아가는 일보 전진이다. 그러나 **어디까지나** 첫걸음일 뿐이다.

만일 이 '감독위원회'가 순수하게 정치적인 유형의 의회 기구이기만 하다면, 임시정부에 '질문을 제기'하고 답을 듣는 위원회에 불과하다면, 이것은 장난감일 뿐이며 결국 아무것도 아니다.

그러나 이 위원회가 모든 장애에도 불구하고 즉시 **노동자 민병대** 또는 **노동자 의용대**를 구성하여, 여기에 전 인민, 모든 남녀를 망라한다면, 이것은 근절되고 해체된 경찰력을 대체할 뿐 아니라, 입헌군주제든 민주공화제든 **어떤** 정부도, 상트페테르부르크나 러시아 다른 **어느** 곳에서도 경찰력의 복원을 **불가능**하게 만들 것이다. 나아가서 러시아의 선진적 노동자들은 진정으로 새롭고 위대한 승리로 나아가는 길, 전쟁에 승리를 거두고, 신문 보도를 따르자면 상트페테르부르크에서, 국가 두마 광장에서 시위를 벌이는 기병대의 깃발을 장식하고 있다는 다음과 같은 슬로건을 실현하는 길로 걸어갈 수 있을 것이다.

"만국의 사회주의 공화제 만세!"

이 노동자 의용대에 관한 내 생각은 다음 편지에서 밝히겠다.

다음 편지에서 나는 우선 전 인민을 망라하며 노동자들이 지도하는 의용대의 구성은 현재의 올바른 슬로건, 현재 러시아혁명이 거쳐가고 있는 독특한 이행의 순간의 전술적 과제에 부응하는 슬로건임을 보여줄 것이다. 또 이와 더불어, 이 노동자 의용대가 성공을 거두려면 첫째로 전 인민을 포괄해야 하고, **보편적인** 수준의 대중조직이 되어야 하고, 진정으로 양성의 신체 건강한 전 주민을 포괄해야

한다는 것, 둘째로 순수한 경찰 기능만이 아니라 일반적 국가 기능
에 군사적 기능과 사회적 생산과 분배의 통제까지 결합하는 방향으
로 나아가야 한다는 것을 보여줄 것이다.

N. 레닌

1917년 3월 9일(22일), 취리히

추신: 이전 편지에 3월 7일(20일)이라고 날짜를 적는 것을 잊었음.

세 번째 편지
프롤레타리아 의용대에 관하여

어제 내가 치헤이제의 동요하는 전술에 관해 내렸던 결론은 오
늘, 즉 3월 10일(23일)에 두 가지 문건으로 완전하게 확인되었다. 첫
번째 문건은 「프랑크푸르터 차이퉁」[18]에 실린, 스톡홀름에서 보낸 전
문電文 기사다. 여기에는 상트페테르부르크의 우리 당, 즉 러시아사
회민주노동당 중앙위원회 성명의 발췌문이 실려 있다. 이 문건에는
구치코프 정부를 지지한다거나 전복한다는 이야기는 한마디도 없
다. 다만 노동자와 병사들에게 차르 체제에 반대하고 공화국을 지지

---

18 1856년부터 1943년까지 프랑크푸르트-암-마인에서 발간되었다. 1949
년 「프랑크푸르터 알게마이네 차이퉁(Frankfurter Allgemeine Zeitung)」이
라는 이름으로 속간되었다.

하여 투쟁하기 위해, 8시간 노동을 위해, 토지와 저장 곡물의 몰수를 위해, 그리고 무엇보다도 침략 전쟁을 끝내기 위해 노동자 대의원 소비에트로 집결하여 그곳에 보낼 대표자를 선출하라고 호소할 뿐이다. 이 점과 관련하여 특히 중요하고 또 특히 긴급한 것은 우리 중앙위원회의 절대적으로 올바른 생각, 즉 평화를 얻기 위해서는 **모든 교전국 프롤레타리아**와 관계를 수립해야 한다는 생각이다.

부르주아 정부들과 협상을 하거나 그들과 관계를 수립하여 평화를 얻어낼 수 있다고 기대한다면 그것은 자기기만이요 인민에 대한 기만이다.

두 번째 문건 역시 전문으로 스톡홀름에서 보낸 것으로, 다른 독일 신문(「포시셰 차이퉁Vossische Zeitung」[19])에 실렸다. 이것은 3월 2일(15일) 두마의 치헤이제 그룹, 노동자 그룹Arbeiterfraktion, 15개 노동조합 대표 사이의 회의와 다음 날 발표된 성명에 관한 기사다. 전문은 이 성명의 11개항 가운데 3항만 보도하고 있다. 즉 제1항 공화제 요구, 제7항 평화와 즉각적 휴전 협상 요구, 제3항 "적절한 방식에 의거한 러시아 노동계급 대표의 정부 참여" 요구다.

이것이 올바른 보도라면 나는 왜 부르주아지가 치헤이제를 찬양하는지 이해할 수 있다. 다른 곳에서 인용한 적이 있는 「더 타임스」에 실린 영국인 구치코프 추종자의 찬양에 이어 왜 「르 탕」에서 프랑스 구치코프 추종자들의 찬양이 이어졌는지 이해할 수 있다. 프랑스 백만장자와 제국주의자들을 대변하는 이 신문은 3월 22일에 이렇

19　베를린에서 1704년부터 1934년까지 발간된 온건한 자유주의적 신문.

게 쓰고 있다. "노동자 정당들의 지도자들, 특히 치헤이제 씨는 노동계급의 요구를 온건하게 조정하려고 모든 영향력을 행사하고 있다."

사실 구치코프-밀류코프 정부에 노동자의 '참여'를 요구하는 것은 이론적으로나 정치적으로나 터무니없다. 소수로 참여하게 되면 볼모 노릇을 하게 된다. 그렇다고 '동등한 자격'으로 참여하는 것은 불가능하다. 전쟁을 계속하자는 요구와 휴전 협정을 체결하고 평화 협상을 시작하자는 요구는 양립할 수 없기 때문이다. 다수로 '참여'하는 것은 구치코프-밀류코프 정부를 **전복**할 힘을 요구한다. 실제로 '참여' 요구는 최악의 루이블랑주의다. 즉 계급투쟁과 그것이 이루어지는 현실적 조건을 망각하고, 대단히 공허한 문구에 현혹되어 노동자들 사이에 환상을 퍼뜨리고, 밀류코프나 케렌스키와 협상을 하면서 **진정한** 계급적, 혁명적 세력인 프롤레타리아 의용대를 창설하는 데 사용해야 할 **귀중한** 시간을 낭비하는 행동이다. 프롤레타리아 의용대는 주민 가운데 **모든** 빈곤 계층들 — 이들이야말로 주민 대다수를 구성하고 있다. — 의 **신뢰를 누릴** 것이며, **빈곤 계층들의 조직을 돕고**, 또 **그들**의 빵, 평화, 자유를 위한 싸움을 도울 것이다.

치헤이제와 그의 그룹(나는 지금 OC, 즉 조직위원회 **당파** 이야기를 하는 것이 아니다. 내가 본 자료에는 OC에 관해서는 한마디도 나오지 않기 때문이다)이 발표한 성명의 이런 실수는 스코벨레프가 한 말을 생각해보면 더욱 이상해 보인다. 신문 보도에 따르면, 3월 2일(15일) 회의에서 치헤이제의 가장 긴밀한 협력자인 스코벨레프가 다음과 같이 말한 것으로 나오기 때문이다. "러시아는 두 번째, 진정한wirklich 혁명의 전야에 있다."

그것은 사실이다. 그러나 스코벨레프와 치헤이제는 이 사실로부터 실천적인 결론을 끌어내는 것을 잊었다. 나는 여기에서, 이 저주스러울 정도로 먼 곳에서, 이 두 번째 혁명이 얼마나 가까운지 판단할 수가 없다. 현장에 있는 스코벨레프가 상황을 더 잘 볼 것이다. 따라서 나는 필수적인 구체적 자료가 없고, 또 얻을 수도 없는 상황에서 답을 이야기할 수 없는 문제를 스스로 제기하지는 않겠다. 단지 내가 첫 번째 편지에서 끌어낸 **사실적** 결론을 스코벨레프라는 '외부 증인', 즉 우리 당에 속하지 않은 사람이 확인해주었다는 사실만 강조하겠다. 그 결론이란 2월~3월 혁명은 혁명의 **첫 번째 단계**에 불과하다는 것이다. 러시아는 혁명의 다음 단계로, 스코벨레프의 표현을 빌리자면, "두 번째 혁명"으로 **이행**하는 독특한 역사적 순간을 통과하고 있다.

우리가 마르크스주의자로서 전 세계의 혁명 경험으로부터 배우고 싶다면, 이 **이행적** 순간의 **특수성**이 정확히 무엇인지, 그 객관적이고 구체적인 특징들로부터 어떤 전술들이 나오는지 이해하려고 노력해야 한다.

이 상황의 특수성은 구치코프-밀류코프 정부가 다음 세 가지 주요한 조건 때문에 첫 번째 승리를 아주 쉽게 얻었다는 데 있다. (1) 영국-프랑스 금융자본과 그 대리인의 지원. (2) 군부 최고 실력자들의 지원. (3) 러시아 전체 부르주아지가 이미 농촌과 도시의 지방정부 기관, 국가 두마, 전시산업위원회 등의 형태로 조직이 되어 있었다는 점.

구치코프 정부는 옴짝달싹할 수 없는 상태다. 자본의 이해관계에

얽매어, 침략적인 강도 전쟁을 계속하고, 자본과 지주들의 엄청난 이윤을 보호하고, 군주제를 복원하려고 노력할 수밖에 없다. 그러나 혁명에서 탄생했기 때문에, 차르 체제로부터 민주주의로의 급격한 변화를 요구받고 있기 때문에, 빵에 굶주리고 평화에 굶주린 대중으로부터 압력을 받기 때문에, 정부는 거짓말을 하고, 우물쭈물하고, 시간을 벌고, 가능한 한 많은 약속(물가가 미친 듯이 상승하는 시기에 약속이야말로 유일하게 값이 아주 싼 것이다)을 하지만 가능한 한 적게 이행을 하고, 한 손으로는 양보를 하고 다른 손으로는 그것을 철회할 수밖에 없다.

어떤 조건이 주어지면 새로운 정부는 러시아 전체의 부르주아지와 부르주아 인텔리겐치아의 조직 능력에 기대어 자신의 붕괴를 늦출 수 있겠지만, 그래봐야 약간 늦추는 정도일 것이다. 그 경우에도 **붕괴를 피할 수는 없다**. 부르주아적 관계들을 포기하고, 혁명적 조치로 옮겨가고, 러시아와 세계 프롤레타리아의 역사상 최고의 영웅주의에 호소하지 않는 한, 세계 자본주의가 육성하는 제국주의 전쟁과 기근이라는 무시무시한 괴물의 발톱을 피하는 것은 **불가능**하기 때문이다.

따라서 결론은 이렇다. 우리는 일격에 새 정부를 쓰러뜨릴 수 없다. 또는, 쓰러뜨릴 수 있다 해도(혁명적 시기에는 가능성의 한계가 천 배로 확장되니까), 러시아의 전체 부르주아지와 전체 부르주아 인텔리겐치아의 당당한 조직과 마찬가지로 당당한 **프롤레타리아의 조직** ― 이 조직이 도시와 농촌의 빈민, 반半프롤레타리아, 소小소유자 등으로 이루어진 방대한 대중 전체를 지도해야 한다. ― 으로 **맞서지 않는**

한 권력을 계속 유지할 수 없을 것이다.

상트페테르부르크에서 "두 번째 혁명"이 이미 터져나왔느냐 아니냐에 관계없이(나는 해외에서 혁명이 성숙하는 실제 속도를 평가하는 것이 가능하다고 생각하는 것은 터무니없는 일이라고 이미 말했다), 그 혁명이 한동안 미루어졌든, 아니면 이미 개별 지역에서 시작이 되었든(그런 조짐이 분명히 나타났다), **어떤** 경우에도 새로운 혁명의 전야, 혁명 기간, 그 뒤의 당면 슬로건은 **프롤레타리아의 조직**이 되어야 한다.

노동자 동지들! 여러분은 어제 차르 군주제를 쓰러뜨리며 프롤레타리아 영웅주의의 기적을 이루어냈다. 상당히 가까운 미래에(어쩌면 이 글을 쓰고 있는 지금 이 순간에), 여러분은 제국주의 전쟁을 벌이는 지주와 자본가들의 지배를 무너뜨리는 똑같이 영웅적인 기적을 다시 이루어내야 할 것이다. 그러나 여러분이 **프롤레타리아의 조직**이라는 기적을 이루어내지 못한다면, 다음의 이 '진짜' 혁명에서 **지속적인 승리**를 얻지 못할 것이다!

조직이 이 순간의 슬로건이다. 그러나 여기에만 갇혀 있으면 아무 말도 안 하는 것과 다름없다. 우선 조직은 **언제나** 필요하기 때문이다. 따라서 단순하게 '대중을 조직할' 필요성을 언급하는 것만으로는 아무것도 설명하지 못한다. 또 오직 여기에만 갇혀 있는 사람은 **자유주의자들**을 위한 선동가가 된다. 자유주의자들이 자신의 지배를 강화하기 위하여 바라는 것이 **바로** 노동자들이 **그들의 일반적인** '합법적'('정상적인' 부르주아 사회의 관점에서) 조직을 **넘어서지 않는 것**, 즉 그들이 오직 그들의 정당, 그들의 노동조합, 그들의 협동조합 등등에만 결합해 있는 것이기 때문이다.

노동자들은 계급적 본능의 안내를 받아 혁명적 시기에는 보통 조직일 뿐 아니라, 동시에 완전히 다른 조직일 필요가 있다는 사실을 깨달았다. 그들은 우리의 1905년 혁명과 1871년 파리코뮌의 경험이 가리키는 길을 올바르게 따라갔다. 그들은 **노동자 대의원 소비에트**를 세웠다. 그들은 병사 대표, 그리고 물론 농촌 **임금**노동자의 대표, 또 (이런저런 형태로) 전체 빈농의 대표자들을 끌어들여 소비에트를 발전시키고, 확장하고, 강화했다.

예외 없이 프롤레타리아와 반프롤레타리아 주민의 모든 직종과 계층, 즉 경제학적으로는 덜 정확하지만 더 대중적인 용어로 표현하자면 모든 피착취 근로 인민을 위하여 러시아의 모든 지역에 예외 없이 이런 종류의 조직을 세우는 것이야말로 일차적이고 가장 중요한 과제, 잠시의 지체를 허용하지 않는 과제다. 약간 앞질러 나아가서, 나는 우리 당(앞으로 내 편지에서 새로운 유형의 프롤레타리아 조직들과 관련하여 우리 당의 **특별한** 역할을 논의하고 싶다)은 특히 임금노동자와 곡물을 판매하지 않는 소규모 경작자가 부농과 **별도로** 소비에트를 결성하도록 농민 대중 전체에게 권유해야 한다는 점을 언급해두겠다. 이렇게 하지 않으면 진정으로 프롤레타리아적인 일반 정책을 수행하는 것도 불가능하고,* 수백만 인민의 사활이 걸린 극히 중요한 현실적 문제, 즉 곡물의 올바른 분배, 곡물 생산의 증대 등의 문제에 올바로

---

* 농촌 지역에서는 이제 소농과 일부 중농을 자기편으로 끌어들이기 위한 투쟁이 전개될 것이다. 부농에게 의존하는 지주들은 그들을 부르주아지에게 복속시키려 할 것이다. 우리는 농촌 임금노동자와 농촌 빈민에게 의지하여 이들이 도시 프롤레타리아와 긴밀한 동맹을 맺도록 이끌어야 한다.

접근하는 것도 불가능할 것이다.

이런 질문이 나올 수 있다. 노동자 대의원 소비에트의 기능은 무엇이어야 하는가? 이 소비에트는 "봉기 기관, 혁명적 통치 기관으로 간주해야 한다." 우리는 1915년 10월 13일 제네바 「조치알-데모크라트」 47호에 그렇게 썼다.

1871년 파리코뮌과 1905년 러시아혁명의 경험에서 연역한 이 이론적 명제는 러시아에서 현재 진행 중인 혁명의 바로 현 단계의 실천적 경험을 근거해 설명하고, 또 구체적으로 발전시켜야 한다.

우리에게는 혁명적 **정부**가 필요하고, (일정한 과도기 동안) **국가**가 필요하다. 이것이 우리가 아나키스트들과 다른 점이다. 혁명적 마르크스주의자와 아나키스트가 다른 점은 단지 마르크스주의자는 집중된 대규모 공산주의적 생산을 지지하고, 아나키스트는 서로 관련이 없는 소규모 생산을 지지한다는 점만이 아니다. 사회주의를 위한 투쟁에서 국가의 혁명적 형태를 혁명적인 방식으로 활용하는 것에 우리는 **찬성**하고 아나키스트들은 **반대**한다는 것이야말로 바로 정부의 문제, 국가의 문제에서 그들과 우리가 다른 점이다.

우리에게는 국가가 필요하다. 그러나 입헌군주국에서부터 가장 민주주의적인 공화국에 이르기까지 부르주아지가 도처에 만들어 놓은 **그런 종류**의 국가는 **아니다**. 이 점에서 우리는 낡은, 그리고 부패하고 있는 사회주의 정당의 기회주의자들이나 카우츠키파와 다르다. 그들은 파리코뮌의 교훈, 그리고 이 교훈에 관한 마르크스와 엥겔스의 분석을 왜곡하거나 망각했다.*

우리에게는 국가가 필요하다. 그러나 부르주아지에게 필요한 종류, 즉 인민과 분리되고 대립하는 경찰력, 군대, 관료제라는 형태로 통치 기관을 갖춘 종류의 국가가 아니다. 모든 부르주아혁명은 **이러한** 국가기구를 완성시켰을 뿐이며, **그 기구를** 한 당의 손아귀에서 다른 당의 손아귀로 옮겼을 뿐이다.

그러나 프롤레타리아가 현재 혁명의 성과를 지키고 더 나아가 평화, 빵, 자유를 얻으려 한다면, 마르크스의 표현을 빌자면 이 "기성의" 국가기구를 "**박살내고**" 경찰력, 군대, 관료를 **전체 무장 인민**과 **융합**하여 새로운 기구로 대체해야 한다. 프롤레타리아는 1871년 파리코뮌과 1905년의 러시아혁명의 경험이 가리키는 길을 따라가며, 주민 가운데 가난하고 착취당하는 **모든** 층들을 조직하고 무장시켜야 한다. 그래야만 프롤레타리아 **스스로** 국가권력 기관들을 직접 손에 쥘 수 있으며, **그들 스스로** 이런 국가권력 기관들을 **구성**할 수 있다.

러시아 노동자들은 이미 1917년 2~3월에, 첫 번째 혁명의 첫 번째 단계에 이 길로 들어섰다. 이제 유일한 임무는 이 새로운 길이 무엇인지 분명하게 이해하고, 그 길을 따라 대담하게, 단호하게, 참을성 있게 나아가는 것이다.

영국-프랑스와 러시아 자본가들은 '오직' 니콜라이 2세만 제거하기를, 또는 단지 '겁을 주기를' 바랐다. 낡은 국가기구, 즉 경찰력,

---

* 다음 편지에서 또는 특별한 글에서 이 분석을 자세히 다루도록 하겠다. 이 분석은 마르크스의 『프랑스 내전』, 엥겔스가 이 책의 3판에 붙인 서문, 마르크스의 1871년 4월 12일자 편지, 엥겔스의 1875년 3월 18~28일자 편지에서 찾아볼 수 있다. 나는 또 카우츠키가 1912년 이른바 "국가 파괴" 문제를 놓고 안톤 판네쾨크(Anton pannekoek)와 벌인 논쟁에서 마르크스주의를 완전히 왜곡한 방식도 다루도록 하겠다.

군대, 관료는 그대로 두기를 바랐다.

그러나 노동자들은 더 나아가 그 기구를 박살내버렸다. 예를 들어 구치코프와 밀류코프의 지지자인 네페닌 제독의 경우에서처럼 러시아 병사들이 장교를 사살하는 것을 보고 영국-프랑스 자본가들만이 아니라 독일 자본가들도 분노와 공포 때문에 **울부짖고** 있다.

나는 노동자들이 낡은 국가기구를 박살냈다고 말했다. 그러나 박살내기 **시작했다**고 말하는 것이 더 정확할 것이다.

구체적인 예를 들어보자.

상트페테르부르크와 다른 많은 곳에서 경찰력은 일부 파괴되고 일부 해체되었다. 구치코프·밀류코프 정부는 군주제를 **복원**할 수도 없고, 전체적으로 부르주아지의 명령을 받을 뿐 인민과는 분리되고 대립하는 무장 특별 조직인 경찰력에 **의존하지 않고**는 권력을 유지할 수도 없다. 이것은 명약관화하다.

한편 새 정부는 혁명적 인민을 고려해야 하고, 반쪽의 양보와 약속을 제시해야 하고, 시간을 벌어야 한다. 그래서 새 정부는 미봉책에 의지하는 것이다. 새 정부는 선출된 관리들로 '인민 의용대'를 조직한다(끔찍하게 품위 있고, 끔찍하게 민주적이고, 혁명적이고, 아름답게 들린다!). ― **그러나** … **그러나** 첫째로 새 정부는 이 의용대를 농촌과 도시의 지방자치체 밑에 둔다. 즉 폭군 니콜라이와 교수형 집행인 스톨리핀이 통과시킨 법에 따라 선출된 지주와 자본가들의 명령을 받게 하는 것이다!! 둘째로, 새 정부는 '인민'을 현혹하기 위하여 이 의용대를 "인민 의용대"라고 부르지만, 인민 **전체**에게 이 의용대에 들어오라고 호소하지 **않으며**, 고용주와 자본가들에게 노동자와 사무직원들이 **공무**, 즉 의용대에서 보내는 **시간과 날짜**에 통상임금을 지불하도록 **강요하지 않는다.**

이것이 그들의 술수다. 그것이 구치코프나 밀류코프 같은 자들의 지주와 자본가 정부가 서류에는 "인민 의용대"라고 적어놓고, 실제로는 점진적으로 조용히 **부르주아적인**, 반反인민적인 의용대를 복원하는 방식이다. 처음에 이 의용대는 '학생과 교수 8,000명'(외국 신문들은 현재의 상트페테르부르크 의용대를 그렇게 묘사한다)으로 구성되었지만 — 명백한 노리개다. — 점차 신구 경찰력이 중심을 이루게 될 것이다.

경찰력의 복원을 저지하라! 지방자치체가 여러분의 손아귀에서 빠져나가는 것을 허용하지 마라! 진정으로 인민 전체를 포괄하고, 진정으로 보편적이고, 프롤레타리아가 지도하는 의용대를 건설하라! 이것이 오늘의 임무이고, 이것이 이 순간의 슬로건이다. 이것은 또 정확하게 이해된 우리의 이해관계, 즉 계급투쟁을 촉진하고 혁명운동을 촉진하는 것과도 맞아떨어지며, 경찰관, 농촌의 순사, 마을 치안관 등 인민을 지배하는 무장한 자들을 지주와 자본가들이 지휘한다는 사실을 증오할 수밖에 없는 모든 노동자, 모든 농민, 모든 착취당하는 근로자의 민주적 본능과도 맞아떨어진다.

그들에게, 구치코프와 밀류코프 같은 자들에게, 지주와 자본가들에게 어떤 종류의 경찰력이 필요한가? 차르 군주제 치하에 존재했던 것과 똑같은 종류의 경찰력이다. 세상의 **모든** 부르주아 공화국과 부르주아 민주주의적 공화국은 아주 짧은 혁명기가 지나고 나면 **바로 그러한** 경찰력을 세우거나 복원했다. 이 경찰력은 부르주아지에 이런저런 방식으로 종속되어, 인민과 분리되고 인민과 대립하는 무장한 사람들의 특별 조직이다.

우리에게, 프롤레타리아에게, 모든 근로 인민에게 필요한 것은 어떤 종류의 의용대인가? 진정한 **인민의** 의용대, 즉 첫째로 인민 **전체**, **남녀**를 막론하고 모든 성인 시민들로 이루어진 의용대다. 둘째, 인민의 군대의 기능을 경찰 기능, 공공질서와 행정을 담당하는 주요하고 근본적인 기관의 기능과 결합하는 의용대다.

이 명제들을 더 잘 이해할 수 있도록 완전히 도식적인 예를 하나 들어보겠다. 프롤레타리아 의용대를 위한 어떤 종류의 '계획'을 짜는 것은 말할 필요도 없이 터무니없는 일이다. 노동자와 전 인민이 실제로 그 작업에 나서게 되면, 진정으로 대중적인 규모로 그 일을 진행하게 되면, 그들은 어떤 이론가보다도 백 배나 뛰어나게 일을 처리하고 조직해낼 것이다. 따라서 나는 '계획'을 제공하는 것이 아니라 내 생각의 한 예를 들어보고 싶을 뿐이다.

상트페테르부르크의 인구는 200만 명 정도다. 이 가운데 반 이상이 15살에서 65살 사이의 나이다. 반으로 잡으면 100만 명이다. 여기서 아주 크게 잡아 4분의 1이 신체 허약 등의 정당한 이유로 당장 공무에 참여할 수 없다고 해보자. 그러면 75만 명이 남는데, 이들이 예를 들어 15일에 하루를 의용대에서 근무한다고 하면(그 보수는 자신의 고용주로부터 받는다), 5만 명 병력의 군대를 만들 수 있다.

이것이야말로 우리에게 필요한 '국가'의 **유형이다**!

이것이야말로 말만이 아니라 행동에서도 '인민의 의용대'가 될 그런 종류의 의용대다.

특별한 경찰력이나 인민과 분리된 특별한 군대의 복원을 **막으려**

면 우리는 이 길로 나아가야만 한다.

95퍼센트 노동자와 농민으로 구성될 이런 의용대는 인민의 압도적 다수의 **진정한** 마음과 뜻, 힘과 권력을 표현할 것이다. 이러한 의용대는 인민 전체를 진정으로 무장시키고, 군사훈련을 제공할 것이며, 반동을 부활시키려는 모든 시도, 차르 앞잡이들의 모든 음모에 맞서 구치코프나 밀류코프 유형과는 **다른** 방식으로 인민 전체를 지켜줄 것이다. 이러한 의용대는 노동자·병사 대의원 소비에트의 집행 기관이 될 것이며, 인민의 **가없는** 존경과 신뢰를 받을 것이다. 이 의용대 자체가 인민 전체의 조직이기 때문이다. 이러한 의용대는 민주주의를 자본가들이 인민을 노예로 만들어 괴롭히는 상황을 가려주는 아름다운 간판으로부터 실제로 **대중이** 국가의 **모든** 업무에 참여하도록 **훈련시키는** 수단으로 바꾸어놓을 것이다. 이러한 의용대는 미성년자들을 정치생활로 끌어들여, 말만이 아니라 행동과 **일로** 그들을 가르칠 것이다. 이러한 의용대는 과학적인 언어로 말하자면 '복지 경찰'의 관할에 들어가는 기능들, 즉 위생 감독 등의 기능을 수행할 것이며, 그런 일에 모든 성인 여자들의 협력을 구할 것이다. 여자들을 공무로, 의용대로, 정치생활로 끌어들이지 않으면, 여자들을 그들을 마비시키는 집과 부엌 환경으로부터 떼어내지 않으면, 진정한 자유를 보장하는 것은 **불가능**하며, 사회주의는 말할 것도 없고 민주주의를 건설하는 것조차 **불가능**하다.

이러한 의용대는 프롤레타리아 의용대가 될 것이다. 산업 노동자와 도시 노동자들이 1905~1907년과 1917년 두 번 모두 인민의 혁명적 투쟁에서 지도적인 자리를 차지한 것처럼 자연스럽게 필연적으로 빈민 대중을 이끌며 영향력을 행사할 것이기 때문이다.

이러한 의용대는 절대적인 질서와 헌신적으로 준수되는 동지적 규율을 보장할 것이다. 동시에 모든 교전국이 경험하고 있는 심각한 위기를 맞아, 모든 민주적인 방법으로 이 위기와 싸우고, 곡물을 비롯한 여러 물자를 올바르고 빠르게 분배하고, 프랑스인들이 지금 "일반인 동원"이라고 부르고 독일이 "일반인 복무"라고 부르는 "전반적 노동 복무"를 도입할 것이다. 이러한 "전반적 노동 복무"가 없으면 침략적인 가공할 전쟁이 준 또 지금도 주고 있는 상처를 치료하는 것이 **불가능하다.** ― 또 실제로 **불가능하다는 것이 증명되었다.**

러시아의 프롤레타리아가 고작 민주적인 정치 개혁의 약속이나 얻으려고 피를 흘렸던 것일까? 러시아의 프롤레타리아는 **모든** 노동자가 **즉시** 자신의 생활에서 어떤 개선을 보고 느껴야 한다고 요구하고 또 그렇게 느끼도록 해줄 수 없는 것일까? 모든 가정이 빵을 얻도록? 모든 아이가 좋은 우유 한 병을 얻도록, 모든 아이에게 우유가 돌아가기 전에는 부유한 가정의 어떤 성인도 추가로 우유를 먹지 못하도록? 차르와 귀족이 버린 궁과 호화로운 아파트를 비워두지 말고 노숙자와 빈민의 피난처로 이용하도록? 남자만이 아니라 여자도 소속되어 있는 인민의 의용대가 아니라면 누가 이런 조치들을 취할 수 있을까?

이런 조치들만으로 사회주의가 되는 것은 **아니다.** 이 조치들은 소비의 분배만 다룰 뿐, 생산의 재조직은 다루지 않기 때문이다. 이 조치들만으로 '프롤레타리아 독재'가 되는 것은 아니다. '프롤레타리아와 빈농의 혁명적-민주주의적 독재'가 될 뿐이다. 그러나 이론적인 분류가 중요한 것이 아니다. 만일 우리가 이론을 일차적으로, 무엇보다도 행동의 안내로 여기지 않는다면, 그래서 복잡하고, 긴급하고, 급속하게 발전하는 혁명의 실천적 임무들을 편협하게 생각한 '이론'이라는 프로크루스테스의 침대에 우겨넣으려 한다면, 우리는 중대한 실수를 하고 있는 것이다.

러시아 노동자 대중이 직접적인 혁명적 투쟁에서 과감성, 진취성, 자기희생을 보여주는 기적을 수행한 뒤에 다시 '프롤레타리아 조직의 기적'을 수행할 만한 계급의식과 강인함과 영웅적 태도를 갖고 있을까? 그것은 모르는 일이며, 한가하게 그런 것을 추측하는 일에 몰두할 필요도 없다. **오직** 실천만이 그 질문에 답을 줄 수 있기 때문이다.

우리가 분명하게 아는 것, 그리고 우리가 하나의 정당으로서 대중에게 설명해야 하는 것은 유례없는 위기, 기아, 크나큰 곤경을 초래한 역사의 기관차가 지닌 거대한 힘이다. 그 기관차는 전쟁, **양쪽** 진영의 자본가들이 침략적인 목표 때문에 벌인 전쟁이다. 이 '기관차'가 가장 부유하고, 자유롭고, 계몽되었다고 손꼽히던 많은 나라를 파멸 직전까지 몰아갔다. 전쟁은 각국 인민이 가진 에너지를 최대한 쥐어짜도록 **강요**하고, 그들을 견딜 수 없는 조건에 밀어넣고, 어떤 '이론들'의 응용(마르크스가 늘 사회주의자들에게 조심하라고 경고하던 착각)이 아니라 가장 극단적인 실천적 조치들의 이행을 목전의 과제로 제기했다. 극단적인 조치들이 없다면, 수백만 인민을 기다리는 것은 죽음―굶주림으로 인한 즉각적이고도 확실한 죽음―뿐이기 때문이다.

객관적 상황이 인민 전체에게 극단적인 조치를 **요구**할 때 선진적 계급의 혁명적 열의가 **큰 몫**을 할 수 있다는 것은 증명이 필요 없는 일이다. **이런** 측면은 러시아의 모든 사람이 분명하게 보고 **느끼고** 있다.

중요한 것은 혁명적인 시기에는 객관적 상황이 일반적인 삶의 흐름과 마찬가지로 빠르고 갑작스럽게 변한다는 점이다. 따라서 우리는 모든 주어진 상황의 **구체적인 특징들**에 우리의 전술과 당면한 임무를 **맞출 수 있어야** 한다. 1917년 2월 이전에 당면한 임무는 과감하게 혁명적이고 국제주의적인 선전을 하고, 대중에게 투쟁을 호소하고, 대중을 일깨우는 것이었다. 2월~3월 혁명 기간은 눈앞의 적, 즉 차르 체제를 짓밟는 투쟁에 헌신하는 영웅적 태도를 요구했다. 이제 우리는 혁명의 첫 단계에서 두 번째 단계로, 차르 체제와 '맞붙는' 단계에서 구치코프-밀류코프의 지주와 자본가적인 제국주의와 '맞붙는' 단계로 **이행**하고 있다. 현재 당면한 임무는 **조직**이다. 판에 박힌 조직을 결성하는 일을 한다는 판에 박힌 의미에서만이 아니라, 억압받는 계급들로 이루어진 전례 없이 광범한 대중을 국가의 군사적, 정치적, 경제적 기능을 접수할 조직으로 끌어들인다는 의미에서이기도 하다.

프롤레타리아는 여러 가지 방식으로 이 독특한 임무에 접근해왔고 또 앞으로 접근할 것이다. 2월~3월 혁명으로 프롤레타리아는 러시아 일부 지역에서 거의 완전한 권력을 손에 쥐게 되었다. 다른 지역에서는 어쩌면 '찬탈하는' 방식으로 프롤레타리아 의용대를 결성하고 확대해 나아갈 수도 있다. 또 어떤 지역에서는 보통선거에 기초하여 즉시 도시와 농촌의 지방자치체를 선출하고, 이것을 혁명적 중심으로 바꾸는 등의 노력을 할 것이다. 그러다 프롤레타리아 조직이 성장하고, 병사와 노동자가 뭉치고, 농민 사이에 운동이 일어나고, 많은 사람들이 구치코프와 밀류코프의 전쟁-제국주의 정부에 아주 많은 사람들이 환멸을 느끼면 이 정부가 노동자 대의원 소비에트의

'정부'로 대체될 시간도 다가올 것이다.

상트페테르부르크 가까운 곳에 가장 선진적인 나라로 손꼽히며, 실제로 공화주의적인 나라, 즉 핀란드가 있다는 사실을 잊지 말아야 한다. 핀란드는 1905년부터 1917년까지 러시아의 혁명적 전투 덕분에 보호를 받으며 상대적으로 평화로운 방식으로 민주주의를 발전시켰으며, 사회주의가 인민 **다수**의 지지를 얻었다. 러시아 프롤레타리아는 분리의 자유를 포함하여 핀란드 공화국의 완전한 자유를 보장할 것이다(카데트인 로디체프가 헬싱키에서 대러시아인들을 위한 특권 부스러기를 얻어내려고 비열하게 실랑이를 벌이고 있는 상황에서 사회민주주의자라면 한 사람도 이 문제를 놓고 동요하지 않을 것이다)[20]. 그리고 바로 이런 방법으로 러시아 전체의 프롤레타리아 대의에 대한 핀란드 노동자들의 **완전한** 신뢰와 동지적 지원을 얻어낼 것이다. 어렵고 큰일에서 실수는 불가피하며, 우리는 실수를 피하지 않을 것이다. 핀란드 노동자들은

---

20 임시정부는 수립되자마자 10월당원 M. A. 스타호비치를 핀란드 총독으로, 카데트인 F. I. 로디체프를 핀란드 담당 장관으로 임명했다. 3월 8일 (21일) 임시정부는 "핀란드 대공국 헌법의 승인과 집행에 관한" 성명을 발표했다. 이 성명에 따라 핀란드는 자치권을 얻었으나, 핀란드 국회가 반포하는 법률은 러시아 정부의 승인을 받아야 한다는 조건이 붙었다. 핀란드 법률과 어긋나는 법들도 전쟁 동안에는 효력을 유지했다.

러시아 임시정부는 핀란드 국회가 헌법을 수정하여 "상업과 산업에서 러시아 국민에게 핀란드 국민과 동등한 권리"를 부여하기를 바랐다. 차르 정부에서는 핀란드 법률에 어긋나는 이런 평등권을 강요했기 때문이다. 동시에 임시정부는 "제헌의회의 소집 전에는" 핀란드의 자결 문제를 논의하지 않겠다고 했다. 이로 인해 심한 충돌이 생겼으며, 이것은 10월 사회주의혁명 뒤인 1917년 12월 18일(31일) 소비에트 정부가 핀란드에 완전한 독립을 허용하면서 해결되었다.

우리보다 나은 조직가들로서, 이 영역에서 우리를 도울 것이며, 또 **그들 나름의 방식으로** 사회주의 공화국 수립을 추진해 나갈 것이다.

러시아 본국에서 혁명적 승리를 거두고, 이런 승리의 보호를 받아 핀란드에서 평화롭게 조직적 성공을 거두고, 러시아 노동자들이 새로운 규모의 혁명적 조직을 건설하는 임무로 옮겨가고, 프롤레타리아와 주민 가운데 극빈층이 권력을 장악하고, 서방에서 사회주의 혁명을 장려하고 발전시키는 것 — 이것이 우리가 **평화**와 **사회주의**로 나아가는 길이다.

N. 레닌

1917년 3월 11일(24일), 취리히

네 번째 편지
평화를 달성하는 방법

방금(3월 12일[25일]) 「노이에 취르허 차이퉁」(3월 24일[4월 6일] 517호)에서 베를린으로부터 전문으로 급송한 다음과 같은 기사를 읽었다.

스웨덴에서는 막심 고리키가 정부와 집행위원회에 열렬한 환영 인사를 전했다고 보도했다. 고리키는 반동 귀족을 누른 인민의 승리를 환영하면서, 러시아의 모든 아들에게 새로운 러시아 국가를 건설하는 일에 나설 것을 호소했다. 동시에 그는 정부가 평화조약을 체결하여 해방의 대의에 정점을 찍을 것을 촉구했다. 그러나 고리키는 어떤 대가를 치르더라도 평화를 얻어야 하는 것은 아니라고 말했다. 이제 러시아는 어떤 대가를 치르더라도 평화를 얻기 위해 노력해야 할 이유가 그 어느 때보다 적다. 따라서 이 평화는 러시아가 지구상의 다른 나라들과 더불어 명예롭게 살게 해주는 평화여야 한다. 인류는 지금까지 많은 피를 흘렸다. 새 정부가 조기에 평화조약을 체결할 수 있다면 러시아만이 아니라 모든 인류에게 아주 커다란 공헌을 하게 될 것이다.

막심 고리키의 편지는 그런 식으로 보도되었다.

철저하게 평범한 속물적 편견으로 일관하는 이 편지를 읽다보면 깊은 실망감을 느끼게 된다. 이 글을 쓰는 나는 카프리에서 고리키를 만났을 때 그의 정치적 실수에 대하여 여러 번 주의를 주고 책망을 하기도 했다. 고리키는 그 흉내낼 수 없는 매혹적인 웃음으로 이런 책망을 받아넘기며 천진하게 이렇게 말하곤 했다. "나도 내가 형편없는 마르크스주의자라는 것을 잘 압니다. 게다가 우리 예술가들은 모두 약간 무책임하기도 하지요." 그렇게 나오면 논쟁을 하기가 쉽지 않은 법이다.

고리키에게 엄청난 예술적 재능이 있으며, 그것은 세계 프롤레타리아 운동에 큰 혜택을 주었고, 앞으로도 주게 될 것이라는 사실은 의심할 수 없다.

그러나 왜 고리키가 정치에 간섭하는가?

내가 보기에 고리키의 편지는 프티부르주아지에게 아주 널리 퍼져 있을 뿐 아니라, 그 영향을 받는 일부 노동자들에게도 퍼져 있는 편견들을 표현하고 있다. 우리 당의 모든 에너지, 계급적 의식을 갖춘 노동자의 모든 노력은 이런 편견과 맞서는 집요하고, 끈기 있고, 전면적인 투쟁에 집중되어야 한다.

차르 정부는 약한 나라들을 강탈하고 교살하는 **제국주의적** 침략 전쟁으로 현재의 전쟁을 시작했고 벌여나갔다. 지주와 자본가 정부인 구치코프와 밀류코프 정부는 **그와 똑같은 종류**의 전쟁을 할 수밖에 없고, 또 계속하기를 원한다. 이 정부에게 민주주의적인 평화조약을 체결하라고 촉구하는 것은 매음굴 주인에게 덕행을 설교하는 것과 같다.

무슨 의미인지 설명을 해보겠다.

제국주의란 무엇인가?

나는 『제국주의, 자본주의의 최고 단계』[21] ― 혁명이 일어나기 얼마 전에 파루스 출판사[22]에 원고를 보냈고, 그들이 원고를 받아들여

21　『제국주의, 자본주의의 최고 단계』는 1916년 전반기에 집필되었으며, 원고는 6월 19일(7월 2일)에 파리를 경유하여 페트로그라드에 도착했다. 이 책은 막심 고리키의 주도하에 전쟁에 참여한 서유럽 국가들에 관한 대중적인 개괄서 시리즈를 내던 파루스 출판사가 출판했다. 레닌은 이 시리즈의 편집자인 M. N. 포르코프스키를 통해 출판사와 연락했다. 1916년 9월 29일 고리키는 파리의 포크로프스키에게 레닌이 책이 "아주 뛰어나다"면서, 정규 시리즈와는 별도로 출판이 될 것이라고 편지로 알렸다. 그러나 파루스 편집진은 카우츠키의 변절자적 입장에 대한 레닌의 비판에 강력하게 반대하여 텍스트를 크게 고쳤고, 카우츠키의 초제국주의 이론에 대한 모든 비판을 삭제했으며, 레닌이 정식화한 대목들을 다수 왜곡했다. 이 책은 결국 1917년 중반에 출간되었으며, 레닌의 서문은 4월 26일로 날짜가 적혀 있다.

22　고리키가 페트로그라드에서 설립한 출판사.

잡지 「레토피스Letopis」[23]가 출간 사실을 알렸다. — 에서 그 질문에 이렇게 답했다.

"제국주의는 독점과 금융자본의 지배가 확립된 단계의 자본주의다. 이 발전 단계에서는 자본 수출이 뚜렷하게 중요한 자리를 차지한다. 국제 트러스트들 사이에 세계의 분할이 시작된다. 최대 자본가 권력들 사이에 지구의 모든 영토의 분할이 완료된다."(위에 언급한 책의 7장으로, 검열이 여전히 존재하던 시절에 「레토피스」는 V. 일린이 쓴 "현대자본주의"라는 제목의 글로 이 책의 출간을 알렸다.)

이 모든 일의 중심에는 자본이 거대한 규모로 성장했다는 사실이 자리 잡고 있다. 소수의 거대 자본가들의 연합(카르텔, 신디케이트, 트러스트)이 수십억을 움직이며, 자기들끼리 전 세계를 나누어 갖는다는 것이다.

세계 분할은 **완전하게** 끝났다. 전쟁은 가장 강력한 두 대부호 집단, 즉 영국-프랑스와 독일이 세계의 **재분할**을 노리고 충돌했기 때문에 벌어졌다.

영국-프랑스 집단의 자본가들은 우선 독일을 강탈하여 그 식민지들을 빼앗고(이미 거의 모두 빼앗았다), 그런 다음 터키를 강탈하려 한다.

---

23 고리키가 창간한 잡지로, 문학, 과학, 정치를 주로 다룬다. 기고자들 가운데는 볼셰비키 출신 인사들(마하주의자들인 V. A. 바자로프와 A. A. 보그다노프)과 멘셰비키 인사들도 포함되었다. 고리키는 문학 편집자였으며, 이 잡지에 기고한 다른 유명한 작가들에는 알렉산드르 블로크, 발레리 브류소프, 피요도르 글라드코프, 세르게이 예세닌, A. V. 루나차르스키, 블라디미르 마야코프스키, 브야체슬라프 시슈코프, A. 차플리긴 등이 있다. 1915년 12월부터 1917년 12월까지 발행되었다.

독일 집단은 터키를 장악하고, 이웃한 작은 나라들(벨기에, 세르비아, 루마니아)까지 손에 넣어 식민지 손실을 보상받으려 한다.

이것이 진상이다. 이것이 "해방" 전쟁이나 "민족" 전쟁, "권리와 정의를 위한 전쟁" 등 자본가들이 보통사람들을 늘 속여 먹는 어구로 치장된 온갖 부르주아적 거짓말들이 감추고 있는 사실이다.

러시아는 외국 돈으로 이 전쟁을 벌이고 있다. 러시아 자본은 영국-프랑스 자본과 **한패거리**다. 러시아는 아르메니아, 터키, 갈리치아를 강탈하려고 전쟁을 벌이고 있다.

현재 우리의 장관들인 구치코프, 르보프, 밀류코프 등은 우연히 나타난 사람들이 아니다. 그들은 지주와 자본가 계급 전체의 대표자이자 지도자들이다. 그들은 자본의 이해관계에 **묶여** 있다. 자기 구두에 달린 손잡이를 든다고 해서 몸 전체를 들어올릴 수는 없듯이, 자본가들도 자신의 이익을 포기할 수가 없다.

둘째로, 구치코프-밀류코프 일파는 영불 자본에 **묶여** 있다. 그들은 외국 돈으로 전쟁을 벌였고, 지금도 벌이고 있다. 그들은 수십억을 빌렸고, **매년** 이자로 **수억**을 지불하겠다고 약속했으며, 러시아 노동자와 러시아 농민을 쥐어짜 이 **공물**을 바치고 있다.

셋째로, 구치코프-밀류코프 일파는 이 전쟁의 침략적 목표와 관련된 직접적 **조약**으로 영국, 프랑스, 이탈리아, 일본을 비롯한 다른 강도 자본가들 집단과 **묶여** 있다. 이 조약들은 **차르 니콜라이 2세가** 체결한 것이다. 구치코프-밀류코프 일파는 차르 군주제에 대항한 노동자들의 투쟁을 이용하여 권력을 잡고서도 차르가 체결한 **조약들을 인정했다.**

상트페테르부르크 전신국이 3월 7일(20일)에 돌린 성명에서 구치코프-밀류코프 정부 전체가 이런 짓을 했음을 알 수 있다. "[구치코프와 밀류코프] 정부는 다른 국가들과 체결한 모든 조약을 성실하게 지킬 것이다." 성명은 그렇게 말하고 있다. 새로운 외무장관이 된 밀류코프는 1917년 3월 5일(18일) 러시아의 모든 해외 대표부에 보내는 전문에서 똑같은 이야기를 했다.

이 조약들은 모두 **비밀** 조약들이며, 밀류코프 일파가 그것을 공개하기를 **거부**한 데에는 두 가지 이유가 있다. (1) 그들은 침략 전쟁에 반대하는 인민을 두려워한다. (2) 그들은 영국-프랑스 자본에 묶여 있는데, 그들은 이 조약들을 비밀로 유지할 것을 고집한다. 그러나 신문을 읽으며 사태의 흐름을 쫓아온 독자들은 모두 이 조약들이 일본의 중국 강탈, 러시아의 페르시아, 아르메니아, 터키(특히 콘스탄티노플) 강탈, 이탈리아의 알바니아 강탈, 프랑스와 영국의 터키와 독일 식민지 강탈 등과 관련된 것임을 알고 있다.

이것이 실제 상황이다.

따라서 구치코프-밀류코프 정부에게 빠르고, 정직하고, 민주적이고, 선린적인 평화협정을 체결하라고 촉구하는 것은 선한 마을 사제가 지주와 상인들에게 "하느님의 길을 걸으라"고, 이웃을 사랑하고 한쪽 뺨을 때리면 다른 쪽 뺨을 내밀라고 촉구하는 것과 같다. 지주와 상인은 이런 설교를 듣고 나서도 계속 인민을 억압하고 강탈하면서 사제가 '무지크muzhiks'*를 위로하고 진정시키는 능력이 있다고

• 　농민.

찬양할 것이다.

현재의 제국주의 전쟁에서 부르주아 정부들에게 경건하게 평화를 호소하는 사람은 모두 의식적으로든 무의식적으로든 이와 똑같은 역할을 하고 있다. 부르주아 정부는 그런 호소에 귀를 기울이는 것을 거부하고, 심지어 금지하기도 한다. 또는 허용을 하더라도 모든 사람에게 자신들은 오직 가장 빠르고 '가장 정의로운' 평화를 위해 싸우고 있을 뿐이며 모든 잘못은 적에게 있다고 주장할 것이다. 실제로 **부르주아** 정부에게 평화를 이야기하는 것은 결국 **인민을 속이는 일**이 된다.

영토, 시장, 조차지의 분할을 위하여 세계를 피로 물들인 자본가 집단들은 '명예로운' 평화조약을 체결할 수 없다. 수치스러운 평화, 약탈물의 분할에 기초한 평화, 터키와 식민지의 분할에 기초한 평화를 이룰 수 있을 뿐이다. 더욱이 구치코프–밀류코프 정부는 현재 전체적으로 평화를 반대하고 있다. 그들이 현재 얻을 수 있는 **'유일한'** '약탈물'은 아르메니아와 갈리치아 일부뿐이기 때문이다. 그러나 이 정부는 콘스탄티노플도 얻고 싶어 하고, **나아가서** 독일로부터 폴란드도 다시 얻고 싶어 한다. 차르 체제가 늘 비인간적으로 뻔뻔스럽게 억압했던 폴란드 말이다.

나아가서 구치코프–밀류코프 정부는 본질적으로 영국–프랑스 자본의 대리인에 불과한데, 이들 자본은 독일로부터 빼앗은 식민지들을 유지하고 싶어 하며, **그뿐만 아니라** 독일로부터 벨기에와 프랑스 일부도 돌려받고 싶어 한다. 영국–프랑스 자본은 구치코프나 밀류코프 같은 사람들이 니콜라이 2세를 제거하는 것을 도왔는데, 그것은 자기들이 독일을 '정복'할 때 그들의 도움을 얻으려는 것이었다.

그렇다면 무엇을 할 것인가?

평화(나아가서 진정으로 민주적인, 진정으로 명예로운 평화)를 얻으려면, 지주와 자본가가 아니라 **노동자와 가장 가난한 농민**이 정치권력을 손에 쥐는 것이 필요하다. 지주와 자본가는 주민 가운데 얼마 안 되는 소수를 대표할 뿐이다. 게다가 모두 알다시피 자본가들은 전쟁에서 엄청난 이익을 얻고 있다.

노동자와 가장 가난한 농민은 주민의 **압도적** 다수다. 그들은 전쟁에서 이익을 보지 않는다. 오히려 파멸과 기아로 내몰리고 있다. 그들은 자본이나 자본가 약탈 집단들 사이의 조약에 묶여 있지 않다. 그들은 전쟁을 끝낼 수 있고 또 진심으로 그것을 바란다.

러시아의 정치권력이 노동자·병사·농민 대의원 소비에트들의 손에 있다면, 이 소비에트들, 그리고 이들이 선출한 전 러시아 소비에트는 우리 당(러시아사회민주노동당)이 일찍이 1915년 10월 13일(26일)에 그 중앙기관지 「조치알−데모크라트」(당시에는 차르 체제의 가혹한 검열 때문에 제네바에서 발행했다) 47호에서 윤곽을 제시한 평화 강령을 이행할 수 있으며, 또 틀림없이 이행할 것이다.

이 강령은 아마 다음과 같은 내용이 될 것이다.

(1) 전 러시아 노동자·병사·농민 대의원 소비에트(또는 그 역할을 임시로 대행하는 상트페테르부르크 소비에트)는 차르 군주제나 부르주아 정부 **어느 쪽**이 체결한 **어떤** 조약에도 구속되지 않는다는 사실을 즉시 선언한다.

(2) 차르 군주제, 그리고 예외 없이 **모든** 부르주아 정부들의 수치

스러운 약탈적 목적을 드러내기 위해 이런 **모든** 조약을 즉시 공개한다.

(3) **모든** 교전국이 **즉각 휴전 협정**을 체결할 것을 즉시 공개 촉구한다.

(4) 우리의, 즉 노동자와 농민의 휴전 **조건**, 즉 **모든** 식민지의 해방, 모든 종속되고, 억압받고, 불평등한 대우를 받는 민족들의 해방을 모든 인민에게 즉시 알린다.

(5) 부르주아 정부들로부터 어떠한 선한 행동도 기대하지 않는다는 사실을 선언하고, 만국의 노동자들에게 부르주아 정부를 타도하고 모든 정치권력을 노동자 대의원 소비에트에 넘길 것을 촉구한다.

(6) 부르주아 정부들이 이 범죄적이고 약탈적인 전쟁을 벌이면서 발생한 수십억의 채무는 **자본가 신사 계급 자신**이 갚을 수 있으며, 노동자와 농민은 이런 채무를 **인정하는 것을 거부한다**고 선언한다. 이런 채무의 이자를 지불하는 것은 자본가들이 자기들끼리 약탈물을 분할하기 위하여 자비롭게도 노동자들이 서로 죽이도록 허락한 것에 대하여 오랜 기간 자본가들에게 감사의 뜻을 표한다는 뜻이다.

노동자와 농민이여! — 노동자 대의원 소비에트는 말할 것이다. — 아프리카 식민지, 터키 등의 분할을 위해 벌인 전쟁에 대하여 이 신사 계급에게, 자본가들에게 **매년 수억** 루블을 지불할 용의가 있는가?

내가 보기에 노동자 대의원 소비에트는 **이런** 휴전 조건들을 달성하기 위하여 **어떤** 부르주아 정부하고 **전쟁을 벌인다** 해도 동의할 것이다. 세상의 **모든** 부르주아 정부하고 전쟁을 벌이라고 해도 동의할 것이다. 이것이야말로 진정 정의로운 전쟁이 될 것이며, **모든** 나라의 **모든** 노동자들이 **승리를 위해 노력할** 것이기 때문이다.

이제 독일 노동자도 러시아의 호전적 군주제가 호전적 공화국, 즉 제국주의 전쟁을 계속하고 싶어 하고, 차르 군주제의 약탈적 조약을 인정하는 자본가들의 공화국으로 바뀌고 있음을 알고 있다.

직접 판단해보라. 독일 노동자가 **그러한** 공화국을 신뢰하겠는가?

직접 판단해보라. 1905년의 위대한 혁명의 기억에서 힘을 얻는 러시아 인민이 완전한 자유를 얻고, 모든 정치권력을 노동자·농민 대의원 소비에트로 넘긴다면 과연 전쟁이 계속될 수 있을까? 지상에서 자본주의의 지배가 계속될 수 있을까?

N. 레닌

1917년 3월 12일(25일), 취리히

다섯 번째 편지
혁명적 프롤레타리아 국가 건설과 관련된 임무들

나는 앞의 편지들에서 러시아의 혁명적 프롤레타리아의 당면 임무를 다음과 같이 정리했다. (1) 혁명의 다음 단계, 또는 두 번째 혁명으로 나아가는 가장 확실한 길을 찾아야 한다. (2) 정치권력을 지주와 자본가(구치코프, 르보프, 밀류코프, 케렌스키 등)의 정부로부터 노동자와 가장 가난한 농민의 정부로 옮겨야 한다. (3) 이 정부는 노동자·농민 대의원 소비에트를 모델로 조직해야 한다. 즉 (4) 낡은 국가기구, 즉 **모든** 부르주아국가에 공통된 군대, 경찰, 관료제를 박살내 완전히 제거해야 한다. 그리고 이것을 (5) 대중조직만이 아니라, 무장 인민 전체의 보편적 조직으로 대체해야 한다. (6) 오직 '그러한' 계급 구성을 갖추고('프롤레타리아와 농민의 혁명적-민주주의적 독재'), 그러한 정부 기관('프롤레타리아 의용대')을 갖춘 **오직** 그러한 정부만이 이 순간의 극히 어렵고 또 대단히 긴급한 **주요** 임무를 성공적으로 수행**할 수 있을 것**이다. 그 임무란 **평화**를 달성하는 것이다. 제국주의적 평화, 자본가와 정부들의 전리품 분할과 관련된 제국주의 세력들 사이의 거래가 아니라, 여러 나라의 프롤레타리아혁명 없이는 이룰 수 없는, 진정으로 지속적이고 민주적인 평화를 달성하는 것이다. (7) 러시아에서는 처음 단계부터 노동자들이 토지 재산의 몰수를 위하여(그리고 '**104**'의 **농업 강령**[24]이 여전히 본질적으로 **농민**의 농업 강령이라고 가정한다면, 모든 토지의 국유화를 위하여) 싸우는 농민의 압도적 다수의 지지를 받을 때에만 가까운 장래에 프롤레타리아의 승리가 이루어질 수 있다. (8) 이러한 농민 혁명과 연결되어야, 그 기초 위에서, 프롤레타리아는 농민 가운데 **가장 가난한** 계층과 동맹을 맺고 기본적 생산물의 생산과 분배의 **통제**, '보편적 노동 복무' 등의 도입을 향하여 나아갈 수 있다. 이런 단계들은 절대적으로 불가피하게 전쟁으로 빚어

---

24   트루도비키 구성원들이 1906년 5월 23일(6월 5일) 제1차 국가두마의 13차 회의에 제출한 토지개혁 법안. 토지는 전 인민에게 속하며, 경작지는 자신의 노동으로 경작하는 사람들에게만 경작이 허용된다. 트루도비키는 '전국 토지 기금'의 조직을 옹호했다. 여기에는 모든 국가, 왕실, 수도원, 교회의 땅이 포함되었으며, 개인 소유의 땅도 일부 포함되었다. 소유 규모가 노동력을 초과할 경우 보통, 직접, 평등, 비밀 선거에 의해 선출되는 지방위원회가 매각하게 된다.

지는 조건의 규정을 받는다. 이 조건은 많은 점에서 전후 시기에 훨씬 더 심각해질 것이다. 전체로 보아, 그 발전이라는 면에서 보아, 이런 조치들은 **사회주의 이행**의 특징이 될 것이다. 그러나 사회주의 이행은 러시아에서는 직접적으로, 일격에, 과도적 조치들 없이 이루어질 수 없다. 그러나 충분히 이룰 수 있는 일이며, 그러한 과도적 조치들의 결과로 긴급하게 필요한 일이 될 것이다. (9) 농촌 지역에서 특별한 노동자 대의원 소비에트, 즉 다른 농민 대의원 소비에트들과는 **별도로** 농업 **임금**노동자 소비에트를 즉시 조직하는 임무가 매우 긴급하게 전면에 떠오르게 된다.

간략하게 말해서 이것이 러시아와 세계 혁명에서 계급들의 세력 관계 평가에 기초하여, 또 1871년과 1905년 경험에 기초하여 우리가 요약한 강령이다.

이제 이 강령을 전체적으로 포괄적으로 검토하고, 지나가는 길에 카우츠키가 이 문제에 접근한 방식을 살펴보자. 카우츠키는 '제2'(1889~1914년) 인터내셔널의 주요 이론가이자, 현재 모든 나라에서 관찰되는 '중도파', '늪지파(평원파)'* 경향, 사회배외주의와 혁명적 국제주의 사이에서 동요하는 경향의 저명한 대표자다. 카우츠키는 1917년 4월 6일(신력)에 그의 잡지 「노니에 차이트Die Neue Zeit」에 실린 "러시아혁명의 전망"이라는 글에서 이 문제를 논의했다.

카우츠키는 이렇게 쓰고 있다. "무엇보다도 우리는 혁명적 프롤레타리아 체제[국가 체제]가 당면한 임무를 확인해야 한다."

---

* 프랑스혁명기에 산악파(자코뱅파)와 대립한 중도적 집단들.

카우츠키는 계속해서 이렇게 말한다. "프롤레타리아에게는 두 가지가 긴급하게 필요하다. 민주주의와 사회주의다."

안타깝게도 카우츠키는 이 절대적으로 논란의 여지없는 테제를 지나치게 일반적인 형식으로 개진한다. 그래서 본질적으로 그는 아무 말도 하지 않으며, 아무것도 설명하지 않는다. 부르주아적이고 제국주의적인 정부의 구성원들인 밀류코프와 케렌스키는 기꺼이 이 일반적 테제를 지지할 것이다. 한 사람은 앞부분을, 또 한 사람은 뒷부분을….[25]

25　원고가 여기서 중단되었다.

파국과 혁명 사이에서

2

당면한 혁명에서
프롤레타리아의 임무
(「4월테제」)

나는 4월 3일(16일) 밤에야 페트로그라드에 도착했다. 따라서 당연히 4월 4일 회의에서는 혁명적 프롤레타리아의 임무에 관한 보고서를 나의 개인적인 입장에서, 준비가 충분하지 않다는 단서를 단채로 제시할 수밖에 없었다.[1]

나 자신에게 — 또 선의의 반대자들에게 — 일을 편하게 해주기 위해 내가 할 수 있었던 유일한 일은 이 테제를 **서면으로** 준비하는

---

[1] 1917년 4월 7일(20일) 「프라우다」 26호에 레닌의 이름으로 발표된 이 글에는 1917년 4월 1일(17일) 타우리다 궁에서 열린 두 번의 모임에서 레닌이 낭독한 유명한 「4월테제」가 포함되어 있다(한 번은 볼셰비키의 회의였고, 또 한 번은 노동자·병사 대의원 소비에트 전 러시아 회의에 대표로 나가는 볼셰비키와 멘셰비키의 공동회의였다). 이 글은 볼셰비키 신문인 「조치알-데모크라트」(모스크바), 「프롤레타리(Proletary)」(하리코프), 「크라스노이야르스키 라보치(Krasnoyarsky Rabochy)」(크라스노야르스크), 「브페리오드(Vperyod)」(우파), 「바킨스키 로보치(Bakinsky Rabochy)」(바쿠), 「카프카즈키 로보치(Kavkazky Rabochy)」(티니스) 등에 실렸다.

것뿐이었다. 나는 이 테제를 낭독했으며, 그 문서를 체레텔리 동지에게 주었다. 나는 이 테제를 아주 천천히 **두 번** 읽었다. 한 번은 볼셰비키 회의에서였고, 또 한 번은 볼셰비키와 멘셰비키 합동회의에서였다. 나는 이 개인적인 테제에 아주 짧은 주해만 붙여 발표하지만, 보고서에서는 이 주해가 훨씬 더 자세하게 서술되어 있었다.

테제

(1) 르보프 일파의 새 정부 치하에서는 이 정부의 자본주의적 성격 때문에 전쟁이 러시아의 입장에서 의문의 여지없이 약탈적 제국주의 전쟁일 수밖에 없다. 따라서 이 전쟁을 바라보는 우리의 태도에서 '혁명적 방위주의'에 대한 약간의 양보도 용납할 수 없다.

계급의식이 있는 프롤레타리아는 오직 다음의 조건에서만 진정으로 혁명적 방위주의의 정당성을 보장해줄 혁명적 전쟁에 동의할 수 있다. (a) 권력이 프롤레타리아 및 그들과 제휴한 농민의 극빈층에게 넘어간다. (b) 모든 합병을 말이 아니라 행동으로 포기한다. (c) 모든 자본주의적 이익에서 실제로 완전하게 손을 뗀다.

전쟁을 정복의 수단이 아니라 불가피한 것으로 받아들이기 때문에 혁명적 방위주의를 믿는, 대중 가운데 폭넓은 층들의 의심할 수 없는 선의를 고려할 때, 그들이 부르주아지에게 기만당하고 있다는 사실을 고려할 때, 특별히 철저하고 집요하고 끈질기게 그들에게 그들의 잘못을 설명하는 것, 자본과 제국주의 전쟁 사이에 존재하는 불가분의 관련을 설명하는 것, 자본을 쓰러뜨리지 않고는 폭력이 강제한 평화가 아니라 진정으로 민주적인 평화로 전쟁을 끝내는 것이 **불가능하다는 사실**을 증명하는 것이 필요하다.

전선의 부대에 이러한 입장을 알리는 매우 폭넓은 운동이 조직되어야 한다.

우애 관계의 형성.

(2) 러시아의 현재 상황의 구체적 특징은 이 나라가 혁명의 첫 번째 단계로부터 **두 번째** 단계로 **옮겨가고** 있다는 것이다. 첫 번째 단계는 프롤레타리아의 계급의식과 조직이 불충분하여 부르주아지가 권력을 장악했다. 그러나 두 번째 단계에서는 프롤레타리아와 농민 극빈층이 권력을 장악할 것이 틀림없다.

이 이행의 특징은 우선 합법적 권리를 최대한 확보했다는 것이다 (러시아는 **현재** 세계의 모든 교전국들 가운데 가장 자유로운 나라다). 두 번째 특징은 대중에 대한 폭력이 없다는 점이다. 마지막 특징은 평화와 사회주의의 가장 큰 적인 자본가 정부에 대한 불합리한 신뢰다.

우리는 이제 막 정치생활에 눈뜬 전례 없는 대규모의 프롤레타리아 대중에게 들어가 당 사업을 벌여야 하는데, 위에 말한 독특한 상황 때문에 우리는 **특별한** 조건에 적응할 수 있어야 한다.

(3) 임시정부는 지지할 수 없다. 그 모든 공약, 특히 합병 포기와 관련된 공약이 전적으로 허위임을 분명히 밝혀야 한다. **이** 정부, 자본가들의 정부가 제국주의 정부이기를 그만두라는, 용납할 수 없는, 환상을 낳는 '요구'를 할 것이 아니라 (그들의 의도를) 폭로해야 한다.

(4) 대부분의 노동자 대의원 소비에트들에서 우리 당은 소수파, 지금까지는 극히 작은 규모의 소수파라는 사실을 인정해야 한다. 인

민사회주의당²이나 사회주의자혁명가당³에서부터 조직위원회(치헤이

---

2   1906년 사회주의자혁명가당 우익으로부터 분리된 프티부르주아적인 인
     민사회주의당. 사회주의자혁명가당은 카데트와 블록을 형성했다. 레닌
     은 이들을 "사회-카데트", "프티부르주아적 기회주의자들", 카데트와 사
     회주의자혁명가당 사이에서 동요하는 "사회주의자혁명가당 멘셰비키"
     라고 불렀으며, 이 당이 "자신의 강령으로부터 공화제와 모든 토지 몰
     수 요구를 삭제하여, 카데트와 거의 다를 바가 없게 되었다"고 강조했
     다. 이 당의 지도자는 A. V. 페셰호노프, N. F. 아넨스키, V. A. 미야코틴
     등이다. 제1차 세계대전 동안 인민사회주의당은 사회배외주의적 입장을
     택했다. 1917년 2월 부르주아 민주주의혁명 뒤에 인민사회주의당은 트
     루도비키와 통합하여, 부르주아 임시정부를 적극적으로 지지했고, 대표
     를 보내기도 했다.

3   1901년 말과 1902년 초에 다양한 나로드니키 그룹과 서클들(사회주의혁
     명동맹, 사회주의자혁명가당 등)이 합쳐져 만들어진 프티부르주아 정당. 사회
     주의자혁명가당의 견해는 나로드니키주의와 수정주의의 절충적인 혼
     합물이었다. 레닌의 표현에 따르면 그들은 "나로드니키 사상의 해진 곳
     을 시중에 유행하는 기회주의적인 마르크스주의 '비판'으로 기우려 했
     다."(Lenin, *Collected Works*, 4판, 9권, p. 310 참조) 제1차 세계대전이 벌어지자
     사회주의자혁명가당 대부분은 사회배외주의적 입장을 택했다.
     　　1917년 2월에 부르주아 민주주의혁명이 승리를 거두자, 사회주의자혁
     명가당은 멘셰비키, 카데트와 함께 부르주아지와 지주들로 이루어진 반
     혁명적 임시정부의 버팀줄이 되었고, 이 정당의 지도자들(케렌스키, 아프크
     센티예프, 체르노프)은 정부의 구성원이 되었다. 사회주의자혁명가당은 지
     주 소유지를 없애라는 농민의 요구를 지지하지 않았으며, 그 결과 토지의
     사적 소유를 지지하게 되었다. 임시정부의 사회주의자혁명가당 각료들
     은 토지 재산을 빼앗은 농민과 싸울 원정대를 파견했다. 10월 무장봉기
     전야에 이 정당은 자본주의 체제를 옹호하여 공개적으로 반혁명적 부르
     주아지의 편을 들었으며, 그 결과 혁명적 인민 대중으로부터 고립되었다.
     　　1917년 11월 말 이 당의 좌익은 별도의 좌익 사회주의자혁명가당을
     만들었다. 좌익 사회주의자혁명가당은 농민 대중에 대한 영향력을 유지
     하려고 공식적으로 소비에트 정부를 인정하고 볼셰비키와 협정을 맺었
     으나, 곧 소비에트 권력에 등을 돌렸다.

제, 체레텔리 등)나 스테클로프 등에 이르는 **모든** 프티부르주아 기회주의 분자들의 **블록**과 비교할 때 그렇다는 것이다. 이 블록은 부르주아지의 영향에 굴복했으며, 그 영향을 프롤레타리아에게 확산하고 있다.

노동자 대의원 소비에트들이 혁명정부의 **유일하게 가능한** 형태라는 것, 따라서 **이** 정부가 부르주아지의 영향에 굴복할 때 우리의 임무는 그들의 전술적 오류를 끈기있게, 체계적으로, 집요하게 **설명**하는 것, 대중의 실천적 요구에 특별하게 적응된 방식으로 설명하는 것임을 대중에게 보여주어야 한다.

우리가 소수파인 한 우리는 오류를 비판하고 폭로하는 작업을 수행한다. 동시에 국가권력 전체를 노동자 대의원 소비에트로 옮길 필요성을 설교한다. 그래야 인민이 경험으로 자신의 오류를 극복할 수 있다.

(5) 의회제 공화국이 아니라 전국에 걸쳐, 위에서부터 아래까지, 노동자, 농업 노동자, 농민 대의원 소비에트들의 공화국이다. 노동자 대의원 소비에트들로부터 의회제 공화국으로 돌아가는 것은 퇴행이다.

경찰, 군대, 관료의 철폐.*

모든 공무원은 선거로 뽑고 언제든지 면직 가능하며, 보수는 유능한 노동자의 평균임금을 넘지 않는다.

(6) 농업 강령에서 강조의 무게가 농업 노동자 대의원 소비에트들로 옮겨져야 한다.

---

*   즉 상비군이 전 인민의 무장으로 대체되어야 한다.

모든 지주 소유지의 몰수.

전국의 모든 토지를 국유화하고, 지역 농업 노동자와 농민 대의원 소비에트들이 토지를 처분한다. 빈농 대의원 소비에트를 별도로 조직한다. 농업 노동자 대의원 소비에트의 통제하에 공공의 비용으로 모든 대규모 영지(지역 조건 및 다른 조건들에 따라 지방자치체의 결정에 의거하여 100부터 300데샤티나의 범위에서)에 시범 농장을 건설한다.

(7) 전국의 모든 은행을 단일한 국립 은행으로 통합하며, 노동자 대의원 소비에트가 이 은행을 통제하도록 제도화한다.

(8) 우리의 당면 임무는 사회주의를 '도입'하는 것이 아니라, 사회적 생산과 생산물의 분배를 즉시 노동자 대의원 소비에트의 통제하에 두는 것일 뿐이다.

(9) 당의 임무

    (a) 당 대회의 즉각 소집

    (b) 당 강령의 개정

        (i) 제국주의와 제국주의 전쟁 문제

        (ii) 국가에 대한 태도와 '코뮌 국가'* 요구

        (iii) 낡은 최소 강령 수정

    (c) 당명 변경**

(10) 새로운 인터내셔널.

---

  *   즉 파리코뮌을 원형으로 하는 국가.

  ** '사회민주주의'는 세계 전역의 공식적 지도자들('방위주의자들'과 동요하는 '카우츠키파')이 사회주의를 배반하고 부르주아지에게 넘어가 버렸기 때문에 우리는 스스로 공산당이라고 불러야 한다.

혁명적 인터내셔널, 사회배외주의에 반대하고 '중도파'***에 반대하는 인터내셔널의 창립을 주도해야 한다.

왜 내가 선의의 반대자들의 '경우'를 드문 예외로 특별하게 강조했는지 독자가 이해하려면, 위의 테제들을 골덴베르크 씨의 반론과 비교해보기 바란다. 그는 레닌이 "혁명적 민주주의의 한가운데에 내전의 깃발을 꽂았다"(플레하노프 씨의 「예딘스트보Yedinstvo」[4] 5호에서 인용)고 말했다.

보석 같은 말 아닌가?

나는 다음과 같이 쓰고, 공표하고, 정확하게 설명한다. "혁명적 방위주의를 믿는, **대중** 가운데 **폭넓은** 층들의 의심할 수 없는 선의를 고려할 때, 그들이 부르주아지에게 기만당하고 있다는 사실을 고려할 때, 특별히 철저하고 집요하고 끈질기게 그들에게 그들의 잘못을 설명하는 것…이 필요하다."

그러나 스스로 사회민주주의자라고 부르는 부르주아 신사들, **폭넓은** 층들에 속하지도 않고 방위주의를 믿는 대중에 속하지도 않는 신사들은 얼굴색 하나 바꾸지 않고 나의 견해를 그런 식으로 제시한

***　국제적인 사회민주주의 운동에서 '중도파'는 배외주의자들(='방위주의자들')과 국제주의자들 사이에서 동요하는 경향으로, 독일의 카우츠키 일파, 프랑스의 롱게 일파, 러시아의 치헤이제 일파, 이탈리아의 투라티 일파, 영국의 맥도널드 일파 등이 그 예다.

4　1917년 3월부터 11월까지 페트로그라드에서 간행되던 일간지. 1917년 12월부터 1918년 1월까지는 다른 이름으로 간행되었다. G. V. 플레하노프가 편집했다. 멘셰비키 방위주의자들 가운데 극우파의 중심 역할을 했으며, 임시정부를 무조건 지지했다. 볼셰비키 정당에 반대하여 격렬한 투쟁을 했다.

다. "혁명적 민주주의의 한가운데에[!!] 내전의 깃발[!]"(테제에서도 연설에서도 이런 말은 한 번도 나오지 않았다!)을 "꽂았다[!]⋯."

이것이 무슨 뜻인가? 이것이 「루스카야 볼랴Russkaya Volya」[5]의 폭동을 자극하는 선동과 뭐가 다른가?

나는 다음과 같이 쓰고, 공표하고, 정확하게 설명한다. "노동자 대의원 소비에트들이 혁명정부의 **유일하게 가능한** 형태라는 것, 따라서 우리의 임무는 그들의 전술적 오류를 끈기 있게, 체계적으로, 집요하게 **설명**하는 것, 대중의 실천적 요구에 특별하게 부응하는 방식으로 설명하는 것이다."

그럼에도 어떤 낙인을 들고다니는 반대자들은 나의 견해를 "혁명적 민주주의의 한가운데에서 내전"을 호소하는 것이라고 표현한다!

내가 임시정부를 공격하는 것은 제헌의회 소집 날짜를 빨리 정하지 **않고**, 아니 아예 날짜를 정하지 않고, 공약만 하기 때문이다. 나는 노동자·병사 대의원 소비에트가 **없다면** 제헌의회 소집이 보장될 수 없으며 그 성공도 불가능하다고 주장했다.

그런데도 내가 제헌의회의 신속한 소집에 반대하는 견해를 가지고 있다고 주장하다니!

만일 수십 년의 정치투쟁을 통해 반대자의 선의가 드문 예외라는 것을 배우지 않았다면, 나는 이것을 "헛소리"라고 부를 것이다.

플레하노프 씨는 그의 신문에서 내 연설을 "헛소리"라고 불렀다.

---

5   대규모 은행들이 창간하고 운영한 일간지. 볼셰비키에 반대하는 폭동을 선동하는 캠페인을 벌였다. 1916년 12월부터 1917년 10월까지 페트로그라드에서 간행되었다.

아주 좋소, 플레하노프 씨! 하지만 당신의 논박이 얼마나 어색하고 서툴고 둔한지 보시오. 만일 내가 두 시간 동안 헛소리를 했다면 수백 명의 청중이 어떻게 그 "헛소리"를 참고 들었겠소? 나아가서 왜 당신의 신문은 이 "헛소리"를 설명하는 데 칼럼 하나를 통째로 할애하는 거요? 모순이오. 얼마나 모순적이냔 말이오!

물론 마르크스와 엥겔스가 1871년, 1872년, 1875년에 파리코뮌의 경험에 관하여, 프롤레타리아에게 필요한 종류의 국가에 관하여 말한 **것**을 이야기하고, 설명하고, 기억하는 것보다는 소리치고, 욕하고, 으르렁대는 것이 훨씬 더 쉽다.

전前 마르크스주의자 플레하노프 씨는 분명히 마르크스주의를 기억하고 싶어 하지 않는 것이 분명하다.

나는 1914년 8월 4일 **독일**사회민주당을 "악취 풍기는 시체"라고 불렀던 로자 룩셈부르크의 말을 인용했다. 그러자 플레하노프, 골덴베르그 일파는 "불쾌해했다". 누구를 대신해서? **독일** 배외주의자들을 대신해서다. 그들을 배외주의자라고 불렀다는 이유로!

그들은, 말로는 사회주의자이고 행동은 배외주의자인 이 가련한 러시아 사회배외주의자들은 혼란에 빠져버린 것이다.

파국과 혁명 사이에서

3

슬로건에 관하여*

레닌이 1917년 7월 중순에 작성하였다.

역사가 급격히 방향을 틀 때는 진보적인 정당들조차 한동안 새로운 상황에 적응하지 못하여 전에는 옳았지만 이제는 모든 의미를 잃어버린 — 역사의 '갑작스러운' 방향 전환만큼이나 '갑자기' 의미를 잃어버린 — 슬로건들을 반복하는 일이 너무 흔하다.

모든 국가권력을 소비에트들로 옮기자고 호소하는 슬로건의 경우에도 그와 비슷한 일이 되풀이될 것 같다. 이 슬로건은 우리의 혁명기 — 그러니까 2월 27일(3월 12일)부터 7월 4일(17일)까지 — 에는 옳았지만, 그 혁명기는 이제 돌이킬 수 없이 지나가버렸다. 따라서 이제 그 슬로건은 명백하게 옳지 않다. 이 점을 이해하지 못하면, 현재의 긴급한 문제들도 전혀 이해할 수가 없다. 모든 특수한 슬로건은 한정된 정치 상황의 구체적 특징들의 총체로부터 연역해내야 한다. 현재, 즉 7월 4일 이후 러시아의 정치 상황은 2월 27일부터 7월 4일까지의 상황과 근본적으로 다르다.

이제는 지나가버린 그 혁명기 동안 이 나라에는 이른바 '이중 권력'이 존재했으며, 이것은 국가권력의 불명확하고 과도적인 조건을 물질적인 동시에 형식적으로 표현했다. 권력은 모든 혁명의 근본 쟁점이라는 사실을 잊지 말자.

당시 국가권력은 불안정했다. 자발적 합의에 따라 임시정부와 소비에트가 나누어 갖고 있었다. 소비에트들은 자유로운 — 즉 외적 강제에 종속되지 않는 — 무장 노동자와 병사 대중의 대표였다. **정말 중요했던** 점은 인민의 손에 무기가 쥐어져 있었으며, 인민에 대한 외부의 강제가 없었다는 점이다. 이것이 혁명 진전의 평화적인 길을 열고 또 보장해주었다. "모든 권력을 소비에트로"라는 슬로건은 그런 평화적 발진의 길에서 다음 단계, 즉시 실행 가능한 단계를 위한 것이었다. 이것은 혁명의 평화적 발전을 위한 슬로건으로서, 2월 27일부터 7월 4일까지는 그런 평화적 발전이 가능했고 또 물론 매우 바람직했다. 그러나 현재는 그것이 절대적으로 불가능하다.

"모든 권력을 소비에트로"라는 슬로건의 지지자들 모두가 그것이 혁명의 평화적 발전을 위한 슬로건이었다는 사실을 제대로 생각해본 것 같지는 않다. 평화적이라는 말은 누구도, 어떤 계급도, 약간이라도 중요한 위치에 있는 어떤 세력도 당시(2월 27일부터 7월 4일까지)에는 소비에트들로 권력이 옮겨지는 것에 저항할 수도 없고 그것을 막을 수도 없을 것이라는 뜻만이 아니었다. 그것이 전부가 아니었다. 국가권력 자체가 곧바로 소비에트로 넘겨지기만 하면 소비에트 **내부의** 계급과 정당들의 투쟁이 매우 평화롭고 고통 없는 형식으로 이루어졌을 것이라는 의미에서도 당시에는 평화적 발전이 가능했던 것이다.

이런 두 번째 측면도 아직 제대로 주목받지 못하고 있다. 소비에 트는 그 계급 구성으로 보아 노동자와 농민의 운동 기관이었으며, 그들의 독재의 기반이 될 수 있는 이미 만들어진 형식이었다. 만일 소비에트가 완전한 국가권력을 소유했다면, 프티부르주아 집단들의 주된 약점, 그들의 주요한 죄, 즉 자본가들을 신뢰하는 죄는 진정 극복할 수 있고, 그들 자신의 시책을 시행한 경험을 근거로 비판할 수 있었을 것이다. 소비에트가 분할되지 않은 독점적 권력을 행사했다면, 소비에트 내에서 권력을 쥔 계급과 정당들의 변화도 평화롭게 진행될 수 있었을 것이다. 모든 소비에트 정당들과 인민 사이의 접촉도 훼손 없이 안정되게 유지되었을 것이다. 오직 소비에트 정당들과 인민 사이의 이러한 긴밀한 접촉, 그 자유롭게 넓어지고 깊어지는 접촉만이 부르주아지와 타협한다는 프티부르주아지의 환상을 평화롭게 제거하는 데 도움을 줄 수 있었다는 점을 한순간도 잊어서는 안 된다. 물론 소비에트로 권력을 옮기는 것 자체로는 계급의 상호 관계가 바뀌지 않으며, 바뀔 수도 없다. 또 농민의 프티부르주아적 본성도 결코 바뀌지 않았을 것이다. 그러나 농민을 부르주아지로부터 떼어내 노동자 쪽으로 더 다가가게 하는 방향, 노동자들과 단결하게 하는 방향으로 시의적절한 큰 걸음을 내디딜 수는 있었을 것이다.

적절한 시기에 권력이 소비에트로 넘어갔다면 아마 그런 일이 가능했을지도 모른다. 또 그것이 인민에게 가장 쉽고 또 가장 유리한 길이었을 것이다. 그 길이 가장 고통이 적은 경로였을 것이며, 따라서 이 경로로 가기 위해 열성적으로 싸워야 했다. 그러나 지금 이 투쟁, 권력을 소비에트로 시의적절하게 옮기기 위한 투쟁은 끝났다. 평화로운 경로를 따르는 발전은 불가능해졌다. 비평화적이고 가장 고통스러운 경로가 시작되었다.

7월 4일을 전환점으로 해서 객관적 상황에 근본적인 변화가 생겼다. 국가권력의 불안정한 상태는 끝났다. 결정적인 지점에서 권력이 반혁명의 손으로 넘어갔다. 한편에는 프티부르주아적인 사회주의자혁명가당과 멘셰비키 정당들, 다른 한편에는 반혁명적인 카데트, 협력에 기초한 정당들의 발전 때문에 이 프티부르주아 정당들 모두가 실제적으로 반혁명적 학살의 참여자이자 선동자가 되어버렸다. 정당들 사이의 투쟁이 발전하면서, 프티부르주아지는 자본가들에 대한 근거 없는 신뢰 때문에 의도적으로 반혁명 세력을 지지하게 되었다. 정당 관계의 발전은 하나의 주기를 완성했다. 2월 27일에 모든 계급은 군주제에 대항하여 단결했다. 7월 4일 이후 군주주의자나 검은 백인단百人團[1]과 공모하는 반혁명적 부르주아지는 협박도 불사하면서 프티부르주아적인 사회주의자혁명가당과 멘셰비키의 지지를 확보했으며, 전선에서 복종하지 않는 병사들을 사살하고 페트로그라드의 볼셰비키를 탄압한 군인 패거리인 카베냐크Louis-Eugène Cavaignac*에게 실질적인 국가권력을 넘겼다.

따라서 국가권력을 소비에트로 옮기라고 요구하는 슬로건은 이제 돈키호테적인 외침이나 조롱하는 말로 들릴 것이다. 객관적으로

---

1 차르 경찰이 혁명운동과 싸우려고 결성한 군주주의자 패거리. 이들은 혁명가를 암살하고, 진보적 지식인을 공격하고, 유대인 학살을 조직했다.

• 프랑스의 장군, 최고 행정관. 1848년 6월 파리 노동자들의 봉기를 가혹하게 진압하여 '6월의 학살자'라는 별명을 얻었다.

는 인민을 속이게 될 것이다. 인민에게 지금도 소비에트가 권력 장악을 원하기만 하면 또는 그런 결정을 통과시키기만 하면 권력이 소비에트의 것이 될 수 있다는 망상, 소비에트 내에 지금도 학살 선동으로 오염되지 않은 정당이 있다는 망상, 이미 이루어진 일을 돌이키는 것이 가능하다는 망상을 조장할 것이기 때문이다.

사회주의자혁명가당이나 멘셰비키가 볼셰비키 탄압이나 전선에서 병사 총살이나, 노동자 무장해제 등을 지지한 것에 대한, 말하자면 '복수'로써 혁명적 프롤레타리아가 반혁명에 대항하여 그들을 지지하는 것을 '거부'할 수 있다고 생각하는 것은 심각한 오류다. 첫째로 이것은 프롤레타리아에게 속물적 도덕 개념을 적용하는 것이기 때문이다(프롤레타리아는 **대의를 위해서라면** 언제라도 동요하는 프티부르주아지만이 아니라 대부르주아지까지도 지지할 것이다). 둘째로, 이것이 중요한 점인데, 그것은 '도덕적 논의'로 상황의 정치적 본질을 모호하게 만들려는 속물적 시도이기 때문이다.

그 정치적 본질이란 이제 권력을 평화적으로 장악할 수 없다는 것이다. 정치권력은 오로지 현재 실제로 권력을 쥐고 있는 자들, 즉 군인 패거리인 카베냐크에 대항한 결정적인 투쟁에서 승리할 때에만 얻을 수 있다. 카베냐크는 지금 페트로그라드로 데려온 반동적 부대들과 카데트와 군주주의자들의 지지에 의존하고 있다.

상황의 본질은 오직 혁명적 대중만이 새로 국가권력을 쥔 이자들을 이길 수 있다는 것이다. 혁명적 대중을 움직이려면 프롤레타리아가 그들을 지도해야 할 뿐 아니라, 혁명의 대의를 배신한 사회주의자혁명가당과 멘셰비키에게 대중이 등을 돌려야 한다.

정치에 속물적 도덕을 도입하는 자들은 이렇게 추론한다. 사회주의자혁명가당과 멘셰비키가 프롤레타리아와 혁명적 부대들의 무장을 해제하는 카베냐크를 지지하는 '오류'를 저질렀다고 가정해보자. 그래도 그들에게 '오류'를 '시정'할 기회를 주어야 한다. 그들의 '오류' 시정을 '어렵게 만들어서는 안 된다.' 프티부르주아지가 노동자 쪽으로 이동하기 편하게 해주어야 하기 때문이다. 이런 추론은 노동자들을 속이는 새로운 방법이 아니라면, 유치할 정도로 순진하거나 그냥 어리석을 뿐이다. 프티부르주아 대중이 노동자 쪽으로 이동한다는 것은 이 대중이 사회주의자혁명가당과 멘셰비키에게 등을 돌렸다는 뜻, 오직 그 뜻일 수밖에 없기 때문이다. 이제는 오직 체레텔리, 체르노프, 단, 라키트니코프를 학살자들의 편이라고 비난해야만 사회주의자혁명가당과 멘셰비키 정당들이 그들의 '오류'를 시정할 수 있다. 우리는 이런 식으로 그들의 '오류'가 '시정'되는 것을 전적으로, 무조건적으로 지지한다….

우리는 혁명의 근본적 쟁점이 권력이라고 말했다. 이제 여기에 매 단계마다 실제 권력이 어디에 있느냐 하는 문제를 흐리는 방식을 보여주고, 형식적 권력과 실제 권력 사이의 차이를 드러내는 것이 바로 혁명이라고 덧붙여야겠다. 이것이 모든 혁명기의 주된 특징 가운데 하나다. 1917년 3월과 4월에는 진정한 권력이 정부의 손에 있는지 아니면 소비에트의 손에 있는지 분명하지 않았다.

그러나 이제 계급의식을 갖추는 노동자들은 혁명의 근본 쟁점, 즉 현재 누가 국가권력을 쥐고 있느냐 하는 쟁점과 침착하게 대면하는 것이 특별히 중요하다. 말을 행동으로 착각하지 말고, 국가권력의 물질적 표현물을 생각해보라. 그러면 어렵지 않게 답을 찾을 수 있을 것이다.

프리드리히 엥겔스는 국가란 기본적으로 감옥 같은 물질적 부속물을 갖춘 무장한 사람들의 부대라고 쓴 적이 있다. 그렇다면 현재 국가는 특별히 페트로그라드로 데려온 사관생도와 반동적 코사크들이다. 그들은 카메네프를 비롯한 여러 사람을 감옥에 가두고 있으며, 「프라우다」를 폐간했으며, 노동자와 병사들 가운데 일부의 무장을 해제했으며, 병사들 가운데 일부를 총살하고 있으며, 군대의 어떤 부대들을 총살하고 있다. 이 학살자들이 진정한 권력이다. 체레텔리와 체르노프 같은 자들은 권력 없는 장관들, 꼭두각시 장관들, 학살을 지지하는 정당의 지도자들이다. 이것이 사실이다. 체레텔리와 체르노프가 학살을 '승인하지 않는다'고 해서, 그들의 신문이 소심하게 자신은 학살과 관계가 없다고 부인한다고 해서 이 사실의 진실성이 약해지는 것은 아니다. 그런 식으로 정치적인 옷을 바꾸어 입는다 해도 내용은 전혀 바뀌지 않는다.

페트로그라드의 15만 유권자들의 신문이 폐간당했다. 7월 6일에는 인쇄소에서 「리스토크 '프라우다'*Listok 'Pravdy'*」[2]를 들고나왔다는 이유로 사관생도들이 노동자 보이노프를 살해했다. 이것이 학살 아닌가? 카베냐크의 짓이 아닌가? 하지만 그들은 신문의 폐간이나 노동자의 죽음은 정부도 소비에트도 '책임질' 일이 아니라고 말할지도

---

2   「프라우다」의 한 장짜리 판. 볼셰비키의 합법적인 일간지 「프라우다」의 여러 이름들 가운데 하나.

모른다.

그래서 그만큼 정부와 소비에트에는 더 나쁘다고 우리는 응답한다. 그것은 그들이 간판, 꼭두각시에 불과하며, 진짜 권력은 그들의 손에 있지 않다는 뜻일 뿐이기 때문이다.

일차적으로, 그리고 다른 무엇보다도, 인민은 진실을 알아야 한다. 누가 실제로 국가권력을 휘두르는지 알아야 한다. 인민에게 진실 전체를, 즉 권력은 카베냐크 군인 도당(케렌스키, 일부 장성들, 장교들 등)의 손에 있다는 것을 말해주어야 한다. 그리고 카데트 당을 선두로 하는 부르주아 계급과 더불어 검은 백인단의 신문인 「노보예 브레먀 Novoye Vremya」[3], 「지보예 슬로보 Zhivoye Slovo」 등을 통해 활동하는 모든 군주주의자들이 그들을 지시한다는 사실을 말해주어야 한다.

그 권력을 뒤집어엎어야 한다. 그렇게 하지 않으면 반혁명과 싸운다는 모든 이야기는 공염불에 지나지 않고, '자기를 속이고 인민을 속이는 일'에 지나지 않는다.

그 권력은 이제 내각에서 체레녤리와 제르노프 같은 자들, 그리고 그들의 정당으로부터 지지를 받고 있다. 우리는 인민에게 그들이 학살자 노릇을 한다는 사실, 이 정당들이 4월 21일, 5월 5일, 6월 9일에 '오류'를 저지른 이후, 그들이 공격 정책 — 카베냐크의 7월 승

---

3   1868년부터 1917년까지 다양한 발행인들이 페테르부르크에서 발행한 일간지. 이 신문은 여러 차례 정치적 입장을 바꾸었으며, 1905년부터는 검은 백인단의 기관지가 되었다. 1917년 2월 부르주아 민주주의혁명 뒤에는 반혁명적 태도를 취하여 볼셰비키에 대항하는 광적인 캠페인을 벌였다. 1917년 10월 26일 페트로그라드 소비에트의 군사혁명위원회가 폐간시켰다. '노보예 브레먀'는 '새로운 시대'라는 뜻이다.

리를 10분의 9는 미리 결정을 지어놓았던 정책 ─ 을 승인한 이후, 그들에게 그러한 '대단원'은 불가피했다는 사실을 설명해야 한다.

인민 속에 들어가 벌이는 모든 선동 사업은 현재 혁명의 구체적 경험, 특히 7월의 경험을 고려하도록 재조직해야 한다. 즉 인민의 진짜 적인 군벌, 카데트와 검은 백인단을 분명하게 지목해야 하며, 학살자의 보좌관 역을 했고 또 지금도 하고 있는 사회주의자혁명가당과 멘셰비키 정당들 같은 프티부르주아 정당들의 가면을 분명하게 벗겨야 한다.

인민 속에 들어가 벌이는 모든 선동 사업은 군벌의 권력을 뒤집어엎지 않는 한, 사회주의자혁명가당과 멘셰비키 정당들을 폭로하여 그들에게서 인민의 신임을 박탈하지 않는 한, 농민이 토지를 얻기를 기대하는 것은 절대로 가망 없는 일임을 분명히 밝히도록 재조직해야 한다. 자본주의 발전의 '정상적' 조건에서라면 그것은 아주 길고 힘겨운 과정이 될 것이다. 그러나 전쟁과 경제적 와해 때문에 그 속도는 엄청나게 빨라질 것이다. 이 두 가지는 한 달, 또는 심지어 일주일을 과거의 일 년과 버금가게 만들 수도 있는 '가속기'다.

위에서 한 말에 대하여 두 가지 이의를 제기할 수도 있을 것이다. 첫째, 지금 결정적인 투쟁 이야기를 하는 것은 산발적 행동을 장려하는 것이고, 이는 반혁명 세력을 이롭게 할 뿐이라는 것. 둘째, 그들을 뒤집어엎는다는 것도 결국 소비에트로 권력을 옮긴다는 것과 같은 뜻이 아니냐는 것.

첫 번째 이의 제기에 대해서는 이렇게 말할 수 있다. 러시아 노동자들은 이미 자신에게 명백히 불리한 순간에는 도발에 반응하지 않을 만큼 계급의식을 갖추고 있다. 현재 그들이 행동에 나서서 저항을 한다는 것은 곧 반혁명 세력을 돕는다는 뜻이 된다는 사실에는 논란의 여지가 없다. 또 결정적 투쟁은 대중의 가장 깊은 곳에서 새로운 혁명적 고양이 일어나는 경우에만 가능하다는 사실도 논란의 여지가 없다. 그러나 일반적인 맥락에서 혁명적 고양, 혁명의 고조, 서유럽 노동자들의 원조 이야기를 하는 것으로는 충분하지 않다. 우리는 우리의 과거로부터, 우리가 얻은 교훈으로부터 분명한 결론을 끌어내야 한다. 그럴 경우 우리는 권력을 장악한 반혁명 세력에 대항한 결정적 투쟁이라는 슬로건에 이르게 될 것이다.

두 번째 이의 제기 역시 구체적인 현실들을 지나치게 일반적인 성격의 주장으로 대체한 것이다. 혁명적 프롤레타리아가 아닌 누구도, 어떤 세력도 부르주아 반혁명 세력을 뒤집어엎을 수 없다. 1917년 7월을 경험한 지금, 독자적으로 권력을 장악해야 할 세력은 혁명적 프롤레타리아다. 그렇게 하지 않으면 혁명의 성공은 **불가능**하다. 유일한 해결책은 프롤레타리아가 권력을 손에 쥐는 것이며, 프롤레타리아가 빈농과 반#프롤레타리아의 지지를 받는 것이다. 이런 해결책에 엄청나게 속도를 붙일 수 있는 요인들은 이미 지적했다.

이 새로운 혁명에서 소비에트가 나타날 수도 있다. 아니, 나타날 수밖에 없을 것이다. 그러나 이것은 현재의 소비에트, 즉 부르주아지와 협력하는 기관이 **아니라**, 부르주아지에 대항하는 혁명적 투쟁 기관일 것이다. 그때에도 물론 우리는 소비에트를 모범으로 국가 전체를 건설하는 노선을 지지할 것이다. 일반적인 소비에트가 문제가 아니라, **현재**의 반혁명 또 **현재**의 소비에트의 배신과 싸우는 것이 문제라는 것이다.

구체적인 것을 추상적인 것으로 대체하는 것은 혁명에서 가장 크고 가장 위험한 죄악으로 꼽힌다. 현재의 소비에트는 실패했고, 완전히 패배했다. 사회주의자혁명가당과 멘셰비키 정당이 소비에트를 지배했기 때문이다. 지금 이 소비에트는 도살장에 끌려와 칼날 밑에서 구슬프게 우는 양과 같다. **현재의** 소비에트는 승리를 거둔, 그리고 지금도 승리를 거두고 있는 반혁명에 대항하기에는 무력하며, 승리할 가망도 없다. 소비에트로 권력을 옮길 것을 요구하는 슬로건은 권력을 현재의 소비에트로 옮기라는 '단순한' 호소로 해석될 수도 있으며, 그런 말을 하는 것, 그런 호소를 하는 것은 지금으로서는 인민을 속이는 것과 마찬가지다. 속이는 것보다 더 위험한 일은 없다.

2월 27일부터 7월 4일까지 러시아에서 계급과 정당들의 투쟁은 발전의 한 주기를 완성했다. 이제 새로운 주기가 시작되고 있다. 낡은 계급들, 낡은 정당들, 낡은 소비에트들이 아니라, 투쟁의 불 속에서 새로 힘을 얻고, 투쟁 과정에서 단련되고, 교육되고, 개조된 계급, 정당, 소비에트가 참여하는 주기다. 우리는 뒤가 아니라 앞을 보아야 한다. 우리는 낡은 계급이나 정당 범주들이 아니라, 새로운, 7월 이후의 계급이나 정당 범주들을 운용해야 한다. 새로운 주기의 출발점에서 선 우리는 승리를 거둔 부르주아 반혁명에서부터 시작해야 한다. 이들이 승리를 거둔 것은 사회주의자혁명가당과 멘셰비키가 반혁명과 타협했기 때문이며, 이 반혁명은 오직 혁명적 프롤레타리아만이 물리칠 수 있다. 물론 이 새로운 주기에서도 수많은 다양한 단계를 거친 뒤에야 반혁명이 완전한 승리를 거두고 사회주의자혁명가당과 멘셰비키가 (투쟁 없이) 완전히 패배할 것이며, 동시에 새로운 혁명이 새롭게 고양될 것이다. 그러나 그 점에 관해서는 오직 나중에, 이런 각각의 단계에 이르렀을 때에만 이야기를 할 수 있을 것이다.

파국과 혁명 사이에서

4

임박한 파국,
어떻게 그것과 싸울 것인가

● 레닌이 1917년 9월 10~14일(23~27일)에 작성하여 10월에 발표하였다.

기근이 다가오고 있다

피할 수 없는 파국이 러시아를 위협하고 있다. 철도 운송은 믿을 수 없을 정도로 혼란에 빠졌으며, 이 혼란은 점점 심각해지고 있다. 철도 운송은 중단될 것이다. 원자재와 석탄을 공장으로 실어 나르는 작업도 중단될 것이다. 곡물 운송도 중단될 것이다. 자본가들은 고의로 끈질기게 생산을 사보타주하고(망치고, 중단하고, 혼란에 빠뜨리고, 방해하고) 있다. 유례없는 파국이 닥쳐 공화국과 민주주의, 나아가서 소비에트나 프롤레타리아와 농민 결사체들이 전체적으로 붕괴하고, 그렇게 해서 군주제로 복귀하여 부르주아지와 지주의 무한 권력을 복원하기를 바라는 것이다.

대파국과 기근의 위험은 절박하다. 모든 신문이 되풀이하여 그런 기사를 쓰고 있다. 정당들과 노동자·병사·농민 대의원 소비에트들은 엄청나게 많은 결의안을 채택했다. 파국을 피할 수 없다는 사실을 인정하고, 파국이 아주 가까웠으며, 파국과 싸울 극단적 조치가 필요하며, 파멸을 피하려면 인민의 '영웅적 노력'이 필요하다는 등의 내용이 담긴 결의안이다.

모두 이런 이야기를 한다. 모두 그것을 인정한다. 모두 그렇다고 판단했다.

그러나 모두가 손을 놓고 있다.

혁명 여섯 달이 지나갔다. 파국은 더 가까워졌다. 실업은 대규모로 발생하고 있다. 곡물과 원자재는 충분한데 이 나라에는 물자가 부족하다는 사실, 이 나라가 식량과 노동력 부족으로 파멸해 간다는 사실, 게다가 이렇게 위중한 순간에 이 나라에 대량 실업이 나타난다는 사실을 생각해보라! 혁명(어떤 사람들은 위대한 혁명이라고 부르지만, 지금까지를 놓고 보면 썩은 혁명이라고 부르는 것이 더 공정할 것 같다) 여섯 달이 지난 뒤, 민주공화국에서, 스스로 자랑스럽게 '혁명적이고 민주적'이라고 일컫는 조합, 기관, 제도가 풍부한 상황에서, 파국을 피하기 위한, 기근을 피하기 위한 일, 실제로 중요한 일은 **전혀** 이루어지지 않았다는 것을 증명하는 데 이보다 더 좋은 증거가 어디 있을까? 우리는 점점 빠른 속도로 파멸에 다가가고 있다. 전쟁은 기다려주지 않을 것이며, 국민 생활의 전 영역에서 혼란을 증폭시키고 있다.

그러나 파국이나 기근과 싸울 여러 가지 방법이 있다는 것, 그렇게 싸우는 데 필요한 조치들은 아주 분명하고, 단순하고, 얼마든지 실행 가능하고, 인민의 힘으로 할 수 있는 범위 안에 있다는 것, 이 조치들이 채택되지 않는 유일한 이유 ― 단 한 가지 이유 ― 는 그런 조치를 실행에 옮기는 것이 한 줌의 지주와 자본가들의 엄청난 이익에 영향을 준다는 점이라는 것은 조금만 관심을 갖고 생각해보면 누구라도 알 수 있는 일이다.

실제로 모든 연설, 경향을 불문하고 신문에 실리는 모든 기사, 회의나 기관에서 통과시키는 모든 결의안은 파국이나 기근과 싸우고 그것을 피하는 주요하고 기본적인 조치가 무엇인지 아주 분명하고 명백하게 인식하고 있다. 그 조치란 국가의 통제, 감독, 회계, 규제다. 노동력을 생산에 적절하게 배분하고 물자를 배분하는 제도를 도입하는 것이며, 인민의 힘을 절약하고, 모든 쓸데없는 노력을 없애고, 노력을 아끼는 것이다. 통제, 감독, 회계는 파국이나 기근과 싸우는 가장 중요한 요소다. 이 점은 논란의 여지가 없으며, 보편적으로 인식되고 있다. 그러나 지주와 자본가의 최고 권력을 훼손당할까봐, 그들의 거대하고, 터무니없고, 추잡스러운 이익을 **훼손당할까봐 실행에 옮기지 못하고** 있을 뿐이다. 그 이익은 높은 물가와 전쟁 물자 계약(직접적이든 간접적이든 거의 모든 사람이 전쟁을 위해 '일하고' 있다)에서 나온다. 모두가 이 이익을 알고, 모두가 그것을 보고, 또 모두가 그것을 놓고 한숨을 쉬고 신음을 토하고 있다.

그럼에도 국가의 통제, 회계, 감독을 도입하는 데 조금이라도 효과를 거둘 만한 조치는 전혀 이루어지지 않고 있다.

완전히 무기력한 정부

모든 종류의 통제, 감독, 회계에 대한, 그리고 그것을 제도화하려는 국가의 모든 시도에 대한 전반적이고 체계적이고 집요한 사보타주가 벌어지고 있다. 이런 사보타주가 어디에서 오는지, 어떤 수단으로 벌어지고 있는지 이해하지 못한다면 그 사람은 믿을 수 없을 정도로 순진한 것이다. 이해하지 못하는 척한다면 그 사람은 철저한 위선자다. 은행가와 자본가들의 이런 사보타주, 모든 종류의 통제, 감독, 회계의 **저지**는 민주공화국이라는 국가 형태, '혁명적-민주주의적' 제도들의 존재에 적응해 가고 있기 때문이다. 과학적 사회주의의 지지자들 모두가 인정한다고 고백하지만 멘셰비키와 사회주의자혁명가당원들은 자신의 친구들이 장·차관 등의 편한 자리를 차지하는 즉시 잊어버리려고 하는 한 가지 사실을, 자본가 신사들은 오히려 아주 훌륭하게 배웠다. 그 사실이란 자본주의적 착취라는 경제적 내용은 민주주의적 공화제 정부 형태가 군주제 형태를 대체한다 해도 전혀 영향을 받지 않는다는 것이며, 따라서 그 역도 진실이라는 것이다. 민주적 공화제하에서도 절대군주제하에서와 마찬가지로 효과적으로 자본주의적 이윤을 유지하려면, 그 이윤의 신성 불가침성을 지키기 위한 투쟁의 **형식**만 바꾸면 된다는 것이다.

모든 종류의 통제, 회계, 감독에 대한 현재의, 현대적인 민주공화제적 사보타주 방식은 자본가들이 말로는 통제의 '원칙'과 통제의 필요성을 '열렬하게' 받아들이면서도(물론 멘셰비키와 사회주의자혁명가당원들도 다 마찬가지다), 이런 통제가 '점진적으로', 조직적으로, '국가가 규제하는' 방식으로만 도입될 수 있다고 주장하는 것이다. 그러나 실제로는 이런 허울뿐인 표어들은 다음과 같은 일에 복무할 뿐이다. 즉 통제를 **저지**하고, 그것을 무효로 만들고, 그것을 허구로 바꾸어버리는 것, 통제를 가지고 단순히 장난을 치는 것, 실제로 효과를 거둘 수 있는 모든 실무적인 조치를 지연시키는 것, 가망 없을 정도로 자본가들에게 의존하는 또 어떤 일도 하지 않고 할 수도 없는 아주 복잡하고, 거추장스럽고 관료적인 생기 없는 통제 제도를 만드는 것을 은폐하는 역할만 할 뿐이다.

이것이 허황된 주장이 아니라는 증거로 멘셰비키와 사회주의자혁명가당원들의 증언을 인용해보자. 이들은 혁명의 첫 여섯 달 동안 소비에트에서 다수를 차지했던 사람들이며, '연립정부'에 참여했던 사람들이며, 따라서 자본가들을 눈감아주고 그들이 모든 통제를 저지하도록 허용한 것에 대해 러시아 노동자와 농민에게 정치적 책임을 져야 할 사람들이다.

'혁명적' 민주주의의 이른바 '전권을 가진'(농담이 아니다!) 기관들 가운데 가장 높은 기관의 공식 기관지(즉 노동자·병사·농민 대의원 소비에트 전 러시아 대회 중앙집행위원회의 신문)인 「이스베스치아Izvestia」는 1917년 9월 7일(20일) 164호에서 바로 이 멘셰비키와 사회주의자혁명가당원들이 만들고 운영하는 특별 통제 조직의 결의를 게재했다. 이 특별 기구는 중앙집행위원회의 경제부다. 그 결의는 "**경제생활의 규제를 위하여 정부 산하에 설치한 중앙 기관들의 완전한 무기력**"을 분명한 사실로 공식 기록하고 있다.

자, 멘셰비키와 사회주의자혁명가당원들 자신이 서명한 이 문서보다 멘셰비키와 사회주의자혁명가당 정책의 붕괴를 더 웅변적으로 증언해주는 것을 상상할 수 있겠는가?

경제생활 규제의 필요성은 이미 차르 체제하에서도 인정되었으며, 그런 목적을 달성하기 위한 기구들도 세워졌다. 그러나 차르 체제하에서 경제 혼돈은 꾸준하게 증가하여 엄청난 규모에 이르렀다. 이런 경제 혼돈을 끝낼 효과적이고도 단호한 조치를 채택하는 것이 공화제적이고 혁명적인 정부의 임무라는 사실도 즉시 인정되었다. 멘셰비키와 사회주의자혁명가당원들이 참여하는 '연립' 정부가 구성되자, 이 정부는 5월 6일(19일)의 엄숙하기 짝이 없는 대국민 성명을 통해 국가 통제와 규제를 도입하겠다고 약속하고 그 과제를 떠안았다. 체레텔리나 체르노프 같은 자들은 모든 멘셰비키나 사회주의자혁명가당 지도자들과 마찬가지로 자신들이 정부를 책임질 뿐 아니라, '혁명적 민주주의의 권한을 가진 기구들'이 그들의 통제하에 실제로 정부의 일을 감시하고 그 활동을 확인할 것이라고 서약하고 맹세했다.

5월 6일 이후로 넉 달, 무려 넉 달이라는 긴 시간이 흘렀다. 그동안 러시아는 터무니없는 제국주의적 '공세'를 위해 병사 수십만 명의 목숨을 희생했다. 혼돈과 재난은 성큼성큼 다가왔다. 그럼에도 여름에는 수상 운송, 농업, 광물 채굴 따위의 문제에서 많은 일을 할 수 있는 특별한 기회가 있었다. 그러나 넉 달이 지난 뒤 멘셰비키와 사회주의자혁명가당은 정부 산하에 설치한 통제 기구들의 "완전한 무기력"을 공식적으로 인정할 수밖에 없게 되었다.

그런데도 이 멘셰비키와 사회주의자혁명가당원들은 대단한 정치가인 척하며 심각한 표정으로 이제는(나는 9월 12일 전 러시아 민주협의회All-Russian Democratic Conference[1] 전날 밤에 이 글을 쓰고 있다) 카데트와 연립한 정부를 상공업계의 키트 키티치Kit Kitych[2], 즉 랴부신스키, 부블리코프, 테레셴코 같은 자들과 연립한 정부로 바꾸면 상황이 호전

될 수 있다고 헛소리를 하고 있다.

한번 물어보자. 멘셰비키와 사회주의자혁명가당원들의 이런 놀라운 맹목적 태도를 어떻게 설명할 수 있을까? 그들이 극도의 어리석음과 순진함 때문에 자신이 무슨 일을 하는지 깨닫지도 못하고 선의로 잘못을 저지르는 숲속의 정치적 유아들로 보아야 할까? 아니면 장관, 차관, 총독, 사정위원 등 그들이 차지한 무수한 자리에 특별한 종류의 '정치적' 맹목을 일으키는 속성이 있는 것일까?

1   1917년 9월 14일(27일)에서 22일(10월 5일)까지 페트로그라드에서 열렸다. 멘셰비키와 사회주의자혁명가당은 혁명의 고조를 막으려고 이 회의를 소집했다. 프티부르주아 정당, 타협적인 소비에트, 노동조합, 젬스트보, 상공업계, 군부대가 대표를 보냈다. 볼셰비키는 멘셰비키와 사회주의자혁명가당의 계획을 폭로할 목적으로 참석했다. 이 회의는 예비의회(공화국 임시의회)를 선출했으며, 멘셰비키와 사회주의자혁명가당은 이 의회를 통해 혁명을 제어하고 러시아를 부르주아 의회제의 길로 벗어나게 하려 했다.

     당 중앙위원회는 레닌의 제안에 따라 볼셰비키가 예비의회에서 물러난다고 결정했다. 당의 사회주의혁명 노선에 반대했던 카메네프, 리코프, 랴자노프만이 예비의회에 참석할 것을 고집했다.

2   문자 그대로 풀이하면 고래와 고래 새끼라는 뜻이다. 알렉산드르 오스트로프스키의 희극 「다른 이의 고통을 짊어지고」에 나오는 부유한 상인 티트 티티치(Tit Titych)의 별명. 레닌은 이 별명을 자본가 거물들에게 사용하고 있다.

통제 수단은 누구나 알고 있고 실행에 옮기기도 쉽다

이렇게 물어볼 수도 있다. 통제의 방법과 수단은 아주 복잡하고, 어렵고, 시도된 적이 없고, 심지어 알려지지도 않은 것이 아닐까? 통제가 지연된 것은 카데트당의 정치가들, 상인과 기업가 계급, 멘셰비키와 사회주의자혁명가당이 여섯 달 동안 이마에 땀을 흘리며 통제의 방법과 수단을 조사하고, 연구하고, 발견하느라 고된 노력을 했음에도, 이 문제가 믿을 수 없을 정도로 까다로워 아직 답이 나오지 않았기 때문이 아닐까?

안타깝게도 실제로 그들은 무지하고, 문맹이고, 억압당하는 무지크와 아무것도 살피지 않고 그냥 다 믿어버리는 얼뜨기 사이먼*을 속이려고 그런 식으로 상황을 호도하고 있다. 그러나 실제로는 차르체제조차, '구체제'조차 전시산업위원회³를 설립할 때 이미 통제를

• 영국의 전승 동요의 주인공.

3 전시산업위원회는 러시아의 제국주의적인 대부르주아지가 차르 체제의 전쟁을 도우려고 1915년 5월에 수립했다. 중앙전시산업위원회의 의장은 10월혁명당 지도자이자 대자본가인 구치코프였다. 위원들 가운데는 제조업자 코노발로프와 은행가이자 설탕 제조업자인 테레셴코도 있었다. 부르주아지는 노동자들을 자신의 영향 아래로 끌어들이고 그들에게 방위주의적 감정을 불어넣으려고 위원회 산하에 '노동자 그룹들'을 결성하기로 했으며, 이를 계기로 러시아의 부르주아지와 프롤레타리아 사이에 '계급 평화'가 이루어졌다고 과시했다. 볼셰비키는 이 위원회들의 보이콧을 선언했으며, 노동자 다수의 지지로 그런 입장을 유지했다.

볼셰비키의 설명 사업의 결과 '노동자 그룹' 선출은 239개 지역 및 지방 전시산업위원회 가운데 70개 지역에서만 이루어졌으며, 노동자 대표가 선출된 곳은 36개 위원회뿐이었다.

도입하는 주요한 수단, 주된 방법과 길을 **알고 있었다.** 그것은 직업, 일의 목적, 노동 분야 등에 따라 주민을 결속하는 것이었다. 그러나 차르 체제는 주민의 결속을 **두려워했으며,** 따라서 이 일반적으로 알려진, 아주 쉬운, 매우 실용적인 통제의 방법과 길을 제한하고 또 인위적으로 방해하려고 안간힘을 썼다.

교전국은 모두 전쟁으로 인한 극도의 부담과 재해로 고생하고 있으며, 또 정도의 차이는 있지만 경제적 혼돈과 기근으로 고생하고 있다. 따라서 오래전부터 **일련의** 통제 조치를 입안하고, 결정하고, 적용하고, 검증해왔다. 그 내용은 거의 변함없이 주민을 결속하고, 다양한 조합을 세우거나 장려하는 것, 그리고 국가의 대표를 참여시키고, 국가의 감독을 받게 하는 것 등이었다. 이 모든 통제 조치는 모두가 아는 것이며, 자주 거론되고 글도 많이 나왔다. 선진 교전국들이 통제와 관련하여 통과시킨 법들은 러시아어로 번역되거나 러시아 언론에서 자세하게 설명되기도 했다.

만일 우리의 국가가 실무적으로 진지하게 통제를 이행하기를 진정으로 **원할 경우,** 통제 기구들이 자본가들의 노예가 되어 '완전한 무기력'에 빠지는 일을 피하려 할 경우, 국가가 할 일이란 이미 알려져 있고 과거에도 사용되었던 그 풍부한 통제 조치들을 자유롭게 이용하는 것뿐이다. 유일한 장애 — 카데트, 사회주의자혁명가당, 멘셰비키가 인민의 눈에 보이지 않게 감추는 장애 — 는 그런 통제가 자본가들의 막대한 이윤을 드러내 그 이윤의 기반을 줄였다는 것인데, 이 점은 지금도 변함이 없다.

이 대단히 중요한 문제(본질적으로 러시아를 전쟁과 기근으로부터 구하고

자 하는, 진정으로 혁명적인 **모든** 정부의 강령 문제라고 할 수 있다)를 더 분명하게 설명하기 위해, 이 주요한 통제 조치들을 열거하며 하나하나 검토해보겠다.

만일 혁명적–민주주의적 정부라는 이름이 농담이 아니라면 정부가 했어야 하는 일은 수립된 바로 그 주에 주요한 통제 조치들을 채택하겠다고 선포하고, 술수로 통제를 피하려는 자본가들을 엄격하고 가혹하게 처벌하고, 인민이 직접 자본가들을 감독하여 그들이 통제를 위한 규제조치들을 꼼꼼하게 지키게 하는 것뿐이었음을 알게 될 것이다. 그랬다면 통제는 오래전에 러시아에 도입되었을 것이다. 이 주요 조치들은 다음과 같다.

(1) 모든 은행들을 단일 은행으로 통합하여 국가가 그 기능을 통제하거나 은행들을 국유화한다.

(2) 신디케이트, 즉 자본가의 거대 독점 결사체(설탕, 석유, 석탄, 철강 등의 신디케이트)를 국유화한다.

(3) 영업 비밀을 폐지한다.

(4) 기업가, 상인, 고용주들 전체를 강제로 신디케이트로 만든다(즉 강제로 결사체로 통합한다).

(5) 주민을 소비조합으로 강제로 조직하거나 그런 조직을 장려하며, 그 조직을 통제한다.

이런 조치 하나하나를 혁명적이고 민주적인 방법으로 이행했을 때 어떤 의의가 있는지 살펴보도록 하자.

은행의 국유화

알다시피 은행은 현대 경제생활의 중심이며, 자본주의 경제체제 전체의 주요한 신경중추다. '경제생활 규제'를 이야기하면서 은행 국유화 문제를 피한다는 것은 매우 심각한 무지를 드러내는 것이거나, 아니면 화려한 말과 과장된 공약 — 그 약속을 이행하지 않겠다는 분명한 의도를 가지고 — 으로 '보통 사람들'을 속이는 것이다.

은행 기능의 통제와 규제 없이 곡물의 운송이나 물자 전반의 생산과 분배를 통제하고 규제한다는 것은 말이 되지 않는다. 몇 코페이카는 빼앗아 가려 하면서 수백만 루블에는 눈을 감는 것과 마찬가지다. 요즘의 은행들은 거래(곡물과 다른 모든 것)나 산업과 밀접하고 깊이 있게 결합되어 있어 은행에 '손을 대지' 않고는 어떠한 가치 있는 일도, '혁명적이고 민주적인' 일도 이룰 수 없다.

하지만 국가가 은행에 '손을 대는' 것은 아주 어렵고 복잡한 일 아닐까? 그들은 보통 이런 말로 속물을 겁주려 한다. 자본가와 그 옹호자들은 그렇게 하는 것이 자신들에게 유리하기 때문이다.

그러나 사실 어떤 '소유자'에게서도 단 1코페이카도 빼앗을 필요가 없는 은행 국유화는 기술적으로나 문화적으로 전혀 어려움이 없다. **오로지** 하찮은 한 줌의 부자들의 더러운 탐욕 때문에 지연되고 있을 뿐이다. 은행 국유화는 사유재산의 몰수와 자주 혼동되는데, 이렇게 널리 퍼진 혼란의 책임은 공중을 속이는 데서 이익을 얻는 부르주아 언론에 있다.

은행이 운용하는, 또 은행에 집중된 자본의 소유권은 주식, 채권, 어음, 영수증 등으로 부르는, 인쇄되거나 기록된 증서로 공인된다. 은행들이 국유화될 경우, 즉 모든 은행들이 하나의 국가 은행으로 통합될 경우, 이런 증서들은 단 하나도 무효가 되거나 변경되지 않을 것이다. 저축 계좌에 15루블을 가지고 있는 사람이라면 은행 국유화 뒤에도 계속 15루블을 갖게 될 것이다. 1,500만 루블을 가지고 있는 사람이라면 은행 국유화 뒤에도 계속 주식, 채권, 어음, 하물증권 등의 형태로 계속 1,500만 루블을 가지게 될 것이다.

그렇다면 은행들을 국유화하는 의미는 무엇인가?

현재 개별 은행과 그 업무를 어떤 식으로든 통제하는 것은 효과를 거둘 수 없다(영업 비밀 등을 폐지한다 해도). 대차대조표를 작성하고, 유령회사와 자회사를 설립하고, 얼굴뿐인 대표를 내세우는 일에 사용되는 매우 복잡하게 뒤얽힌 교활한 속임수들을 추적하는 것이 불가능하기 때문이다. 오직 모든 은행을 하나로 통합할 때에만 — 그 자체로는 소유권과 관련하여 아무런 변화가 생기지 않으며, 되풀이하지만 소유자에게서 단 1코페이카도 빼앗지 않는다. — 진정한 통제가 가능해질 것이다. 물론 여기에는 위에 언급한 다른 조치들이 모두 이행되어야 한다는 단서가 붙는다. 오직 은행들을 국유화할 때에만 국가는 어디에서, 어떻게, 어디로부터, 언제 수백만 루블, 수십억 루블이 흘러가는지 알 수 있는 **위치에 올라설 수** 있다. 오직 은행, 자본주의적 유통의 중심이며, 그 축이자 주요 메커니즘인 은행들을 통제할 때에만, 모든 경제생활, 주요 물자의 생산과 분배에 대한 허구가 아닌 실제 통제를 조직하고, '경제생활의 규제' — 이것은 은행 국유화 외의 다른 방법으로는 보통 사람들을 속이기 위해 고안된, 장관의 공허한 발언으로 끝날 수밖에 없는 운명이다. — 를 조직하는 것이 가능해진다. 은행 업무가 단일한 국가 은행에 집중되어 있다는 조건에서 그 업무를 통제하는 것이 가능할 때에만, 쉽게 실행에 옮길 수 있는 다른 조치들을 채택하여 소득세를 효과적으로 징수하는 것이 가능하며, 이것이 재산과 소득 은폐를 막아준다. 현재 소득세는 아주 많은 부분 허구에 지나지 않는다.

은행 국유화는 선포하기만 하면, 임직원들 스스로 이행할 수 있다. 국가에서 특별한 기구, 특별한 예비 단계를 준비할 필요가 없다. 단 하나의 포고로, '일격에' 이행될 수 있는 조치이기 때문이다. 자본주의가 어음, 주식, 채권 등을 이용하는 단계로 발전하면서 은행 국유화는 자본주의 자체에 의해 실행 가능한 일이 되었다. 필요한 일은 오직 **회계를 통일하는 것**뿐이다. 만일 혁명적 민주주의적 정부가 모든 은행을 즉시 하나의 국가 은행으로 통합할 목적으로 즉각, 전보로, 모든 도시에서 임직원 회의를 소집하고, 나아가 각 지역과 전국 규모의 대회를 소집하기로 결정한다면, 이 개혁은 몇 주면 이루어질 수 있다. 물론 관리자와 은행 고위 간부들은 저항하고, 국가를 속이려 하고, 일을 지연시키려 할 것이다. 이 사람들은 보수가 높은 자리와 이익이 많은 부정한 업무를 수행할 기회를 잃게 되기 때문이다. **이것이 문제의 핵심이다.** 그러나 은행들을 통합하는 데는 기술적으로 어려울 것이 전혀 없다. 만일 국가권력이 말만이 아니라 진짜로 혁명적이라면(즉 타성과 판에 박힌 방식을 제거하는 데 두려움이 없다면), 말뿐이 아니라 진짜로 민주적이라면(즉 한 줌의 부자가 아니라 인민 다수의 이익을 위해 행동한다면), 관리자, 이사, 대주주의 모든 지연 행위, 문서나 회계의 은폐 기도에 대하여 재산 몰수와 징역형으로 처벌하겠다고 선포하는 것만으로 충분할 것이다. 예를 들어 가난한 피고용자들을 별도로 조직하여 부자들의 부정행위나 지연을 찾아내게 하고 포상한다면 은행 국유화는 아주 순조롭고 빠르게 이루어질 것이다.

은행 국유화로 인민 전체 — 꼭 노동자만이 **아니라**(사실 노동자들은 은행과 거의 관계가 없다) 농민과 소기업가 대중까지 — 가 얻는 이익은 엄청나다. 노동의 절약은 막대할 것이며, 국가가 이전의 은행 직원들을 모두 유지한다고 가정할 경우, 국유화는 은행 이용의 보편화, 지점의 확대, 은행 업무의 손쉬운 이용 등으로 나아가는 매우 중요한 조치가 될 것이다. 소소유자들, 농민들이 쉬운 조건으로 신용을 이용하는 일이 크게 늘어날 것이다. 국가의 입장에서 보자면 처음으로 공개된 상태에서 주요한 화폐 업무를 **검토**할 수 있을 것이며, 그런 다음에는 이 업무들을 **통제**하고, 그다음에는 경제생활을 **규제**하고, 마지막으로 자본가 신사들에게 '용역'을 대가로 천정부지의 '수수료'를 지불하는 일 없이 주요한 국가 거래에 필요한 수백만 루블, 수십억 루블을 **얻게** 될 것이다. 바로 이것이 모든 자본가들, 모든 부르주아 교수들, 모든 부르주아지, 나아가 그들에게 봉사하는 모든 플레하노프, 포트레소프 같은 자들이 은행 국유화에 대항하여 필사적으로 싸우고, 이런 아주 쉽고 아주 다급한 조치의 채택을 막으려고 수많은 핑계를 만들어내는 이유, 유일한 이유다. 사실 나라의 '방위'라는 관점에서 보아도, 즉 군사적 관점에서 보아도, 이 조치가 엄청나게 이익이며, 나라의 '군사력' 또한 크게 높여줄 것이다.

다음과 같은 이의를 제기할지도 모르겠다. 독일과 미합중국 같은 선진국은 은행 국유화를 고려하지도 않으면서 어떻게 그렇게 훌륭하게 '경제생활을 규제'하는가?

답을 하자면, 이 두 국가 **모두** 단순히 자본주의 국가일 뿐 아니라, 동시에 제국주의 국가 — 물론 하나는 군주국이고 또 하나는 공화국이지만 — 이기 때문이다. 그래서 그들은 반동적이고 관료적인 방법으로 그들에게 필요한 개혁을 이행한다. 반면 우리는 지금 혁명적이고 민주적인 방법을 이야기하고 있다.

이런 '작은 차이'가 아주 중요하다. 대부분의 경우에는 이런 차이를 생각하는 것이 '관례가 아니다.' '혁명적 민주주의'라는 말은 우리에게(특히 사회주의자혁명가당과 멘셰비키에게) 거의 관습적인 표현이 되어버렸다. 신을 믿을 만큼 무지하지 않은 사람들도 "하느님 감사합니다" 하는 표현을 사용하는 것과 마찬가지다. 또는 「드옌Dyen」나 「예딘스트보」의 편집자들에게도 "명예로운 시민"이라는 표현을 사용하는 것과 마찬가지다. 이런 신문들은 자본가들이 자본가들의 이익을 위해 창간하고 유지해왔으며, 따라서 이런 신문에 기고하는 사이비 사회주의자들에게 '명예로운' 점이 거의 없다는 것은 모두가 짐작하지 않는가.

"혁명적 민주주의"라는 표현을 판에 박힌 의례적 표현으로, 관습적인 통칭으로 사용하지 않고, 그 의미를 **깊이 생각**해본다면, 민주주의자라는 것은 소수가 아니라 인민 다수의 이익을 현실적으로 계산하는 사람이라는 뜻이고, 혁명가라는 것은 낡고 해로운 모든 것을 가장 단호하고 무자비하게 파괴하는 사람이라는 뜻임을 알 수 있을 것이다.

우리가 아는 한 미국에서도 독일에서도 어떤 정부나 지배계급이 "혁명적 민주주의자"라는 이름을 사용하겠다고 한 적이 없다. 그러나 우리의 사회주의자혁명가당과 멘셰비키는 그 이름을 사용했다 (그래서 그 이름을 악용했다).

독일에는 전국적인 중요성을 갖는 아주 큰 은행이 네 개뿐이다. 미국에는 둘뿐이다. 따라서 그런 은행의 금융 거물들이 혁명적인 방식이 아니라 반동적인 방식으로, 민주적인 방식이 아니라 관료적인 방식으로 사적으로 은밀하게 결속하여 정부 관리들에게 뇌물을 주고(이것은 미국과 독일 양쪽에서 일반적 규칙이다) 은행의 사적 성격을 유지하여, 업무의 비밀을 보존하고, 국가로부터 엄청난 '초과이윤'을 짜내고, 금융 부정행위를 일삼고 있다.

미국과 독일 모두 노동자들에게는(또 부분적으로는 농민에게도) **전시노역** 상황을 만들고 은행가와 자본가들에게는 낙원을 만들어주는 방식으로 '경제생활을 규제한다.' 그들의 규제란 노동자들을 기아선상에 몰릴 때까지 '쥐어짜는' 것이며, 반면 사본가들에게는 전쟁 전보다 **높은** 이익을 보장해주는(은밀하게, 반동적이고 관료적인 방식으로) 것이다.

물론 공화제적이고 제국주의적인 러시아에서도 그런 경로는 얼마든지 가능하다. 사실 밀류코프나 싱가료프 같은 자들만이 아니라, 케렌스키도 테레셴코, 네크라소프, 베르나츠키, 프로코포비치 일파와 협력하여 그 경로를 따르고 있다. 그들은 반동적이고 관료적인 방식으로 은행의 '불가침성'과 그들이 막대한 이익을 거둘 신성한 권리 **역시 옹호**하고 있다. 따라서 **진실**을 말하는 것이 낫겠다. 즉 공화제 러시아에서 그들은 반동적이고 관료적인 방식으로 경제생활을 규제하고 싶어 하지만, '소비에트'의 존재 때문에 그렇게 하는 것이 '종종' 어렵다는 것을 알게 된다. 그래서 첫 번째 코르닐로프는 소비에트를 해체하지 못했지만, 두 번째 코르닐로프는 해체하려고 시도할 것이다.

이것이 진실이다. 이런 단순한 — 비록 씁쓸하기는 하지만 — 진실이 '우리의', '위대한', '혁명적' 민주주의에 관한 달콤한 거짓말보다 인민의 계몽에 더 유용하다.

***

은행들의 국유화는 동시에 보험업의 국유화 — 즉 모든 보험회사를 하나로 통합하고, 그 업무를 중앙집중화하고, 국가가 그것을 통제하는 것 — 도 매우 편하게 해준다. 이 경우에도 보험회사 직원들의 대회를 통해 즉시 또 큰 노력을 들이지 않고 통합을 이룰 수 있다. 단 혁명적-민주주의적 정부가 이것을 선포하고, 임원과 대주주에게 지체 없이 통합을 명령하고, 그들 모두에게 엄격한 책임을 물어야 한다. 자본가들은 보험업에 수억 루블을 투자했다. 그러나 일은 모두 직원이 한다. 이 사업의 통합으로 보험료는 낮아지고, 피보험자는 많은 편의를 얻고, 노력이나 자금을 더 지출하지 않고도 피보험자 수는 늘어날 것이다. 오로지 보수가 좋은 일자리를 쥐고 있는 한 줌밖에 안 되는 사람들의 타성, 판에 박힌 태도, 이익 때문에 이 개혁이 늦어지고 있다. 그러나 이런 개혁은 무엇보다도 전국의 노동력을 절약하고 말이 아니라 행동으로 '경제생활을 규제'할 매우 중요한 기회를 많이 만들어내 국가 방위력을 높일 것이다.

신디케이트의 국유화

자본주의는 경제의 다양한 분야 사이에 가장 밀접한 관련과 상호 의존을 만들어냈다는 점에서 예전의 전자본주의적 경제체제와 다르다. 사실 이것이 아니라면 사회주의로 나아가는 것은 기술적으로 실행 불가능할 것이다. 은행이 생산을 지배하는 현대 자본주의는 다양한 경제 분야 사이의 이런 상호의존을 최대로 밀어붙였다. 은행과 산업의 중요한 분야와 상업은 뗄 수 없이 융합되었다. 이것은 우선 상업과 산업의 신디케이트들(설탕, 석탄, 철강, 석유 등)의 국가 독점이 생겨나, 그것을 국유화하지 않고 은행만 국유화하는 것은 불가능하다는 뜻이다. 또 경제활동 규제를 진지하게 이행하려면 은행과 신디케이트를 동시에 국유화할 수밖에 없다는 뜻이기도 하다.

설탕 신디케이트를 예로 들어보자. 설탕 신디케이트는 차르 체제 하에서 생겨났으며, 시설이 훌륭한 제당 공장들을 갖춘 거대 자본가 기업 합동으로 발전했다. 물론 이 기업 합동은 가장 반동적이고 관료적인 정신에 철저하게 물들어 있었으며, 자본가들에게 뻔뻔스러울 정도로 높은 이익을 확보해주었으며, 그 직원들은 어떠한 권리도 없이 굴욕과 억압을 당하는 상태로 내몰렸다. 당시에도 국가는 그 생산을 통제하고 규제했다. — 물론 부자와 거물들의 이익을 위해서.

따라서 이제 할 일은 반동적이고 관료적인 규제를 혁명적이고 민주적인 규제로 바꾸는 것**뿐**이다. 직원, 엔지니어, 임원, 주주의 총회 소집, 동일한 회계의 도입, 노동조합에 의한 통제 등을 규정한 간단한 포고만 발표하면 된다. 이것은 아주 간단한 일이지만, 아직도 이루어지지 않았다! 민주주의공화국이라고 하면서 설탕 산업 규제가 **실제로는** 반동적이고 관료적인 상태를 그대로 유지하고 있는 것이다. 모든 것이 옛날 그대로다. 국민의 노동은 낭비되고, 판에 박힌 태도와 정체 상태가 이어지고, 보브린스키나 테레셴코 같은 자들만 배를 불리고 있다. 따라서 관료가 아니라 민주주의자, '설탕 귀족'이 아니라 노동자와 다른 직원들에게 독립적인 주도권을 행사하라고 호소해야 한다. 사회주의자혁명가당과 멘셰비키가 바로 이 설탕귀족과 '연립'하겠다는 계획으로 인민의 정신을 흐려놓지만 않는다면, 그 일은 불과 며칠 사이에, 단 일격에 이루어질 수 있고 또 이루어져야 한다. 사실 부자들과 그런 연립을 이루는 것이야말로 경제생활 규제 문제에서 정부가 '완전한 무기력'할 수밖에 없는 이유이기도 하다. 정부의 무기력이야말로 그런 연립의 결과인 것이다.*

석유 산업을 예로 들어보자. 이것은 이전의 자본주의 발전에 의해 대규모로 '사회화'된 상태다. 불과 두 명의 석유 귀족이 수백만 루블, 수억 루블을 주무르고, 이표利票를 속이고, '사업'으로부터 막대

---

*   나는 이 대목을 써놓은 뒤에 신문에서 케렌스키 정부가 설탕 독점을 도입하고 있다는 소식을 들었다. 물론 반동적이고 관료적인 방법으로, 노동자와 다른 직원들의 대회 없이, 은밀하게, 자본가들을 제어하지 않고 도입하겠다는 것이다!

한 이익을 긁어모은다. 그러나 사실상 이 산업은 **이미** 기술적으로나 사회적으로 전국 규모로 조직되어 있으며, **이미** 수십만 명의 직원, 엔지니어 등이 운영하고 있다. 석유 산업의 국유화는 혁명적–민주주의적 국가에 의해 **즉시** 이루어질 수 있으며, 사실 피할 수 없는 일이기도 하다. 특히 이 정부는 첨예한 위기로 고통받고 있어, 어떤 대가를 치르더라도 국가의 노동력을 절약하고 연료 생산을 늘려야 하는 상황이기 때문이다. 여기에서 관료적 통제로는 아무것도 이룰 수 없고, 아무것도 바꿀 수 없다는 것이 분명하다. '석유 귀족'은 이전에 차르의 장관들을 다루었듯이 쉽게 테레셴코, 케렌스키, 아브크센티예프, 스코벨레프 등을 다룰 수 있기 때문이다. 그들은 지연을 시키고, 핑계를 대고, 거짓 약속을 할 것이며, 부르주아 언론(이것을 '여론'이라고 부르며, 케렌스키나 아프크센티예프 같은 자들은 이것을 '계산'할 것이다)에 직간접적으로 뇌물을 먹이고, 관리들(케렌스키나 아프크센티예프 같은 자들이 말짱하게 남아 있는 낡은 국가기구 안에 이들의 낡은 자리를 유지해주었다)에게 뇌물을 먹일 것이다.

뭔가 현실적인 일을 하려면 관료제를 버리고 민주주의를 택해야 하며, 진정으로 혁명적인 방법을 사용해야 한다. 즉 석유 귀족과 지주들에게 전쟁을 선포하고, 석유 산업 국유화를 지연시키거나, 소득이나 회계를 감추거나, 생산을 사보타주하거나, 생산 증가 조치를 취하지 못할 경우에 재산을 몰수하고 징역형으로 처벌하겠다고 선언해야 한다. 노동자들의 주도권을 확립해야 한다. **이들**의 회의와 대회를 즉시 소집해야 한다. 이들이 모든 통제를 실시하고 생산을 늘린다는 조건하에, 이익 가운데 일정한 비율을 **이들**에게 할당해야 한다.

1917년 4월에 이런 혁명적-민주적 조치들을 즉시, 당장 시행했더라면, 액체 연료 저장량이 세계에서 가장 풍부한 나라로 꼽히는 러시아는 수상 운송으로 여름 동안에 인민에게 필요한 연료를 원활하게 공급할 수 있었을 것이다.

그러나 부르주아 정부도 또 사회주의자혁명가당-멘셰비키-카데트 연립정부도 아무런 일을 하지 않았다. 두 정부 모두 관료적인 개혁 놀이만 하고 말았다. 과감하게 단 하나의 혁명적-민주적 조치도 취하지 못했다. 모든 것이 차르 체제와 똑같은 상태를 유지했다. 석유 귀족, 정체停滯, 노동자들의 착취자 증오, 그에 따른 혼란, 국가 노동력의 낭비. 오직 '공화국' 관청을 들고나는 서류에 인쇄된 **문구**만 바뀌었을 뿐이다!

석탄 산업을 예로 들어보자. 이 역시 기술적으로나 문화적으로나 석유 산업 못지않게 국유화의 때가 '무르익었다.' 그러나 이 산업 역시 인민을 강탈하는 강도들, 석탄 귀족이 부끄러운 줄 모르고 경영하고 있다. 그 결과 기업가들의 직접적인 사보타주, 직접적인 생산 **저해** 및 저지라는 놀라운 사실들이 많이 나타나고 있다. 심지어 멘셰비키의 여당지 「라보차야 가제타Rabochaya Gazeta」조차 이런 **사실**들을 인정했다. 결국 우리 눈에 보이는 것은 무엇인가? '반반의 비율로' ― 노동자와 석탄 신디케이트의 도적떼를 같은 숫자로 ― 낡은 반동적-관료적 회의를 소집하는 것 외에 아무런 일도 하지 않았다는 것이다! 혁명적-민주적 조치는 하나도 이루어지지 않았으며, 현실적인 유일한 통제 ― **아래**로부터 이루어지는, 노동조합을 통한, 노동자들을 통한, 나라를 망치고 생산을 정지시키는 석탄 기업가들에 대한 테러에 의지하는 통제 — 를 확립하려는 시도의 그림자도 보이지 않았다!! 우리가 '모두' '연립' — 카데트가 아니라면, 상업계나 산업계와 연립하는 것 — 에 찬성한다면 어떻게 그런 일을 할 수 있겠는가? 연립은 자본가들의 손에 권력을 남겨놓고, 그들이 벌을 받지 않도록 해준다는 것, 또 그들이 일을 방해하고, 모든 것을 노동자 책임으로 돌리고, 혼돈을 가중시켜 **그 결과** 새로운 코르닐로프 반란의 길을 닦도록 허용한다는 뜻이다!

영업 비밀 폐지

영업 비밀을 폐지하지 않으면 생산과 분배의 통제는 공허한 약속 — 이런 약속은 카데트가 사회주의자혁명가당과 멘셰비키를 속이거나, 사회주의자혁명가당이나 멘셰비키가 노동계급들을 속이는 데 필요할 뿐이다. — 이 되거나, 반동석이고 관료적인 방법과 수단으로만 이루어지게 된다. 편견이 없는 모든 사람에게 이것은 분명한 사실이다. 그러나 「프라우다」가 영업 비밀 폐지를 집요하게 요구했음에도 (그래서 이런 이유 때문에 자본 앞에서 비굴한 케렌스키 정부로부터 탄압을 받았다), 우리의 공화제 정부도 '혁명적 민주주의의 권한을 가진 기구들'도 진정한 통제로 나아가는 이 **첫 단계**를 고려조차 하지 않았다.

그러나 이것이야말로 모든 통제의 관건이다. 이것은 또 인민을 강탈하고 생산을 사보타주하는 자본의 가장 민감한 부분이기도 하다. 이것이 바로 사회주의자혁명가당과 멘셰비키가 영업 비밀을 건드리는 어떤 일도 두려워하는 이유이기도 하다.

자본가들의 일반적인 주장, 또 프티부르주아지가 아무런 생각 없이 되풀이하는 주장은 자본주의 경제에서 영업 비밀의 폐지는 일반적으로 절대 불가능하다는 것이다. 생산수단의 사적 소유, 개별 기업의 시장 의존 때문에 영업 장부와 영업 업무 — 은행 업무를 포함하여 — 의 '신성불가침'은 필수적이라는 것이다.

그러나 이런저런 형식으로 이런 주장 또는 이와 비슷한 주장을 하는 사람들은 현대 경제활동의 두 가지 근본적이고, 매우 중요하고, 널리 알려진 사실에 눈을 감아버림으로써 스스로 속고 인민도 속이고 있다. 첫 번째 사실은 대규모 자본주의의 존재다. 즉 은행, 신디케이트, 대공장 등으로 이루어진 경제 체제의 독특한 특징들이다. 두 번째 사실은 전쟁이다.

도처에서 독점 자본주의로 가고 있는 현대의 대규모 자본주의는 영업 비밀로부터 모든 합리성을 빼앗고, 그것을 위선으로, 오로지 금융 사기와 대자본의 엄청나게 높은 이익을 감추기 위한 도구로 바꾸어버린다. 대규모 자본주의 경제는 그 기술적 성격상 사회화된 경제다. 즉 이 경제는 수백만 명을 위하여 움직이며, 그 업무에 의해 직간접적으로 수백, 수천, 수만 가구를 결합한다. 이것은 영업 장부를 전혀 기록하지 않고, 따라서 영업 비밀의 폐지에도 아무런 영향을 받지 않는 소규모 수공업자나 중농의 경제와 다르다!

사실 대규모 사업체의 업무는 수백 명 이상이 알고 있다. 여기에서 영업 비밀을 보호하는 법은 생산이나 교환을 위한 것이 아니라, 가장 조악한 형태의 투기와 이익 추구, 또 직접적 사기를 위한 것이다. 이것은 우리가 알다시피 주식회사의 경우에 특히 널리 퍼져 있으며, 공중을 속일 만큼 복잡한 결산 보고와 대차대조표로 아주 교묘하게 감추어져 있다.

소상품생산, 즉 생산 자체가 사회화되지 않고 흩어지고 분리된 소농과 수공업자들의 경우에 영업 비밀은 불가피하지만, 대규모 자본주의 생산에서 영업 비밀의 보호는 전 인민의 이익을 **거슬러** 말 그대로 한 줌밖에 안 되는 사람들의 특권과 이익을 보호하는 것이다. 주식회사의 결산보고 공개를 요구하는 조항이 있듯이, 이것은 이미 법도 인정한 것이다. 그러나 러시아만이 아니라 모든 선진국에서 이미 도입한 **이런** 통제는 **인민**의 눈을 뜨게 해주지 않고, 주식회사의 업무에 관한 **모든 진실**이 알려지는 것을 **허용하지 않는** 반동적-관료적 통제다.

혁명적-민주적으로 행동하려면 영업 비밀을 폐지하고, 대기업과 부자들이 최대한 자세한 보고를 하도록 강제하고, 민주적인 관점에서 유효한 숫자의 모든 시민 집단(예를 들어 1,000명 또는 1만 명의 유권자들)에게 모든 대기업의 **모든** 기록을 검토할 권리를 부여하는 법도 즉시 통과시켜야 한다. 이런 조치는 간단한 포고로 완전하게 또 쉽게 이루어질 수 있다. **오직** 이런 조치를 취할 때에만 인민이 직원조합, 노동조합, 모든 정당을 기반으로 통제에서 주도권을 전폭적으로 행사할 수 있으며, 통제가 효과적이고 민주적으로 이루어질 수 있다.

또 전쟁이 있다. 상공업체들의 압도적 다수는 현재 '자유 시장'이 아니라, **정부를 위하여**, 전쟁을 위하여 일하고 있다. 이런 이유 때문에 나는 이미 「프라우다」에서 사회주의를 도입하는 것은 불가능하다는 주장으로 우리에게 맞서는 사람들이 거짓말쟁이, 그것도 뻔뻔스러운 거짓말쟁이라고 말한 것이다. 문제는 지금, 직접적으로, 하룻밤 새에 사회주의를 도입하는 것이 아니라, **국가의 약탈을 폭로**하는 것이기 때문이다.

자본주의 '전쟁' 경제(즉 직간접적으로 군수품 계약과 관련을 맺는 경제)는 체계적이고 합법적인 **약탈**이다. 멘셰비키나 사회주의자혁명가당과 함께 영업 비밀의 폐지에 반대하는 카데트 신사들은 **약탈의 지원자이자 선동자**에 불과하다.

현재 러시아가 전쟁을 하는 데 **하루에** 5,000만 루블이 들어간다. 이 5,000만 루블은 거의 군수품 계약자에게로 간다. 이 5,000만 가운데 **하루에** 적어도 500만, 어쩌면 1,000만 이상이 자본가들, 그리고 이런저런 방식으로 그들과 공모하는 관리들의 '정직한 수입'을 이룬다. 그 결과 아주 큰 회사들과 군수품 계약 거래를 위해 돈을 빌려주는 은행들은 엄청난 이익을 얻는다. 국가를 약탈하여 그런 이익을 얻는 것이다. 전쟁의 곤경을 '기화로', 수십만, 수백만 인민의 죽음을 '핑계로' 인민을 속이고 약탈하는 이런 행위는 달리 표현할 방법이 없다.

군수품 계약에서 얻는 이런 추잡한 이익, 은행이 감추는 '보증서', 생활비 상승에서 챙기는 이익에 관해서는 '모두'가 알고 있다. '사교계'에서는 그런 것들을 이야기하며 웃는다. **심지어** 일반적으로 '불쾌한' 사실들에 관해서는 입을 다물고 '까다로운' 질문들은 피하는 부르주아 언론에서도 수많은 정확한 보도가 이루어진다. 모두가 그것을 알면서도 모두가 입을 다물고, 모두가 용인하고, 큰 소리로 '통제'

와 '규제'를 외치는 정부를 모두가 견디고 있다!

혁명적 민주주의자들이 진짜 혁명가이고 민주주의자라면, 영업 비밀을 폐지하고, 군납업자와 상인들이 결산 보고를 의무적으로 공개하게 하고, 그들이 당국의 허가 없이 활동 영역을 떠나는 것을 금지하고, 은폐와 인민 기만은 재산 몰수와 총살형*으로 처벌하고, **아래로부터**, 민주적으로, 인민 자신에 의해, 노동조합과 다른 직원과 소비자들에 의해 확인과 통제를 조직하는 법을 즉시 통과시킬 것이다.

우리의 사회주의자혁명가당과 멘셰비키는 겁먹은 민주주의자들이라고 불러 마땅하다. 이 문제에 관하여 그들은 모든 겁먹은 속물들이 하는 말, 즉 '너무 가혹한' 조치를 취하면 자본가들이 '달아날' 것이며, '우리는' 자본가들 없이는 살아갈 수 없으며, 영국과 프랑스의 백만장자들 — 그들은 물론 우리를 '지원'하고 있다. — 도 '불쾌하게 생각할' 가능성이 높다는 등의 말을 되풀이하기 때문이다. 볼셰비키가 역사상 최초의 일, 이전에는 한 번도 시도해본 적이 없는 일, '유토피아적'인 일을 제안한다고 생각할지도 모르겠다. 그러나 이미 125년 전 프랑스에서 진정한 '혁명적 민주주의자'였던 사람들, 자신이 벌이는 전쟁의 정의롭고 방어적인 성격을 진정으로 확신했던 사람들, 진정으로 인민의 지지를 받았고 진지하게 그 사실을 확신했던 사람들이 부자들에 대한 **혁명적** 통제를 확립했고, 세계의 존경을 받

---

* 나는 이미 볼셰비키 언론에서 사형 반대가 옳은 경우는 사형이 착취를 유지할 목적으로 착취자들이 근로 인민 **대중**에게 적용할 때뿐이라고 지적한 적이 있다. 혁명정부라면 **착취자들**(즉 지주와 자본가들)에게 사형을 적용하지 않고 버티는 것이 가능할 것 같지 않다.

는 성과를 달성했다. 그 뒤로 125년 동안 자본주의의 발전은 은행, 신디케이트, 철도 등을 만들어내며 노동자와 농민이 착취자들, 지주와 자본가들을 진정으로 민주적으로 통제할 수 있는 조치를 채택하는 일을 아주 편하고 간단하게 만들어주었다.

사실상 통제의 모든 문제는 누가 누구를 통제하느냐, 즉 어떤 계급이 통제를 하고 어떤 계급이 통제를 당하느냐로 요약된다. 우리나라에서, 공화국 러시아에서, 이른바 혁명적 민주주의의 '전권을 가진 기구들'의 도움 덕분에, 여전히 통제자로 인정받고 있고 또 실제로도 그런 역할을 하는 것은 지주와 자본가들이다. 그 불가피한 결과는 인민의 공분을 불러일으키는 자본가의 강탈이며, 자본가들이 인위적으로 유지하고 있는 경제적 혼돈이다. 우리는 단호하게 또 결정적으로, 낡은 것들과 단절을 두려워하지 않고, 과감하게 새로운 것을 건설하는 일을 두려워하지 않고, 지주와 자본가에 대한 노동자와 농민의 통제로 옮겨가야 한다. 그러나 이것이야말로 사회주의자혁명가당과 멘셰비키가 전염병보다 더 두려워하는 것이다.

강제 결합

예를 들어 기업가들의 강제적 신디케이트 형성, 즉 강제 결합은 독일에서는 이미 실행되고 있다. 여기에는 새로운 것이 없다. 그러나 이 점에서도 사회주의자혁명가당과 멘셰비키의 잘못 때문에 공화국 러시아는 완전한 정체停滯해 있다. 그것을 이 존경하기 힘든 정당들은 카데트, 또는 부블리코프, 또는 테레셴코와 케렌스키와 카드릴*을 추며 '환영'한다.

강제적 신디케이트 형성은, 말하자면 우선 국가가 자본주의 발전을 촉진하는 수단으로, 이것은 도처에서 계급투쟁의 조직을 추동하며, 조합의 수와 다양성과 중요성이 늘어나고 커지게 만들 것이다. 또 강제적 '조합화'는 어떤 종류든 효과적인 통제와 국가 노동력의 절약을 위해서는 불가결한 전제 조건이다.

예를 들어 독일의 법은 해당 지역이나 전국의 가죽 제조업자들이 하나의 결사체를 형성하도록 강요하며, 통제를 목적으로 그 이사회에 국가의 대표자를 보낸다. 이런 종류의 법은 직접적으로는, 즉 그 자체로는 소유관계에 어떤 영향도 주지 않는다. 어떤 소유자에게서도 단 1코페이카도 빼앗지 않고, 통제가 반동적이고 관료적인 방식으로 이루어질지 아니면 혁명적이고 민주적인 형식, 방향, 정신으로 이루어질지 미리 결정하지도 않는다.

이런 법은 우리나라에서도 즉시, 귀중한 시간을 단 일주일도 허비하지 않고 통과될 수 있으며 또 통과되어야 한다. 법을 집행하는 더 구체적인 형식, 집행 속도, 집행의 감독 방법 등을 결정하는 것은 **사회적 조건 자체**에 맡겨야 한다. 이 경우 국가에는 특별한 기구, 특별한 조사, 그런 법을 통과시키기 위한 예비 조사가 필요없다. 필요한 것은 그런 간섭에 '익숙하지 않고' 과거의 경영 방법과 통제 부재가 보장해주는 초과이윤을 포기할 마음도 없는 자본가들의 사적인

---

* 네 사람이 한 조로 추는 춤.

이해 관계와 단절하겠다는 결의뿐이다.

이런 법을 **통과**시키는 데는 아무런 기구나 '통계'(체르노프는 이것으로 농민의 혁명적 주도권을 대체하려 한다)도 필요하지 않다. 법의 집행을 제조업자나 기업가들의 의무, 즉 **기존의** 공적 세력의 의무로 만들고, 역시 기존의 공적(즉 비정부, 비관료) 세력의 통제를 받게 하면 되기 때문이다. 이 통제 세력은 반드시 이른바 '하층 신분', 즉 억압받고 착취당하는 계급들로 구성되어야 한다. 이들이 영웅적 태도, 자기희생, 동지적 규율에서 착취자들보다 훨씬 더 **우월**하다는 것을 역사는 언제나 증명해왔기 때문이다.

우리에게 진정으로 혁명적이고 민주적인 정부가 있고, 이 정부가 예를 들어 노동자를 두 명 이상 고용하고 있는 모든 생산 분야의 제조업자와 기업가들은 즉시 군과 현 단위의 결사체로 결합해야 한다는 결정을 내렸다고 가정해보자. 법의 엄격한 준수 책임은 일차적으로 제조업자, 임원, 이사, 대주주가 지게 될 것이다(이들이 현대 산업의 진정한 지도자, 진정한 주인들이기 때문이다). 그들이 만일 법의 즉각 집행을 위해 노력하지 않는다면, 군에서 이탈한 탈영병으로 간주되어 처벌받을 것이며, 그들의 전 재산을 걸고 한 사람이 모두를 책임지고 모두가 한 사람을 책임지는 상호 책임을 지게 될 것이다. 그다음에는 역시 **하나의** 조합을 이루고 있는 모든 직원들이 책임을 질 것이며, 모든 노동자와 그들의 조합이 책임을 질 것이다. '조합화'의 목적은 가장 완전하고, 엄격하고, 세밀한 회계를 실시하는 것이지만, 이것은 주로 원료 구매, 제품 판매에서 **업무를 결합**하고, 국가 자금과 힘을 **절약**하는 데 이용될 것이다. 별도의 기업들이 하나의 단일 신디케이트로 합병되면, 이런 절약이 엄청난 비율로 이루어질 것이다. 이는 경제학이 우리에게 가르쳐주는 바이며, 모든 신디케이트, 카르텔, 트러스트의 예가 보여주는 바다. 이런 조합화가 그 자체로는 소유관계를 조금도 바꾸지 않으며, 어떤 소유자에게서도 단 1코페이카도 빼앗지 않을 것임은 다시 반복해서 말해두어야겠다. 이 점은 특별히 강조해두어야 한다. 부르주아 언론이 사회주의자들 전체, 그 가운데도 특히 볼셰비키가 소유권을 빼앗으려 한다는 주장으로 소소유자나 중간 소유자를 늘 '겁주기' 때문이다. 이것은 고의적인 허위 주장이다. 사회주의자들은 **설사 완전한 사회주의혁명**이 일어난다 해도 소농의 소유권을 빼앗을 의도가 없으며, 그럴 수도 없고 그러지도 않을 것이기 때문이다. 우리는 늘 즉각적이고 긴급한 조치만을 이야기할 뿐인데, 이것은 서유럽에 이미 도입되어 있으며, 우리나라가 조금이라도 일관성이 있는 민주주의 국가라면 불가피한 임박한 파국과 싸우기 위해 즉시 도입해야 한다.

소소유자 또는 영세 소유자들을 결사체들로 합병하는 과정에서는 기술적이고 문화적인 난관에 부딪히게 될 것이다. 그들의 기업체가 아주 작고 기술적으로 원시적이며, 그 소유자가 문맹이거나 교육을 받지 못했기 때문이다. 그러나 그러한 기업들은 법으로부터 책임을 면제받을 수 있다(위의 가설적인 예에서 지적한 바 있다). 이들이 뒤늦게 합병되는 것은 물론 설사 합병이 되지 않는다 해도 심각한 장애가 생기지는 않을 것이다. 생산 전체에서 엄청난 숫자의 소기업이 하는 역할이나 그것이 경제 전체에서 차지하는 비중은 **무시해도 좋을 만하기** 때문이다. 나아가서 이들은 이런저런 방식으로 대기업에 의존하는 경우가 많다.

오직 대기업들만이 결정적으로 중요하다. 여기에는 '조합화'를 위한 기술적이고 문화적인 수단과 힘이 **실제로 존재한다**. 지금 결여된 것은 착취자에게 무자비하고 엄격한 태도로 이런 힘과 수단을 행사할 **혁명정부**의 확고하고 결의에 찬 주도권이다.

나라에 기술적으로 훈련받은 세력, 나아가서 일반적인 지식인 세력이 빈약할수록, 가능한 한 빨리 그리고 단호하게 강제 결합을 선포하고, 이 포고를 집행할 때는 대기업과 거대 기업에서부터 시작하는 것이 더 긴요하다. 지적인 힘을 **절약**하고, 그것을 **최대한으로** 사용하고 또 더 정확하게 분배하게 해주는 것이 그런 결합이기 때문이다. 1905년 이후에는 심지어 외딴 지방의 러시아 농민마저도 차르 정부하에서 그 정부로 인한 수많은 난관에 부딪히면서도 온갖 종류의 결사체를 만드는 일에 엄청난 진전을 이루었다. 따라서 대규모와 중규모 상공업의 합병은 늦어도 몇 달이면 이행될 수 있을 것이 분명하다. 물론 '하층', 민주주의, 노동자와 기타 직원들의 지지, 참여, 관심, 이익에 의지하고 또 **그들에게** 통제를 행사하라고 호소할 수 있는 진정으로 혁명적–민주적 정부가 이런 강제를 해야 한다는 조건이 붙는다.

소비의 규제

전쟁 때문에 모든 교전국과 다수의 중립국이 어쩔 수 없이 소비 규제에 의존하게 되었다 식량배급표 발행이 관례화되었으며, 이에 따라 다른 배급표도 나타났다. 러시아도 예외는 아니어서, 식량배급 표를 도입했다.

이 예를 이용하여 재난과 싸우는 반동적이고 관료적인 방법과 혁명적이고 민주적인 방법을 가장 선명하게 비교해볼 수 있을 것 같 다. 반동적이고 관료적인 방법은 최소한의 개혁에 국한된다. 반면 혁 명적이고 민주적인 방법은 낡고 쓸모없는 체계와 폭력적으로 단절하 고, 가능한 한 가장 빠른 속도로 전진하는 것을 목표로 삼아야 그런 수식어를 정당화할 수 있다.

현대 자본주의 국가에서 소비를 규제하는 방식을 전형적으로 보 여주는 예인 식량배급표는 오직 한 가지, 즉 모든 사람에게 각자의 몫이 돌아가도록 이용 가능한 곡물을 분배하는 것을 목표로 삼으 며 기껏해야 그 한 가지 목표만을 이룰 뿐이다. 결코 모든 식량이 아 니라 주요한 식량, '인민의' 소비 대상에 대해서만 소비의 최대한도를 설정한다. 그뿐이다. 다른 의도는 전혀 없다. 현재 이용 가능한 곡물 은 관료적인 방법으로 계산을 하여 머릿수를 기준으로 나누고 배급 기준을 정하고 실시한다. 그것으로 끝이다. 사치품은 영향을 받지 않 는다. 사치품은 '어차피' 드물고, '어차피' 너무 비싸 '인민'의 손이 닿 지 않기 때문이다. 따라서 예외 없이 모든 교전국에서, 심지어 이론 의 여지없이 가장 신중하고, 현학적이고, 엄격한 소비 규제의 모범이 라고 할 만한 독일에서**조차**, 부자는 배급제를 **피해 가고** 있다. 이것 역시 '모두'가 알고 '모두'가 웃음을 지으며 이야기하는 것이다. 독일 사회주의 신문에서, 또 가끔은 심지어 부르주아 신문에서조차, 군부의 엄중하고 가혹한 검열에도 불구하고, 늘 부자들의 '식단'에 관한 글이나 기사를 볼 수 있다. 부자들은 어떤 휴양지(돈 많은 사람들 모두가 건강을 핑계로 찾아가는 곳이다)에 가면 흰 빵을 무한정 구할 수 있다거나, 부자들은 인민의 소비재 대신 귀하고 드문 사치품을 사용한다는 기사들이다.

자본주의, 임금 노예제, 부자들의 경제적 우위라는 기둥을 무너뜨리기를 **두려워하고**, 노동자들과 근로 인민 전체의 주도권을 장려하기를 **두려워하고**, 그들이 더 엄중한 태도를 보이도록 고무하기를 두려워하는 반동적 자본주의 국가, 이러한 국가는 식량배급표로 충분히 만족한다. 이러한 국가는 어떤 시책을 채택하더라도 단 한순간이라도 자본주의를 강화하고, 자본주의가 훼손되는 것을 막고, 일반적인 '경제생활 규제', 특히 소비 규제를 인민이 굶지 않게 하는 데 반드시 필요한 시책으로만 제한하는 등의 **반동적인** 목적을 간과하지 않는다. 또 **부자를 통제**하고, 전시에 발생하는 부담의 **큰 부분**을 평화시에 부유하게 살고, 특권을 누리고, 잘 먹고 또 지나치게 먹는 자들에게 떠안겨 소비를 진정으로 규제하려는 시도는 전혀 하지 않는다.

전쟁 때문에 여러 민족에게 닥친 문제를 해결하는 반동적이고 관료적인 해법은 식량배급표에만 한정되고, '인민용' 식량, 인민을 먹이는 데 절대적으로 필수적인 식량의 균등한 분배에만 한정된다. 관료적이고 반동적인 생각으로부터 조금도 물러서려 하지 않는 것이다. 즉 빈민, 프롤레타리아, 인민 대중('데모스demos*')의 주도권을 장려하지 **않는다는** 목표, **그들이** 부자들을 통제하는 것을 허락하지 **않**

는다는 목표, 부자가 사치품으로 보상을 받을 수 있는 구멍을 **가능한 한 많이** 남겨둔다는 목표로부터 조금도 물러서려 하지 않는다는 것이다. 실제로 **모든** 나라에, 되풀이하지만 러시아는 말할 것도 없고 심지어 독일에도 아주 많은 구멍들이 남아 있다. '보통 사람들'은 굶주리지만 부자들은 휴양지를 찾아가고, 빈약한 공식 배급품을 뒷구멍으로 얻은 온갖 종류의 '추가 품목'으로 보완하고, **자신들**은 통제받으려 하지 **않는다.**

이제 막 자유와 평등의 이름으로 차르 체제에 반대하는 혁명을 달성한 러시아, 실제로 정치 제도에 관한 한 즉시 민주공화국이 된 러시아에서 특히 인민이 놀라는 것, 특히 인민이 불만, 짜증, 분노, 의분을 느끼는 것은 부자들이 식량배급표를 피해 가는 쉬운 길을 **모두가** 알고 있다는 것이다. 부자들은 실제로 아주 쉽게 그것을 피해 간다. '카운터 밑으로', 아주 높은 가격에, 특히 '연줄'만 있으면(오직 부자들만 갖고 있다), 무엇이든, 그것도 대량으로 얻을 수 있다. 굶주리는 것은 인민이다. 소비 규제는 관료적이고 반동적인 가장 좁은 테두리 안에 머물러 있다. 정부는 규제를 진정으로 혁명적이고 민주적인 발판에 올려놓을 의도가 조금도 없으며, 그렇게 하는 것에 전혀 관심도 없다.

'모두가' 줄을 서는 것 때문에 고생하지만, 부자들은 하인을 보내 줄을 서게 하고, 심지어 그럴 목적으로 특별히 하인을 고용하기까지 한다! 이것이 '민주주의'다!

• 　그리스의 민중을 가리키는 말.

나라가 헤아릴 수 없는 재난으로 고생하는 시기에 임박한 파국과 싸우려면 혁명적이고 민주적인 정책은 식량배급표에만 한정되어서는 안 된다. 첫째, 전 주민을 강제로 소비조합으로 조직해야 한다. 그렇게 하지 않으면 소비 통제가 완전하게 이루어질 수 없기 때문이다. 둘째, 부자들에게 노동 의무를 부과하여, 무보수로 소비조합을 위하여 서기 일 등을 하게 해야 한다. 셋째, 말 그대로 모든 소비재를 주민에게 균등하게 분배해야 한다. 그래야 전쟁의 짐을 공평하게 나누어질 수 있다. 넷째, 주민 가운데 가난한 계급들이 부자의 소비를 규제하도록 통제를 조직해야 한다.

　이 영역에서 진정한 민주주의를 확립하고 인민 가운데 가장 가난한 계급들이 통제 조직에서 진정으로 혁명적인 정신을 보여준다면, 이용 가능한 모든 지적인 힘을 활용하고 전 인민의 진정으로 혁명적인 에너지를 계발하는 데 아주 큰 자극이 될 것이다. 그러나 현재 공화국 러시아, 혁명적이고 민주적인 러시아의 장관들은 다른 제국주의 나라의 동료들과 똑같이 "인민을 위하여 함께 일한다"는 둥, "모든 노력을 기울인다"는 둥 과장된 말만 늘어놓는다. 물론 인민은 이런 말의 위선을 보고 느끼고 깨닫는다.

　그 결과 아무런 진전도 이루어지지 않고 혼란만 걷잡을 수 없이 번지면서 파국이 다가오고 있다. 우리 정부는 코르닐로프 방식으로, 힌덴부르크 방식, 일반적인 제국주의적 방식으로 노동자들에게 전시 강제 노역을 도입할 수 없기 때문이다. **혁명**의 전통, 기억, 흔적, 습관, 제도가 인민에게 너무 생생하게 살아있다. 우리 정부는 혁명적이고 민주적인 방향으로는 진정으로 진지한 걸음을 내딛고 싶어 하지 않는다. 부르주아지에 대한 의존, 부르주아지와 '연립', 그들의 진정한 특권 침해에 대한 두려움에 철저하게 감염되고 철저하게 빠져 있기 때문이다.

정부의 민주적 조직 활동 방해

지금까지 파국이나 기근과 싸울 다양한 방법과 수단을 검토해 보았다. 그리고 도처에서 민주주의자들과 정부 또는 정부를 지지하는 사회주의자혁명가당과 멘셰비키 블록 사이의 모순이 화해할 수 없는 상태임을 보았다. 이런 모순이 우리의 설명만이 아니라 현실에 존재한다는 것, 이런 화해 불가능한 상태가 **실제로** 인민 전체에게 영향을 끼치는 갈등으로 표현되고 있다는 사실을 확인하려면, 여섯 달에 걸친 우리 혁명의 역사의 아주 전형적인 두 가지 '결과'와 교훈을 기억하기만 하면 된다.

팔친스키의 '통치'의 역사가 한 가지 교훈이다. 그리고 페셰호노프의 '통치'와 몰락의 역사가 또 한 가지 교훈이다.

위에서 묘사한 파국이나 기아와 싸우는 수단들은 결국 주민, 일차적으로 민주주의자들, 즉 주민 다수, 또는 특히 억압받는 계급들, 노동자와 농민, 그 가운데도 빈농의 '조합화'를 전면적으로 장려(심지어 강제하는 수준으로)하는 것으로 요약된다. 이것이야말로 주민 자신이 전쟁으로 인한 유례없는 어려움, 짐, 곤경과 대처하기 위해 자발적으로 채택할 수 있는 길이다.

차르 체제는 주민의 자유롭고 독립적인 '조합화'를 방해하려고 갖은 노력을 다했다. 그러나 차르 군주제가 무너진 뒤 러시아 전역에서 민주적인 조직들이 생겨나 빠르게 성장하기 시작했다. 자발적으로 생겨난 민주적 조직들은 온갖 종류의 공급위원회, 식량위원회, 연료협의회 등으로 파국에 맞서 투쟁을 시작했다.

우리가 지금 검토하는 문제와 관련하여 여섯 달에 걸친 우리 혁명의 역사 전체에서 가장 주목할 만한 일은 스스로 공화주의적이고 혁명적이라고 일컫는 정부, 멘셰비키와 사회주의자혁명가당이 '혁명적 민주주의의 전권을 가진 기구들'의 이름으로 지지하는 정부가 민주적 조직들과 싸워 **그들을 이겼다**는 것이다!!

이 싸움으로 팔친스키는 러시아 전역에서 아주 널리 지독한 악명을 얻었다. 팔친스키는 공개적으로 모습을 드러내지 않고 정부의 등 뒤에서 활동했다(카데트가 일반적으로 자기들끼리 조용히 모든 중요한 일을 처리하는 것을 더 좋아하면서도, '인민 앞에는' 기꺼이 체레텔리를 내세우는 것과 마찬가지다). 팔친스키는 민주적 조직들이 자발적으로 취한 모든 진지한 조치를 방해하고 저지했다. 진지한 조치는 키트 키티치의 과잉 이윤과 외고집을 '침해할' 수밖에 없었기 때문이다. 실제로 팔친스키는 키트 키티치의 충성스러운 옹호자이자 하인이었다. 신문에도 보도되었다시피, 팔친스키는 심지어 자발적으로 만들어진 민주적 조직들의 명령을 그냥 **무효로 만들어버리기**까지 했다!

팔친스키의 '통치'의 전 역사 — 그는 여러 달을 통치했으며, 이때 체레텔리, 스코벨레프, 체르노프가 '장관'이었다. — 는 처음부터 끝까지 어처구니없는 추문이나 다름없었다. 그는 자본가들의 **비위를**

맞추고 그들의 더러운 탐욕을 충족시키려고 인민의 의지를 꺾고 민주주의자들의 결정을 뒤집었다. 물론 팔친스키의 '공로' 가운데 극히 일부만이 언론에 공개되었다. 그가 기근에 대항한 투쟁을 **방해한** 방식에 대한 완전한 조사는 진정으로 민주적인 프롤레타리아 정부가 권력을 얻어 팔친스키 일파의 모든 행동을 조금도 감추지 않고 인민의 **심판에** 맡겼을 때 이루어질 수 있을 것이다.

팔친스키는 예외적이며, 어쨌든 그는 파면되었다고 주장할지도 모르겠다. 그러나 사실상 팔친스키는 예외가 아니라 상례였으며, 그가 파면된 뒤에도 상황은 개선되지 않았고, 그의 자리는 이름만 다를 뿐 종류는 똑같은 팔친스키가 차지했으며, 자본가들의 모든 '**영향력**'과 **자본가들의 비위를 맞추기 위해 굶주림에 대항한 투쟁을 저지한다는** 전반적 정책은 말짱하게 유지되었다. 케렌스키 일파는 자본가들의 이익을 방어하기 위한 장막에 불과했다.

가장 눈에 띄는 증거는 식량장관 페셰호노프의 사임이다. 우리가 알다시피 페셰호노프는 아주, 아주 온건한 나로드니키다. 그는 식량 공급 조직에서 민주적 조직들과 접촉하여 그들의 지원을 받아가며 정직하게 일하기를 원했다. 부르주아지와 어떤 타협이라도 하려고 했던 이 극히 온건한 나로드니키, 이 인민사회주의당의 당원이 그럼에도 사임할 수밖에 없었다는 점에서 그가 그렇게 일하다가 사임했다는 **경험**은 더욱더 흥미롭다! 그가 사임한 것은 케렌스키 정부가 자본가, 지주, 쿨라크°의 비위를 맞추려고 곡물의 고정가격을 **인상**

---

* 부농.

했기 때문이다!

M. 스미스는 「스보보드나야 지즌Svobodnaya Zhizn」[**] 9월 2일(15일)자 1호에서 이 '조치'와 그 의미를 다음과 같이 묘사한다.

정부가 고정가격을 인상하기로 결정하기 며칠 전 전국 식량위원회에서는 다음과 같은 장면이 벌어졌다. 사적인 상업 이익의 고집스러운 옹호자이자 곡물 독점과 경제 문제에 대한 국가 개입의 맹렬한 반대자인 우익 롤로비치는 점잔 빼는 웃음을 지으며 곡물가격이 곧 인상될 예정임을 알고 있다고 공개적으로 발언했다.

노동자·병사 대의원 소비에트 대표는 이에 대하여 자신은 그런 일은 알지 못하며, 러시아의 혁명이 지속되는 한 그런 일은 일어날 수 없고, 어쨌든 정부는 권한을 가진 민주적 기구, 즉 경제회의나 전국 식량위원회와 먼저 상의하지 않고 그런 조치를 취할 수 없다고 말했다. 농민 대의원 소비에트 대표도 그 말을 지지했다.

그러나 안타깝게도 현실은 이런 반론을 매우 가혹하게 바로잡았다! 민주주의자들의 대표가 아니라 유산계급의 대표가 옳다고 판명이 난 것이다. 민주주의의 대표자들이 분개하여 민주적 권리에 대한 공격 가능성 자체를 부인했지만, 유산분자의 대표는 그런 공격이 준비되고 있다는 정보를 정확하게 파악하고 있었던 셈이다.

[**] 1917년 9월 2~8일부터 멘셰비키의 한 부류가 페트로그라드에서 발행한 신문. 중단된 「노바야 지즌」을 대신해 나온 것이다. '스보보드나야 지즌'은 '자유로운 삶'이라는 뜻이다.

결국 노동자들의 대표와 농민의 대표가 인민 다수의 이름으로 자신들의 의견을 분명히 밝혀도, 케렌스키 정부는 자본가들의 이익을 위하여 그 의견에 반대되는 행동을 하는 것이다!

자본가들의 대표인 롤로비치는 민주주의자들의 등 뒤에서 정보를 정확하게 파악하고 있었음이 드러났다. 부르주아 신문들인 「레치 Rech」나 「비르자베카Birzhevka」가 케렌스키 정부에서 벌어지는 일들을 가장 잘 알고 있다는 사실을 우리가 늘 목격해왔고 또 현재도 목격하고 있는 것과 마찬가지다.

이런 정확한 정보를 소유하고 있다는 것이 무엇을 보여주는가? 물론 자본가들이 '통로'를 확보하고 있으며, **실제로** 그들의 손에 권력을 쥐고 있음을 보여준다. 케렌스키는 그들이 필요하다고 생각할 때 사용하는 간판일 뿐이며, 수천만 노동자와 농민의 이익은 한 줌밖에 안 되는 부자들의 이익을 위해 희생되었다는 것을 보여준다.

인민에 대한 이런 무도한 행위에 사회주의자혁명가당과 멘셰비키는 어떻게 반응하는가? 그들이 노동자와 농민에게 이런 일이 생겼으니 케렌스키와 그의 동료들이 가야 할 유일한 곳은 감옥이라고 노동자와 농민에게 호소했던가?

천만에! 사회주의자혁명가당과 멘셰비키는 경제부를 통하여 우리가 이미 언급한 인상적인 결의안을 채택하는 것으로 끝을 냈다! 이 결의안에서 그들은 케렌스키 정부의 곡물 가격 인상은 "식량 공급과 나라의 경제생활 전반 양쪽에 **심각한 타격**을 주는 **파멸적** 조치"이며, 이 파멸적 조치가 법을 정면으로 "**어기고**" 자행되었다고 말한다!!

이것이 타협 정책, 케렌스키와 불장난을 하는 정책, 그를 '소중히 다루고' 싶어 하는 정책의 산물이다!

정부는 부자, 지주, 자본가들의 이익을 위하여, 통제, 식량 공급, 극히 위태로운 금융의 안정화 등의 사업 전체를 **파멸로 이끄는** 조치를 채택했지만, 사회주의자혁명가당과 멘셰비키는 계속 상공업계를 이해한다는 말을 하며, 테레셴코와 회의를 하고 케렌스키를 소중히 여기고, 종이로 된 항의 결의안이나 내는 것 — 물론 정부는 아주 차분하게 그것을 묵살한다. — 으로 일을 끝내고 만다!!

이것은 사회주의자혁명가당과 멘셰비키가 인민과 혁명을 배반했다는 사실, 볼셰비키가 대중, **심지어** 사회주의자혁명가당과 멘셰비키 대중까지 포함한 전체 대중의 진실한 지도자가 되어가고 있다는 사실을 아주 분명하게 드러낸다.

볼셰비키당이 지도하여 프롤레타리아가 권력을 쟁취할 때에만 케렌스키 일파의 무도한 행위를 끝장낼 수 있으며, 케렌스키와 그의 정부가 **저지**하는 민주적인 식량 분배, 공급 및 기타 조직들의 사업을 **복원**할 수 있기 때문이다.

사회주의자혁명가당과 멘셰비키의 우왕좌왕하고, 우유부단하고, 진실로 배신적인 정책, 이 나라가 곡물 가격 인상과 같은 수치스러운 행동을 취하게 한 정책에도 불구하고, 볼셰비키는 **전체** 인민의 이익의 대표자로서 — 이 사실은 위의 예에서도 분명하게 알 수 있다. — 식량 분배와 공급을 보장하고 노동자와 **농민**의 가장 긴급한 요구를 충족시킬 것이다!

재정 파탄과 싸우는 방법

곡물의 고정가격 인상에는 또 다른 문제가 있다. 이런 가격 인상은 지폐 발행의 증가로 인한 새로운 혼란, 생활비의 추가 상승, 재정 혼란의 가중과 재정 파탄을 낳는다. 지폐의 발행은 강제 차관의 최악의 형태로, 무엇보다도 노동자들, 주민 가운데 극빈층의 상황에 영향을 끼친다. 이것이 재정 혼란이 일으키는 주된 해악이라는 사실은 모두 인정한다.

그런데도 사회주의자혁명가당과 멘셰비키가 지지하는 케렌스키 정부는 이런 조치에 의지하고 있다!

재정 혼란과 그 뒤의 피할 수 없는 재정 파탄과 효과적으로 싸우는 방법은 자본의 이익과 혁명적으로 단절하는 것, 진정으로 민주적인 통제, 즉 '아래'로부터 이루어지는 통제, 노동자와 빈농의 자본가**에 대한** 통제를 조직하는 것밖에 없다. 이것은 우리가 이 글의 앞장 전체에서 언급한 것이기도 하다.

지폐의 대량 발행은 폭리를 조장하고, 자본가들에게 수백만 루블을 떠안기고, 매우 긴요한 생산 확대에 엄청난 장애를 조성한다. 그렇지 않아도 높은 원료, 기계 등의 비용이 엄청나게 폭등할 것이기 때문이다. 부자들이 폭리로 얻는 부를 은닉하는 상황에서 이것에 어떻게 대처할 수 있을까?

거액의 소득에 대해서는 아주 높은 누진소득세를 도입할 수도 있다. 우리 정부도 다른 제국주의 정부들의 예를 따라 소득세를 도입했다. 그러나 이 법은 대체로 허구이고 사문화된 것이다. 첫째로 돈의 가치가 계속 더 빠르게 떨어지고 있기 때문이다. 둘째로 폭리에서 더 많은 소득이 생길수록, 영업 비밀이 더 안전하게 유지될수록, 소득 은닉도 커지기 때문이다.

세금을 허구가 아니라 현실로 만드는 데에는 명목이 아니라 현실적인 통제가 필요하다. 그러나 관료적인 통제로는 자본가 통제가 불가능하다. 관료제 자체가 수많은 실로 부르주아지와 묶이고 엮여 있기 때문이다. 그래서 군주국이든 공화국이든 서유럽 제국주의 국가들에서는 오직 '노동의무제'의 도입으로 재정 질서를 확보한다. 이것은 노동자들에게 **전시 강제 노역** 또는 **전시 노예제**를 의미한다.

제국주의 국가들 ─ 민주공화국인 프랑스와 미국도 마찬가지다. ─ 은 반동적이고 관료적인 통제 방법밖에 모른다. 이것은 전쟁의 부담을 프롤레타리아와 근로 인민에게 떠넘기는 것이다.

우리 정부는 부르주아지와 싸우지 않으려고, 그들과 이룬 '연립'을 파괴하지 않으려고 반동적이고 관료적인 통제를 도입할 수밖에 없다. 그러면서도 정부는 이것을 '혁명적이고 민주적인' 통제라고 불러 매 단계마다 인민을 속이고 방금 차르 체제를 타도한 대중의 짜증과 화를 돋운다. 이것이 우리 정부 정책의 기본적인 모순이다.

오직 혁명적이고 민주적인 조치를 취하고, 억압받는 계급들, 노동자와 농민, 대중을 조합으로 조직해야만 **부자들을** 매우 효과적으로 통제할 수 있으며, 소득 은닉과 성공적으로 투쟁할 수 있다.

지폐의 남발을 피할 수단으로 수표 사용을 장려하려는 시도가 이루어지고 있다. 이 조치는 가난한 사람들에게는 아무런 의미가 없다. 어차피 그들은 하루 벌어 하루 먹고 살며, 일주일 만에 '경제적 주기'를 완결하여 자신들이 벌었던 푼돈을 다시 자본가들에게 돌려주기 때문이다. 부자들에게는 수표 사용이 큰 의미가 있을지도 모른다. 특히 은행 국유화와 영업 비밀 폐지가 결합되면 국가는 이를 통해 자본가들의 소득을 **진정으로 통제**하고, 거기에 진정으로 세금을 부과하고, 재정 제도를 진정으로 '민주화'(하는 동시에 질서를 부여)할 수 있을 것이다.

그러나 이런 작업은 부르주아지의 특권을 침해하고 그들과 이룬 '연립'을 파괴할지도 모른다는 두려움 때문에 방해를 받고 있다. 진정으로 혁명적인 조치를 채택하고 아주 진지하게 강제에 의존하지 않는 한, 자본가들은 어떤 통제에도 굴복하지 않고, 자신의 예산을 공개하지 않고, 자신들이 비축한 지폐를 민주 국가에게 내놓으며 '장부에 기재'해 달라고 하지 않을 것이기 때문이다.

조합으로 조직된 노동자와 농민은 은행을 국유화하고, 모든 부자들에게 수표 사용을 법적으로 강제하고, 영업 비밀을 폐지하고, 소득 은닉에 대한 벌로 재산을 몰수하는 등의 방법으로 아주 쉽게, 효과적이면서도 보편적으로 통제를 시행할 수 있다. 이것은 부자에 대한 통제이며, 지폐를 가진 **사람들**, 그것을 숨기는 **사람들**이 지폐를 그 발행처인 국고로 **돌려주도록 보장할** 것이다.

이것은 혁명적 프롤레타리아가 이끄는 민주주의의 혁명적 독재를 요구한다. 즉 민주주의가 **실제로** 혁명적이 될 것을 요구한다는 뜻이다. 이것이 문제의 핵심이다. 그러나 이것이야말로 사회주의자혁명가당과 멘셰비키가 바라지 않는 것이다. 그들은 '혁명적 민주주의'의 **깃발**을 내걸고 인민을 속이지만, 사실상 부르주아지 — 이들은 언제나 "나중 일이야 될 대로 되라지"라는 규칙을 따른다. ― 의 반동적이고 관료적인 정책을 지지하고 있다.

우리는 재산의 '신성불가침'에 관한 부르주아적이고 반민주적인 습관이나 편견에 얼마나 철저하게 사로잡혀 있지만, 보통 그것을 의식조차 하지 못하고 살아간다. 엔지니어나 은행가가 노동자의 수입과 지출, 임금과 노동생산성에 관한 정보를 공개할 때, 이것은 절대적으로 합법적이고 공정한 일로 여긴다. 아무도 이것을 노동자의 '사생활' 침해, 엔지니어의 '염탐이나 밀고'라고 보지 않는다. 부르주아 사회는 임금 노동자의 노동이나 소득을 자신의 공개 장부로 간주한다. 모든 부르주아가 어떤 순간에라도 그것을 살펴볼 자격이 있으며, 어느 순간에라도 노동자의 '사치스러운 생활'이나 그들의 눈에 '게으름'으로 비치는 것을 폭로할 자격이 있다는 것이다.

자, 그렇다면 그 반대 방향의 통제는 어떤가? **민주적** 국가가 직원, 사무원, **집안 하인들**의 조합을 불러 자본가의 수입과 지출을 확인하고, 이와 관련된 정보를 공표하고, 정부가 소득 은닉과 싸우는 것을 도와달라고 요청하면 어떨까?

부르주아지는 그들이 '염탐'을 하고 '밀고'를 한다고 얼마나 시끄럽게 떠들어댈까! '주인'이 하인을 통제하고, 자본가가 노동자를 통제하면, 이것은 당연한 일로 여긴다. 일하고 착취당하는 인민의 사생활은 신성불가침으로 여기지 **않는다**. 부르주아는 모든 '임금 노예'에게 책임을 묻고, 언제라도 그의 수입과 지출을 공개할 권리가 있다. 그러나 억압당하는 사람이 억압하는 사람을 통제하려 하면, 억압하는 사람의 수입과 지출을 공개하려 하면, 전시에도 사치스럽게 산다는 사실 ─ **그의** 사치스러운 생활 때문에 바로 전선의 군대가 굶어 죽는 것인데 ─ 을 폭로하려 하면, 이럴 수가, 부르주아는 '염탐'과 '밀고'를 용납하지 않겠다는 것이다!

결국 핵심은 똑같다. 부르주아지의 통치는 진정으로 혁명적인 진정한 민주주의와 **화해할 수 없다.** 사회주의를 향해 전진하는 것을 **두려워한다면**, 20세기에 자본주의 국가에서는 혁명적 민주주의자가 될 수 없다.

사회주의로 전진하는 것을 두려워한다면
우리가 앞으로 나아갈 수 있을까

현재 유행하는 사회주의자혁명가당과 멘셰비키의 기회주의적 관념들을 배운 독자라면 지금까지 한 말을 놓고, 다음과 같이 이의를 제기할 수 있을 것이다. 여기에서 묘사한 수단들 대부분은 민주적인 것이 아니라 **이미** 실제적으로 사회주의적인 수단이라는 것이다!

이런 흔한 반론, 보통 부르주아, 사회주의자혁명가당, 멘셰비키 언론에서 (이런저런 형태로) 제기하는 이런 반론은 후진적 자본주의의 반동적 옹호이며, 스트루베의 의상을 걸친 방어다. 이 반론에서는 우리가 사회주의를 할 만큼 성숙하지 않았다, 사회주의를 '도입'하기에는 너무 이르다, 우리의 혁명은 부르주아혁명이며 따라서 우리는 부르주아의 머슴이 되어야 한다고 주장하는 것 같다(125년 전 프랑스에서 위대한 부르주아혁명가들이 모든 억압자, 지주, 자본가들에게 **테러**를 행사하어 자신들의 혁명을 위대한 혁명으로 만들었음에도!).

사회주의자혁명가당원들과 더불어 이런 식으로 주장하는 부르주아의 종인 사이비 마르크스주의자들은 제국주의가 무엇인지, 자본주의 독점이 무엇인지, 국가가 무엇인지, 혁명적 민주주의가 무엇인지 이해하지 못한다(그들의 견해의 이론적 기초를 검토해보면 알 수 있다). 이런 것들을 이해하는 사람이라면 사회주의로 나아가는 것 외에 전진은 있을 수 없다는 것을 받아들일 수밖에 없기 때문이다.

모두가 제국주의를 이야기한다. 그러나 제국주의는 단순한 독점 자본주의가 아니다.

러시아의 자본주의가 독점 자본주의가 되었다는 사실은 프로두골Produgol, 프로다메트Progamet[4], 설탕 신디케이트 등이 충분히 증명해주었다. 이 설탕 신디케이트는 독점 자본주의가 국가 독점 자본주의로 발달하는 과정에 관한 실물 교육이다.

그러면 국가란 무엇인가? 이것은 지배계급의 조직체다. 예를 들어 독일에서는 융커Junker*와 자본가들의 조직체다. 따라서 독일의 플레하노프 같은 자들(샤이데만, 렌슈 등)이 "전시 사회주의"라고 부르는 것은 사실상 전시 국가 독점 자본주의, 또는 더 단순하고 분명하게 표현하면, 노동자의 전시 강제 노역이자 자본가 이익의 전시 보호다.

이제 융커-자본가 국가, 지주-자본가 국가를 **혁명적 민주국가**, 즉 혁명적인 방법으로 **모든** 특권을 폐지하고 혁명적인 방법으로 완

---

4   프로두골은 석탄 신디케이트, 프로다메트는 철강 신디케이트.

•   프로이센 귀족을 일컫는 말이었는데, 19세기부터는 동부 독일의 완고한 보수주의·권위주의 성향의 귀족들과 지주들을 호명할 때 쓰인다.

전한 민주주의를 도입하기를 두려워하지 않는 국가로 **대체**하도록 노력하자. 진정한 혁명적 민주국가에서는 국가 독점 자본주의가 필연적으로 또 불가피하게 사회주의를 향한 한 걸음, 아니 한 걸음 이상을 뜻한다는 사실을 알게 될 것이다!

거대한 자본주의 기업이 독점이 되면, 이 기업은 나라 전체를 상대로 활동하게 된다. 이것이 국가 독점이 되면 국가(만일 혁명적 민주주의라면, 주민, 특히 노동자와 농민의 무장 조직)가 기업 전체를 지휘하게 된다. 누구의 이익을 위해서?

지주와 자본가들의 이익을 위해서일 수도 있다. 이런 경우라면 그 국가는 혁명적 민주국가가 아니라 반동적 관료 국가, 제국주의 공화국이다.

또는 혁명적 민주주의의 이익을 위해서일 수도 있다. 그럴 경우 **이것은 사회주의를 향한 일보 전진이다.**

사회주의란 국가 독점 자본주의로부터 한 걸음 더 나아간 것에 불과하기 때문이다. 말을 바꾸면, 사회주의란 **전체 인민의 이익에 봉사하게 된**, 그래서 그만큼 자본주의적 독점을 **중단하게** 된 국가 독점 자본주의에 불과하다.

여기에는 중간 길이 없다. 발전의 객관적 과정 때문에 **독점체들**(전쟁이 그 숫자, 역할, 중요성을 열 배로 부풀려놓았다)로부터 사회주의로 전진하지 않고 다른 길로 나아가는 것은 **불가능하다.**

우리는 실제로 혁명적 민주주의자가 되어야 한다. 그럴 경우 사회주의를 향해 걸음을 내딛는 것을 두려워해서는 안 된다. 아니면 사회주의를 향해 걸음을 내딛는 것을 두려워하여, 플레하노프나 단이나 체르노프처럼 우리의 혁명은 부르주아혁명이며, 사회주의혁명은 '도입'될 수 없다는 등의 주장으로 그런 전진을 비난하게 된다. 이럴 경우 우리는 불가피하게 케렌스키, 밀류코프, 코르닐로프의 수준으로 침몰할 것이다. 즉 **반동적-관료적** 방식으로 노동자와 농민의 '혁명적-민주적' 갈망을 억압하게 된다는 것이다.

중간 길은 없다.

그리고 여기에 우리 혁명의 근본적 모순이 있다.

일반적으로 역사에서는, 특히 전시에는 가만히 멈추어 있는 것이 불가능하다. 전진하거나 후퇴해야 한다. 혁명적인 방법으로 공화제와 민주주의를 쟁취한 20세기 러시아에서 사회주의로 **전진하지 않**고, 사회주의를 향하여 걸음(이 걸음은 기술과 문화 수준에 의해 제한되고 결정된다. 대규모 기계 생산은 농민 경영에는 '도입'될 수 없고, 설탕 산업에서는 폐지될 수 없다)을 내딛지 않고 앞으로 나아가는 것은 **불가능하다**.

그러나 전진하기를 두려워한다는 것은 후퇴한다는 **의미다**. 케렌스키 같은 자들이 체레텔리나 체르노프 같은 자들의 어리석은 지원을 받아 실제로 후퇴하고 있으며, 밀류코프나 플레하노프 같은 자들은 기뻐하고 있다.

역사의 변증법에 따라 전쟁은 독점 자본주의가 국가 독점 자본주의로 변하는 것을 특별히 수월하게 해주었으며, **이로써** 인류가 사회주의를 향하여 특별히 빠르게 전진하도록 해주었다.

제국주의 전쟁은 사회주의혁명의 전야다. 전쟁의 참화가 프롤레타리아의 봉기를 유발했다는 점 때문이기도 하지만 ─ 사회주의를 위한 경제적 조건이 무르익지 않으면 어떤 봉기도 사회주의를 가져올 수 없다. — 국가 독점 자본주의가 사회주의를 위한 완전한 **물질적** 준비, 사회주의의 **문턱**이라는 점 때문이기도 하다. 역사의 사다리에서 국가 독점 자본주의라는 단과 사회주의라는 단계 사이에는 **아무런 중간 단계들이 없다.**

***

사회주의자혁명가당과 멘셰비키는 교조적인 방식으로, 외우기는 했지만 제대로 이해하지는 못한 교조의 관점에서 사회주의 문제를 바라보고 있다. 그들은 사회주의가 어떤 머나먼, 미지의, 흐릿한 미래라고 상상한다.

그러나 사회주의는 현대 자본주의의 모든 창문에서 지금 우리를 들여다보고 있는 중이다. 사회주의는 현대 자본주의를 바탕으로 일보 전진을 이루는 모든 중요한 조치에 의해 직접적으로, **실질적으로** 그 윤곽이 그려진다.

보편적 노동 징발제란 무엇인가?

이것은 현대의 독점 자본주의의 기초에서 한 걸음 나아간 것이다. 어떤 일반적 계획에 맞추어 경제생활 전체를 규제하는 방향으로 한 걸음 나아간 것이다. 국가 노동력 절약을 향해, 자본주의에 의한 무분별한 낭비 예방을 향해 한 걸음 나아간 것이다.

독일에서 보편적 노동 징발제를 도입한 것은 융커와 자본가들이다. 따라서 이것은 필연적으로 노동자의 전시 강제 노역이 될 수밖에 없다.

그러나 혁명적 민주국가에서 똑같은 제도의 의미를 생각해보자. 노동자·병사·농민 대의원 소비에트가 보편적 노동 징발제를 도입하고, 규제하고, 지휘한다 해도 그것이 **아직** 사회주의가 되는 것은 **아니지만, 더는** 자본주의도 아니다. 그것은 사회주의를 향한 **엄청난 일보 전진**이 될 것이다. 완전한 민주주의를 유지한다면 대중에게 유례없는 폭력을 휘두르지 않는 한 여기서 다시 자본주의로 돌아가는 것은 있을 수 없다.

경제적 혼돈에 대항한 투쟁과 전쟁

임박한 파국을 피할 수단을 생각하다 보면 다른 매우 중요한 문제에 이르게 된다. 즉 국내 정책과 대외 정책 사이의 관련 문제다. 말을 바꾸면 정복 전쟁이나 제국주의 전쟁과 혁명적이고 프롤레타리아적인 전쟁 사이의 관계, 범죄적인 약탈 전쟁과 정의로운 민주적 전쟁 사이의 관계 문제다.

우리가 제시한 파국 회피의 모든 수단은 이미 말했듯이 방위력, 다시 말해서 나라의 군사력을 크게 높여준다. 이것이 한 면이다. 다른 면을 보면, 이 조치들을 시행하게 되면 정복 전쟁은 정의로운 전쟁으로 바뀌고, 자본가들이 자본가들의 이익을 위하여 벌이는 전쟁은 프롤레타리아가 모든 착취당하는 근로 인민의 이익을 위하여 벌이는 전쟁으로 바뀔 수밖에 없다.

실제로 영업 비밀 폐지 및 노동자의 자본가 통제와 함께 이루어지는 은행과 신디케이트 국유화는 국가 노동력의 엄청난 절약, 힘과 자산의 절약 가능성을 의미할 뿐 아니라, 근로 **대중**, 주민 다수의 생활 조건 개선도 의미한다. 모두가 알다시피, 경제 조직은 현대 전쟁에서 결정적인 중요성을 갖는다. 러시아에는 충분한 곡물, 석탄, 석유, 철이 있다. 이런 점에서 우리는 유럽의 어느 교전국보다 나은 입장이다. 따라서 위에서 말한 수단으로 경제적 혼돈에 대항하는 투쟁을 하고, 이 투쟁에서 인민이 주도권을 발휘하게 하고, 인민의 생활 조건을 개선하고, 은행과 신디케이트를 국유화한다면, 러시아는 자신의 혁명과 민주주의를 이용하여 나라 전체에서 비할 바 없이 높은 수준의 경제적 조직화를 달성할 수 있을 것이다.

사회주의자혁명가당과 멘셰비키가 부르주아지와 '연립'하여 모든 통제 조치를 방해하고 생산을 사보타주하는 대신 4월에 권력을 소비에트로 이양하고, '장관 이어받기' 놀이, 즉 카데트와 나란히 장관, 차관 등의 직책을 관료적으로 차지하는 일에 노력을 기울이는 것이 아니라, 노동자와 농민을 자본가들에 **대한** 통제, 자본가들에 **맞선 전쟁**으로 인도했더라면, 지금 러시아는 땅은 농민의 손에 들어가고 은행은 국유화되어 경제적으로 완전히 달라진 나라가 되었을 것이다. 또 **그만큼**(그러한 것들은 현대 생활의 극히 중요한 경제적 기초들이다) 다른 모든 자본주의 나라들보다 **우월할** 위치에 섰을 것이다.

은행을 국유화한 나라의 방위력과 군사력은 은행이 개인의 수중에 있는 나라보다 **우월하다**. 토지가 농민위원회의 수중에 있는 나라의 군사력은 지주의 수중에 있는 나라보다 **우월하다**.

1792~1793년에 프랑스인들이 영웅적 애국주의와 군사적 용기

로 이룩해낸 기적에 관해 꾸준히 이야기가 나오고 있다. 그러나 그런 기적을 이루어냈던 유일한 기초인 물질적, 역사적 경제 조건은 잊고 있다. 진정으로 혁명적인 방식으로 낡은 봉건주의를 차단한 것, 전국에 우월한 생산양식과 농민의 자유로운 토지 소유를 도입한 것, 나아가서 진정으로 혁명적이고 민주적인 속도, 결의, 에너지, 헌신으로 그 일을 수행해 나간 것 — 이것이 프랑스의 경제적 기초를 **갱신**하고 **혁신**하여 '기적적인' 속도로 프랑스를 구해냈던 물질적, 경제적 조건들이었다.

프랑스의 예는 한 가지, 오직 한 가지만을 보여준다. 러시아가 자위력을 가지려면, 러시아에서도 대중 영웅주의라는 '기적'을 낳으려면, 낡은 모든 것을 '자코뱅식' 무자비함으로 쓸어버려야 하고, 러시아를 **경제적으로** 혁신하고 갱신해야 한다는 것이다. 20세기에는 단지 차르 체제를 쓸어버리는 것만으로는 이런 일을 이룰 수 없다(125년 전 프랑스도 거기에서 그친 것이 아니다). 단지 지주 소유지를 혁명적으로 폐지하는 것만으로도(사회주의자혁명가당과 멘셰비키가 농민을 배신하는 바람에 이마저도 못했지만), 토지를 단지 농민에게 인도하는 것만으로도 이룰 수 없다. 20세기에는 **은행의 지배 없는** 토지 지배만으로는 인민의 생활을 갱신하고 혁신할 수 없기 때문이다.

18세기 말 프랑스의 물질적, 산업적 혁신은 정치적이고 정신적인 혁신과 결합되어 있었으며, 혁명적 민주주의자나 혁명적 프롤레타리아의 독재(민주주의자들은 이들과 분리되지 않았으며, 계속 거의 융합되어 있었다)와 결합되어 있었으며, 반동적인 모든 것에 대항한 무자비한 전쟁과 결합되어 있었다. 전체 인민, 특히 대중, 즉 **억압받는** 계급들은 가 없는 혁명적 열의에 불타고 있었다. **모두가** 전쟁을 정의로운 방어 전쟁이라고 생각했으며, **실제로도 그랬다.** 혁명적 프랑스는 반동적 군주주의적 유럽에 대항하여 자신을 방어했다. 나폴레옹의 반혁명적 독재가 프랑스의 전쟁을 방어 전쟁에서 정복 전쟁으로 바꾼 것은 1792~1793년이 아니라, 많은 세월이 흘러 프랑스 내에서 반동이 승리를 거둔 **뒤**의 일이었다.

러시아는 어떤가? 우리는 계속 자본가들의 이익을 위하여, 제국주의자들과 동맹하여, **차르**가 영국이나 다른 나라의 자본가들과 체결한 비밀 협정에 따라 전쟁을 하고 있다. 차르는 이 조약들에서 러시아 자본가들에게 외국 땅, 즉 콘스탄티노플, 르보프, 아르메니아 등의 약탈을 약속했다.

러시아가 정의로운 평화를 제안하지 않는 한, 제국주의와 단절하지 않는 한, 전쟁은 러시아 입장에서 볼 때 정의롭지 못하고, 반동적이고, 약탈적인 전쟁에서 벗어날 수 없다. 전쟁의 사회적 성격, 그 진정한 의미는 (무지한 시골뜨기 같은 천박한 수준으로 타락한 사회주의자혁명가당과 멘셰비키가 생각하는 것과는 달리) 적군 부대의 위치가 결정하는 것이 아니다. 그 성격을 규정하는 것은 전쟁의 출발점이 된 **정책**("전쟁은 정치의 연장이다"), 전쟁을 하는 **계급**, 이 전쟁을 하는 목적이다.

비밀 조약에 따라 인민을 약탈적 전쟁에 끌어다놓고 그들이 열의를 보이기를 기대할 수는 없다. 혁명적 러시아의 선두에 선 계급 프롤레타리아는 전쟁의 범죄적 성격을 점차 의식하게 되었다. 부르주아지도 이런 인민의 신념을 흔들 수 없다. 외려 전쟁의 범죄적 성격에 대한 인식은 날로 높아간다. 러시아의 **양대 도시**의 프롤레타리아는 확실하게 국제주의자가 된 것이다!

이런 상황에서 어떻게 전쟁에 열광하기를 기대할 수 있는가!

국내 정치와 대외 정치, 이 두 가지는 서로 떼어놓을 수 없다. 과감하게 또 단호하게 위대한 경제적 변혁을 수행하는 일에 인민이 최고의 영웅주의를 보여주지 않는다면, 이 나라는 자신을 방어할 수 없다. 인민의 영웅주의를 불러내려면 반드시 제국주의와 단절을 하고, 모든 나라에 민주적 평화를 제안하고, 그렇게 해서 전쟁을 범죄적인 정복과 약탈 전쟁에서 정의롭고 혁명적인 방어 전쟁으로 바꾸어야 한다.

국내와 대외 정책 양쪽에서 자본가들과 철저하게 또 일관되게 단절을 해야만 제국주의의 철권에 사로잡혀 있는 우리의 혁명과 우리의 나라를 구할 수 있는 것이다.

혁명적 민주주의자와 혁명적 프롤레타리아

오늘날 러시아의 민주주의자들이 진정으로 혁명적이려면 프롤레타리아와 아주 밀접한 동맹을 맺고 행진하며, 프롤레타리아를 철저하게 혁명적인 유일한 계급으로 인정하고 그들의 투쟁을 지원해야 한다.

이것이 유례없는 규모의 임박한 파국과 싸울 수단을 분석하는 데서 얻은 결론이다.

전쟁은 엄청난 위기를 조성했으며, 인민의 물질적이고 도덕적인 힘을 남용했으며, 현대적인 사회조직 전체에 타격을 주었다. 그 결과 인류는 이제 멸망하거나, 아니면 그 운명을 가장 혁명적인 계급에게 맡겨 우월한 생산양식을 향해 가장 빠르고 가장 근본적인 이행을 해나가야 한다.

여러 가지 역사적 이유 — 러시아의 심각한 후진성, 전쟁으로 인한 특별한 곤경, 차르 체제의 완전한 부패, 1905년 전통의 완강한 생명력 — 때문에, 러시아에서는 다른 나라보다 먼저 혁명이 일어났다. 혁명 덕분에 러시아는 **정치** 체제에 관한 한 몇 달 만에 선진국들을 따라잡을 수 있었다.

그러나 그것으로 충분하지 않다. 전쟁은 냉혹하다. 전쟁은 무자비하고 가혹하게 양자택일을 들이민다. 멸망할 것이냐, 아니면 **경제적으로도** 선진국을 따라잡고 또 넘어설 것이냐.

후자를 선택하는 것은 가능하다. 우리 앞에는 수많은 선진국의 경험, 그들의 기술과 문화의 열매가 있기 때문이다. 우리는 유럽에서 확산되고 있는 전쟁 반대의 외침으로부터, 진 세계에서 점점 고조되는 노동자 혁명의 분위기로부터 정신적 지지를 받고 있다. 우리는 제국주의 전쟁 시기에는 극히 드문 혁명적–민주적 자유로부터 영감과 격려를 얻고 있다.

멸망할 것인가 아니면 전력으로 밀고나갈 것인가. 이것이 역사가 제시하는 선택이다.

이런 상황에서 농민에 대한 프롤레타리아의 태도는 예전의 볼셰비키의 생각, 즉 농민을 부르주아지의 영향으로부터 떼어내야 한다는 생각이 옳다는 것을 확인해주는 동시에 상황에 맞게 수정해주고 있다. 사실 그것이 혁명을 구할 수 있는 유일한 길이다.

농민은 프티부르주아지 대중 전체에서 가장 숫자가 많다.

사회주의자혁명가당과 멘셰비키는 농민을 부르주아지의 영향하에 두고, 그들이 프롤레타리아가 아니라 부르주아지와 연합하도록 이끄는 반동적인 기능을 담당했다.

그러나 대중은 혁명의 경험으로부터 빠르게 배우고 있다. 사회주의자혁명가당과 멘셰비키의 반동적 정책은 실패에 부딪치고 있다. 그들은 페트로그라드와 모스크바의 소비에트에서 패배했다. 이 두 프티부르주아적 민주 정당에서는 '좌익' 반대파가 성장하고 있다. 1917년 9월 10일 페트로그라드에서 열린 사회주의자혁명가당 시협의회에서는 좌익 사회주의자혁명가당이 3분의 2 다수를 얻었는데, 이들은 부르주아지와 동맹(연립)을 거부하고 프롤레타리아와 동맹하는 쪽으로 기울고 있다.

사회주의자혁명가당과 멘셰비키는 그들이 애용하는 부르주아적인 비교를 되풀이한다. 부르주아지와 민주주의의 비교다. 그러나 그러한 비교는 파운드와 야드를 비교하는 것과 마찬가지로 의미가 없다.

세상에는 민주적 부르주아지라는 것도 있고, 부르주아 민주주의라는 것도 것이 있다. 이것을 부정하는 것은 역사와 정치경제학 양쪽에 완전한 무지를 드러내는 꼴이다.

사회주의자혁명가당과 멘셰비키에게 거짓 비교가 필요했던 것은 부르주아지와 프롤레타리아 사이에 **프티부르주아지**가 있다는 논란의 여지가 없는 사실을 감추기 위해서였다. 프티부르주아지는 그 경제적 계급으로서 가지는 지위 때문에 필연적으로 부르주아지와 프롤레타리아 사이에서 동요할 수밖에 없다.

사회주의자혁명가당과 멘셰비키는 프티부르주아지를 부르주아지와 동맹을 맺는 길로 끌고가려 한다. 이것이 그들의 '연립', 연립 내각, 전형적인 반쪽짜리 카데트인 케렌스키의 모든 정책의 유일한 의미다. 혁명의 여섯 달 동안 이 정책은 완전한 실패로 끝나버렸다.

카데트는 악의에 차 즐거워하고 있다. 그들은 혁명이 대실패로 끝났다고 말한다. 혁명이 전쟁도 경제적 혼란도 감당**할 수 없었다**고 말한다.

그것은 사실이 아니다. 대실패를 겪은 것은 **카데트**이고, **사회주의자혁명가당과 멘셰비키**다. 이들의 동맹이 러시아를 여섯 달 동안 지배했고, 그 결과 경제적 혼란만 늘이나고, 군사적 상황은 혼란에 빠져 악화되었기 때문이다.

부르주아지가 **사회주의자혁명가당과 멘셰비키**와 맺은 **동맹**의 실패가 완전하면 완전할수록, 인민은 더 빨리 **교훈을 배우고** 더 쉽게 **올바른** 길을 찾아나갈 것이다. 즉 빈농, 즉 농민 다수, 그리고 프롤레타리아와 동맹하는 길로 나아갈 것이다.

1917년 9월 10~14일(23~27일)

파국과 혁명 사이에서

5

혁명의 한 가지 근본 문제[*]

•   레닌이 1917년 9월 10~14일(27일) 「라보치 푸트」에 발표하였다.

모든 혁명에서 관건이 되는 문제는 의심의 여지없이 국가권력의 문제다. 어느 계급이 권력을 쥐는가가 모든 것을 결정한다. 러시아의 주요한 지배 정당의 신문인 「드옐로 나로다Dyelo Naroda」는 최근에 (147호) 권력을 둘러싼 논쟁 때문에 제헌의회 문제와 식량 문제가 잊힌다고 불평했다. 이에 대해 사회주의자혁명가당은 이런 답을 들었어야 마땅했다. "당신들 자신을 탓하라. '장관직 돌려먹기', 제헌의회의 끝없는 지연, 곡물을 전매하고 전국에 식량을 공급하기 위하여 이미 계획하고 합의한 조치들에 대한 자본가들의 집행 저지 등에 가장 큰 책임을 져야 할 것은 **당신네** 당의 동요와 우유부단 때문이다."

권력의 문제는 회피하거나 옆으로 치워둘 수 없다. 권력은 혁명의 발전에서, 그리고 대외 정책과 국내 정책에서 **모든 것**을 결정하는 핵심 문제이기 때문이다. 우리 혁명이 권력 체제를 놓고 동요하면서 여섯 달을 '허비'했다는 것은 논란의 여지없는 사실이다. 이것은 사회주의자혁명가당과 멘셰비키의 동요하는 정책 때문이다. 결국 이 정당들의 동요하는 정책은 자본과 노동 사이의 투쟁에서 프티부르주아지의 계급적 입장, 그들의 경제적 불안정성에 기인한다.

현재 핵심 쟁점은 이 위대하고, 특별히 파란 많았던 여섯 달 동안 프티부르주아 민주주의자들이 뭔가를 배웠느냐 하는 것이다. 배우지 못했다면 혁명은 좌초한 것이며, 오직 프롤레타리아 봉기의 승리만이 혁명을 구할 수 있다. 만일 그들이 뭔가를 배웠다면, 즉시 동요하지 않는 안정된 권력을 수립해 나아가야 한다. 인민의 혁명, 즉 인민, 노동자와 농민 다수를 행동으로 일깨우는 혁명의 기간에 권력은 명백하게 또 무조건적으로 주민 다수에 기초할 때에만 안정될 수 있다. 지금까지 러시아의 국가권력은 **실질적으로 부르주아지**의 손아귀에 그대로 있었다. 부르주아지는 오직 부분적인 양보만 하고(그나마 다음 날이면 철회해버리곤 했지만), 약속을 하고(이행하지도 못했지만), 자신들의 지배를 위장하려고 온갖 핑계를 찾는(오직 '성실한 연합'의 과시로 인민을 속이려고) 일밖에 할 수 없다. 말로는 인민의, 민주적인 정부, 혁명적 정부라고 주장하지만, 행동으로는 반인민적이고, 비민주적이고, 반혁명적이고, 부르주아적인 정부다. 이것이 지금까지 존재해온 모순이다. 이 모순 때문에 권력의 완전한 불안정성과 비일관성이 나타났으며, 사회주의자혁명가당과 멘셰비키가 그렇게 안타깝게도(인민의 입장에서) 열의를 가지고 참여한 '장관직 돌려먹기'가 나타났다.

1917년 6월 초 나는 전 러시아 소비에트 대회에서 모든 권력을 소비에트로 옮기지 않으면 소비에트는 해산되어 불명예스럽게 사망할 것이라고 말했다. 7월과 8월의 사건들은 아주 설득력 있게 이 말을 뒷받침해주었다. 부르주아지에게 빌붙은 자들 — 포트레소프, 플레하노프 등과 같이 권력을 실질적으로 인민 가운데 아주 작은 소수파, 부르주아지, 착취자들에게 옮기는 것을 권력의 '기반 확대'라고 부르는 사람들 — 이 어떤 거짓말을 하든, 소비에트의 권력만이 안정될 수 있다. 그것이 명백하게 인민 다수에 기초한 권력이기 때문이다.

오직 소비에트 권력만이 안정될 수 있어, 가장 격렬한 혁명의 가장 격렬한 순간에도 쓰러지지 않는다. 오직 이 권력만이 혁명의 지속적이고 폭넓은 발전, 소비에트 내에서 정당들의 평화로운 투쟁을 보장할 수 있다. 이런 권력을 창출하기 전에는 우유부단, 불안정, 동요, 끝없는 '권력의 위기', 장관직 돌려먹기라는 끝없는 소극笑劇, 우익과 좌익의 폭동을 피할 수 없다.

그러나 "권력을 소비에트에게로"라는 슬로건은 대부분의 경우까지는 아니라 해도 흔히 아주 부정확하게 '소비에트 다수파 정당들의 내각'으로 오해되곤 한다. 이 아주 그릇된 개념을 더 자세하게 살펴보고 싶다.

'소비에트 다수파 정당들의 내각'은 낡은 정부 기구 전체를 그대로 놓아둔 상태에서 개별 각료들만 바꾼다는 뜻이다. 이 기구는 심지어 사회주의자혁명가당이나 멘셰비키 강령에 포함된 개혁을 포함하여 진지한 개혁은 전혀 수행할 능력이 없는 철저하게 관료적이고, 철저하게 비민주적인 기구다.

"권력을 소비에트에게로"는 낡은 국가기구 전체, 민주주의적인 모든 것을 방해하는 관료적 기구를 근본적으로 개조한다는 뜻이다.

이 기구를 없애고 그것을 새로운 인민의 기구, 즉 진정으로 민주적인 소비에트 기구, 조직되고 무장한 인민 다수 — 노동자, 병사, 농민 — 로 대체한다는 뜻이다. 대표의 선출만이 아니라 국가 행정을 담당하고, 개혁을 비롯한 다양한 다른 변화를 이루어내는 데도 인민 다수에게 주도권과 독립성을 허용한다는 뜻이다.

이런 차이를 더 분명하게 이해하려면 여당인 사회주의자혁명가당의 신문 「디엘로 나로다」가 얼마 전에 했던 귀중한 고백을 기억해보는 것이 좋다. 이 신문은 사회주의 장관들이 장악한 부처에서**조차** (이 기사는 카데트와 그 악명 높은 연립을 했던 시기, 즉 일부 멘셰비키와 사회주의자혁명가당원들이 장관이 되었던 시기에 쓴 것이다), 전체 행정기구가 전과 변함 없는 상태를 유지하여 일을 방해한다고 썼다.

이것은 충분히 이해할 수 있는 일이다. 부르주아 의회제 — 또 부르주아 입헌군주제에서도 상당한 정도로 — 국가의 전체 역사는 장관이 바뀌는 것이 거의 아무런 의미가 없다는 사실을 보여준다. 진짜 행정 일은 거대한 관료 부대의 수중에 들어가 있기 때문이다. 그러나 이 부대는 철두철미 비민주적이며, 수천만 개의 실로 지주나 부르주아지와 연결되어 있고, 철저하게 그들에게 의존하고 있다. 이 부대는 부르주아적 관계라는 대기에 둘러싸여, 이 대기로만 숨 쉰다. 이 부대는 판에 박힌 방식으로 일을 하고, 화석화되어 있으며, 정체되어 있다. 따라서 이 대기를 뚫고 나갈 힘이 없다. 이 부대는 옛날 방식으로만 생각하고, 느끼고, 행동할 뿐이다. 이 부대는 상급자에 대한 굴종, '공무'원의 특권들에 속박되어 있다. 이 부대의 상급자들은 주식과 은행을 매개로 완전히 금융자본의 노예가 되어 있으며,

어느 정도는 그 대리인으로서 그 이익을 실현하고 영향력을 전달하는 역할을 한다.

이러한 국가기구를 통하여 지주 소유지의 무상 몰수나 곡물 전매 등과 같은 개혁을 이행하려 하는 것은 가장 큰 망상이고, 가장 큰 자기기만이고, 결국 인민을 속이는 것이다. 이 기구는 공화주의적 부르주아지에게 봉사**할 수** 있고, 프랑스의 제3공화국처럼 '군주 없는 군주제'의 형태로 공화국을 만들 수는 있지만, 자본의 권리, '신성한 사적 소유'의 권리를 폐지하기는커녕 진지하게 줄이거나 제한하는 것도 절대 불가능하다. 그래서 '사회주의자들'을 포함한 온갖 종류의 '연립' 내각에서 이 사회주의자들은, 개인으로서는 아무리 완벽하게 성실하다 해도, 실제로는 쓸데없는 장식물이나 부르주아 정부의 보호막, 인민의 분노를 정부로부터 다른 데로 돌리게 하는 일종의 피뢰침, 정부가 인민을 속이는 도구가 되고 마는 일이 늘 벌어지는 것이다. 1848년 루이 블랑도 이런 경우였으며, 영국과 프랑스에서 사회주의자들이 내각에 참여했을 때도 이런 일이 수십 번 벌어졌다. 1917년의 체르노프나 체레텔리 같은 사람들 역시 이런 경우다. 부르주아 체제가 존재하는 한, 낡은 부르주아적, 관료적 국가기구가 말짱하게 남아 있는 한 과거에도 그러했고, 앞으로도 그러할 것이다.

노동자·병사·농민 대의원 소비에트는 새로운 **유형**의 국가기구를 보여주기 때문에 특히 귀중하다. 이 국가기구는 한없이 더 높은 수준이며 비할 바 없이 더 민주적이다. 사회주의자혁명가당과 멘셰비키는 소비에트(특히 페트로그라드 소비에트와 전 러시아 소비에트, 즉 중앙 집행위원회)를 쓸모없는 잡담 장소로 만들려고, 가능하고 불가능한 모든 일을 했다. '통제'라는 명목으로 쓸모없는 결의나 제안을 채택하는 일만 시킨 것이다. 정부는 아주 정중하고 다정한 미소를 지으면서 이런 결의나 제안을 묵살해버렸다. 그러나 코르닐로프 사태[1]라는 '신선한 바람', 진짜 폭풍을 약속하는 바람은 소비에트에서 한동안 모든 퀴퀴한 것들을 날려버렸다. 그 덕분에 혁명적 인민은 주도권을 쥐고 뭔가 장엄하고, 강력하고, 막강한 것을 스스로를 표현하기 시작했다.

모든 회의주의자들이 역사의 이 사례로부터 배우게 하자. "우리

---

1 육군 총사령관이자 차르 지지자인 코르닐로프 장군이 주도한 1917년 8월의 부르주아지와 지주의 반혁명적 폭동. 음모자들은 군주제를 복원하는 것을 목표로 페트로그라드를 장악하고, 볼셰비키당을 부수고, 소비에트를 해산하고, 군부독재를 수립하려 했다. 임시정부 수반인 케렌스키도 음모에 가담했지만, 폭동이 진행되자 코르닐로프와 함께 쓸려갈 것을 깨닫고 손을 씻어버렸다. 그는 폭동이 임시정부에 대항한 것이라고 선언했다.

폭동은 8월 25일(9월 7일)에 코르닐로프가 제3기병대를 페트로그라드에 보내면서 시작되었다. 그곳에서는 반혁명 조직들이 행동에 나서고 싶어 안달하고 있었다.

코르닐로프에 대항한 대중 투쟁은 볼셰비키당이 이끌었다. 레닌의 요구에 따라 볼셰비키당은 계속 임시정부를 비롯하여 사회주의자혁명가당이나 멘셰비키의 공범자들을 폭로했다. 볼셰비키당의 중앙위원회는 페트로그라드의 노동자들, 혁명적인 병사와 해군들을 불러모아 반란군에 대항하여 투쟁했다. 페트로그라드 노동자들은 빠르게 붉은 근위대를 조직하였으며, 몇몇 곳에 혁명위원회가 수립되었다. 코르닐로프 부대들의 진격은 저지되었으며, 볼셰비키 선동자들이 그들의 사기를 꺾었다.

코르닐로프 폭동은 볼셰비키당이 주도하는 노동자와 농민이 진압했다. 대중의 압력 때문에 임시정부는 폭동 혐의로 코르닐로프와 그 공모자들의 체포와 기소를 명령할 수밖에 없었다.

에게는 낡은 기구를 대체할 기구가 없으며, 낡은 기구는 불가피하게 부르주아지를 방어하는 방향으로 끌려갈 수밖에 없다.” 그렇게 말하는 사람들이 부끄러워하게 하자. 그것을 대체할 기구는 **존재**하기 때문이다. 바로 소비에트다. 인민의 주도와 독립을 두려워하지 말라. 그들의 혁명적 조직을 신뢰하라. 그러면 국가 업무의 **모든** 영역에서 노동자와 농민이 코르닐로프에 대항하여 단결하고 격노했을 때 보여주었던 것과 똑같은 힘, 위엄, 불패의 능력을 보게 될 것이다.

인민에 대한 믿음의 부족, 그들의 주도와 독립에 대한 두려움, 그들의 혁명적 에너지에 대한 전면적, 무조건적 지지 대신 그 앞에서 느끼는 공포 — 바로 이런 면들이 사회주의자혁명가당과 멘셰비키 지도자들이 가장 많은 죄를 지은 부분이다. 이곳에서 우리는 그들의 우유부단, 동요, 새 술을 낡고 관료적인 국가기구라는 낡은 부대에 담으려는 무한한 또 무한히 보람 없는 시도의 가장 깊은 뿌리 가운데 하나를 발견한다.

1917년 러시아혁명에서 군대의 민주화 역사, 체르노프 장관, 팔친스키의 ‘통치’, 페셰호노프의 사임의 역사를 보라. 위에서 말한 것이 매 단계마다 놀랄 정도로 정확하게 확인된다는 사실을 알게 될 것이다. 선출된 병사 조직에 대한 완전한 신뢰도 없었고 병사들이 지휘관을 선출한다는 원칙을 절대적으로 준수하지도 않았기 때문에 코르닐로프, 칼레딘 같은 반혁명 장교들이 군대의 수뇌부를 차지하게 되었다. 이것이 사실이다. 일부러 눈을 감지 않는다면 코르닐로프 사태 **이후에도** 케렌스키 정부가 **모든 것을 예전 그대로 내버려두고** 있으며, 실제로 **그것은 코르닐로프 사태를 다시 불러들이는 것이**

나 다름없다는 사실을 보지 않을 수 없다. 알렉세예프의 임명, 클렘보프스키, 가가린, 바그라치온 같은 자들과 '화합', 코르닐로프와 칼레딘에 대한 관대한 처분 등은 케렌스키가 실제로 코르닐로프 사태를 다시 불러들이고 있다는 점을 매우 분명하게 증명한다.

중간 길은 없다. 경험이 이것을 보여주었다. 모든 권력이 소비에트로 옮겨져서 군대가 완전히 민주화되거나, 아니면 코르닐로프 사태가 일어나거나 둘 가운데 하나다.

체르노프 장관의 역사는 어떤가? 실제로 농민의 요구를 충족시키려는 약간이라도 진지한 모든 조치, 농민과 그들의 대중조직과 행동에 신뢰를 보여주는 모든 조치가 농민에게서 아주 큰 열의를 불러일으킨다는 사실을 입증하지 않았는가? 그러나 체르노프는 카데트나 관료들과 '실랑이'를 하며 거의 넉 달을 보내야 했다. 그들의 끝없는 지연과 음모 때문에 체르노프는 아무것도 이루지 못한 채 결국 사임할 수밖에 없었다. 이 넉 달 동안 지주와 자본가들이 '게임에서 이겼다.' 그들은 지주 소유지를 구하고, 제헌의회 소집을 지연시키고, 심지어 토지위원회에 일련의 탄압을 가하기까지 했다.

중간 길은 없다. 경험이 이것을 보여주었다. 중앙에서나 지역에서나 모든 권력을 소비에트로 옮기고, 제헌의회의 결정을 기다리는 동안 일단 모든 토지를 **즉시** 농민에게 인도하느냐, 그것이 아니면 지주와 자본가들이 모든 조치를 방해하고, 지주의 권력을 복원하고, 농민을 격분시켜 지나치게 폭력적인 농민 폭동으로 사태를 몰고 가느냐 둘 중의 하나다.

자본가들이 (팔친스키의 도움을 얻어) 생산을 감독하려는 약간이라도 진지한 시도를 모두 격파했을 때, 상인들이 곡물 전매제를 방해하고 페셰호노프가 막 시작한 규제에 의한 곡물을 비롯한 식량의 민주적 분배를 무너뜨렸을 때도 똑같은 일이 벌어졌다.

지금 러시아에 필요한 것은 '새로운 개혁'을 발명하는 것도 아니고, '포괄적인' 변화를 위한 '계획'을 짜는 것도 아니다. 그런 것은 필요없다. 그것은 '사회주의 도입'에 반대하여, '프롤레타리아 독재'에 반대하여 목소리를 높이는 자본가들, 포트레소프 같은 사람들, 플레하노프 같은 사람들이 상황을 묘사하는, 의도적으로 그릇되게 묘사하는 방식이다. 러시아의 상황은 사실 다음과 같다. 전쟁으로 인한 전례 없는 부담과 곤경, 경제적 혼란과 기근이라는 유례없는 매우 현실적인 위험이 스스로 탈출구를 제시했고, 스스로 절대적으로 필요한 개혁이나 다른 변화들을 지시했을 뿐 아니라 촉진하기도 했다는 것이다. 이런 변화들이란 곡물 전매제, 생산과 분배의 통제, 지폐 발행의 제한, 곡물과 공업 제품의 공정한 교환 등이 되어야 한다.

모두가 이런 종류 또 이런 방향의 조치들을 불가피한 것으로 인식한다. 그리고 많은 곳에서 다양한 측면에서 이런 조치들이 이미 시작되었다. 그러나 **이미 시작은 되었지만**, 어디에서나 지주와 자본가의 저항 때문에 저지되었고 또 저지되고 있다. 지주와 자본가들은 케렌스키 정부(**현실적으로는** 완전히 부르주아적이고 보나파르트적인 정부다)를 통하여, 낡은 관료적 국가기구를 통하여, 러시아와 '연합국'의 금융자본을 통하여 이런 저항을 하고 있다.

얼마 전에 프릴레자예프는 페셰호노프의 사임과 고정 가격이나 곡물전매제의 붕괴를 탄식하며 「디엘로 나로다」(147호)에 이렇게 썼다. "그 구성에 관계없이 우리 여러 정부에 부족한 것은 용기와 결단이다. … 혁명적 민주주의자들은 기다리면 안 된다. 스스로 주도권을 발휘하고, 계획된 방법으로 경제적 혼돈에 개입해야 한다. … 바로 이런 곳에서 확고한 방침과 단호한 정부가 필요한 것이다."

말할 필요도 없는 이야기다. 황금 같은 말이다. 유일하게 아쉬운 점은 저자가 확고한 방침, 용기와 결단 등의 문제가 개인적인 문제가 아니라 **계급**의 문제라는 사실을 잊고 있다는 것이다. 그렇게 할 수 있는 유일한 계급은 프롤레타리아다. 확고한 방침을 추진할 수 있는 용기와 결단력을 갖춘 권력은 프롤레타리아와 빈농의 독재 권력뿐이다. 프릴레자예프는 자기도 모르게 **이런 독재**를 갈망하고 있다.

실질적으로 이런 독재는 무엇을 의미할까? 코르닐로프의 부하들의 저항을 깨뜨리고 군대의 민주화를 복원하고 완성한다는 사실을 의미할 뿐이다. 독재가 수립되고 나서 이틀만 지나면 군대의 99퍼센트가 이 독재의 열렬한 지지자가 될 것이다. 이 독재는 농민에게 땅을 주고, 지역 농민위원회에 전권을 줄 것이다. 제정신을 가진 사람이라면 농민이 이 독재를 지지한다는 것을 어떻게 의심할 수 있겠는가? 이 독재는 페셰호노프가 약속만 한 것(페셰호노프는 소비에트 대회의 유명한 연설에서 실제로 "자본가들의 저항을 깨뜨렸다"고 말했다)을 이행할 것이고, 현실로 바꾸어놓을 것이다. 동시에 이미 꾸려지기 시작한 식량 공급, 통제 등을 위한 민주적 조직들은 결코 없애지 않을 것이다. 오히려 지원하고 발전시킬 것이며, 그들의 사업에 방해가 되는 모든 장애를 제거해줄 것이다.

오직 프롤레타리아와 빈농의 독재만이 자본가들의 저항을 깨부

수고, 권력의 행사에서 진정한 최고의 용기와 결단을 보여주고, 군대와 농민 양쪽에서 열광적이고, 이타적이고, 진정으로 영웅적인 지지를 확보할 수 있다.

권력을 소비에트로 — 이것이 이후의 전진을 점진적이고, 평화롭고, 순조롭게 만들 수 있는 유일한 길이다. 이렇게 하면 인민 다수의 정치적 자각과 결단 또 그들의 경험과 완벽하게 보조를 맞출 수 있기 때문이다. 권력을 소비에트로 옮긴다는 것은 러시아의 행정과 경제적 통제를 노동자와 농민의 손으로 완전하게 이양한다는 뜻이다. 아무도 이들에게 감히 저항할 수 없을 것이며, 이들은 실천을 통하여, 그들 자신의 경험을 통하여, 토지, 생산물, 곡물을 적절하게 분배하는 방법을 **금세 배울 것이다.**

파국과 혁명 사이에서

6

볼셰비키는
권력을 장악해야 한다

*   레닌이 1917년 9월 12~14일(25~27일)에 작성하였다.

러시아사회민주노동당(볼셰비키) 중앙위원회, 페트로그라드 위원회, 모스크바 위원회에 보내는 편지[1]

양쪽 수도의 노동자·병사 대의원 소비에트에서 다수를 얻은 볼셰비키는 자신의 손아귀에 국가권력을 쥘 수 있고 쥐어야 한다.

볼셰비키는 권력을 쥘 수 있다. 두 주요 도시의 혁명적 분자들의 적극적 다수는 인민을 함께 이끌고, 적의 저항을 극복하고, 적을 박살내고, 권력을 얻고 유지할 만큼 숫자가 많기 때문이다. 볼셰비키는 즉시 민주적인 평화를 제안하고, 즉시 토지를 농민에게 나누어 주

---

1   중앙위원회는 1917년 9월 15일(28일) 이 편지를 놓고 토론하여, 곧 전술을 논의할 회의를 소집하기로 결정했다. 레닌이 보낸 편지의 사본을 한 통만 보존하는 문제는 표결에 부쳤다. 표결 결과는 찬성 4, 반대 4, 기권 6이었다.

고, 케렌스키가 난도질하고 산산이 부수었던 민주적 기구와 권리들을 다시 세워 **아무도** 뒤엎을 수 없는 정부를 구성할 것이기 때문이다.

인민 다수는 **우리 편**이다. 이것은 5월 6일(19일)부터 8월 31일(9월 13일), 또 9월 12일(25일)에 이르는 길고 고통스러운 사태의 흐름으로 증명되었다.[2] 두 대도시의 소비에트에서 다수를 얻은 것은 인민이 **우리 편**으로 넘어온 **결과**다. 사회주의자혁명가당과 멘셰비키의 동요와 그들의 대오 안에서 국제주의자의 숫자가 증가하는 것도 같은 사실을 증명한다.

전 러시아 민주협의회[3]는 혁명적 인민의 다수를 대표하는 것이

---

2   5월 6일에는 1차 연립 임시정부 구성이 발표되었다. 8월 31일에는 페트로그라드 노동자·병사 대의원 소비에트가 소비에트 정부 수립을 요구하는 볼셰비키의 결의안을 통과시켰다. 9월 12일은 사회주의자혁명가당과 멘셰비키가 지배하는 노동자·병사 대의원 소비에트의 중앙위원회와 전 러시아 농민 대의원 소비에트 집행위원회가 민주협의회 소집일로 정한 날짜다. 민주협의회는 1917년 9월 14일(27일)에서 22일(10월 5일)에 페트로그라드에서 열렸다.

3   사회주의자혁명가당과 멘셰비키가 지배하던 소비에트 중앙위원회가 국가권력 문제를 결정하려고 소집했지만, 실제 목적은 대중의 관심을 고조되는 혁명적 운동에서 다른 데로 돌리려는 것이었다. 처음에는 1917년 9월 12일(25일)로 날짜가 잡혔다가, 나중에 9월 14일(27일)에서 22일(10월 5일)로 연기되었으며, 페트로그라드에서 회의가 열렸을 때는 1,500명 이상의 대표가 참석했다. 멘셰비키와 사회주의자혁명가당 지도자들은 노동자와 농민 대표의 숫자를 줄이고, 다양한 프티부르주아와 부르주아 그룹들의 대표 숫자를 늘려 다수를 확보하려고 안간힘을 썼다.

러시아사회민주노동당(볼셰비키) 중앙위원회는 9월 3일(16일)에 개최되어 민주협의회에 참가하기로 결정했다. 중앙위원회는 지역 당 조직들에게 "우리 당원들로 잘 짜인 대표 그룹을 가능한 최대 규모로 구성하기 위해 최선의 노력을 다하라"는 지침을 담은 편지를 회람했다. 볼셰비키

아니라, **프티부르주아의 타협적 상층**만을 대표한다. 우리는 선거의 숫자에 속지 않아야 한다. 선거는 아무것도 증명해주지 않는다. 페트로그라드와 모스크바 시의회 선거와 소비에트 선거를 비교해보라. 모스크바의 선거를 8월 12일의 모스크바 파업과 비교해보라. 이 것들이 인민을 이끌고 있는 혁명적 분자들 다수에 관한 객관적 사실들이다.

민주협의회는 농민을 속이고 있다. 이것은 그들에게 평화도 토지도 주지 않는다.

오직 볼셰비키 정부만이 농민의 요구를 충족시킬 것이다.

*****

왜 볼셰비키가 **지금 이 순간** 권력을 장악해야 하는가?

임박한 페트로그라드 항복은 우리에게 백 배나 불리한 조건을 조성할 것이기 때문이다.

케렌스키 일파가 군대를 이끄는 한 페트로그라드 함락을 막는 것은 **우리 힘으로는 불가능하다.**

는 멘셰비키와 사회주의자혁명가당의 계획을 폭로할 목적으로 참석하기로 결정했다.

민주협의회는 예비의회(공화국 임시의회) 수립 결의안을 채택했는데, 이것은 러시아에도 이제 의회제가 있다는 인상을 심어주려는 의도였다. 임시정부의 포고에 따르면 예비의회는 정부 산하의 자문기구가 될 예정이었다.

당 중앙위원회가 소집한 볼셰비키 민주협의회 대표단 회의는 77 대 50으로 예비의회에 참가하기로 결정했다.

그렇다고 제헌의회를 '기다릴' 수도 없다. 케렌스키 일파는 페트로그라드를 넘겨주어 언제든지 제원의회 소집을 **저지할 수 있기** 때문이다. 오직 우리 당만이 권력을 잡아 제헌의회 소집을 보장할 수 있다. 그런 뒤에 우리 당은 제헌의회를 의도적으로 지연시킨 죄로 다른 정당들을 고발하고, 그 고발을 입증할 것이다.[4]

영국 제국주의자와 독일 제국주의자 사이의 단독 강화는 막아야 하며 또 막을 수 있지만, 신속하게 행동할 때에만 가능하다.

인민은 멘셰비키와 사회주의자혁명가당의 동요에 싫증내고 있다. 우리가 대도시에서 승리할 때에만 농민과 함께 갈 수 있다.

***

우리는 현재 좁은 의미의 봉기 '날짜'나 '순간'에는 관심이 없다. 그것은 노동자와 병사, **대중과 접촉하는** 사람들의 공통된 목소리만

---

4 임시 정부는 1917년 3월 2일(15일) 포고에서 제헌의회의 소집을 발표했다. 6월 14일(27일)에는 선거를 9월 17일(30일)에 치른다는 결정을 채택했지만, 8월에는 그 날짜를 11월 12일(25일)로 미루었다.

선거는 실제로 10월 사회주의혁명 뒤 정해진 시간에 혁명 전 임시정부 포고에 따라 작성된 정당 명부대로 치르게 되었다. 그러나 선거 시기에는 인민 대부분이 아직 사회주의혁명의 완전한 의미를 깨닫지 못했다. 우익 사회주의자혁명가당은 이 사실을 이용하여 수도와 산업 중심지에서 먼 지역에서 다수를 얻었다. 소비에트 정부는 제헌의회를 소집하여, 의회는 1918년 1월 5일(18일)에 페트로그라드에서 개회했다. 그 반혁명적 다수는 전 러시아 중앙집행위원회가 제출한 '착취당하는 근로 인민의 권리 선언'을 거부했으며, 소비에트 권력을 인정하지 않으려 했다. 제헌의회는 1월 6일(19일) 중앙집행위원회의 명령으로 해체되었다.

이 결정할 수 있다.

요점은 현재 민주협의회에서 우리 당은 실제로 **자체의 대회**를 여는 것이나 다름없으며, 이 대회가 (원하든 원치 않든) **혁명의 운명**을 결정**해야만** 한다는 것이다.

요점은 당에 **임무**를 분명하게 밝혀주어야 한다는 것이다. 현재의 임무는 페트로그라드와 모스크바(와 그 지역)의 **무장봉기**, 권력 장악과 정부 전복이 되어야 한다. 우리는 언론에서 이렇게 명백하게 말하지 않으면서도 이것을 선동할 **방법**을 생각해야 한다.

우리는 봉기에 관한 마르크스의 말, "봉기는 기술art이다"[5] 등을 기억하고 숙고해야 한다.

***

볼셰비키를 지지하는 '형식적' 다수를 기다리는 것은 순진하다. 어떤 혁명도 **그런 것**을 기다린 적이 없다. 케렌스키 일파 역시 기다리지 않고 페트로그라드를 넘겨줄 준비를 하고 있다. 이런 상황에서 민주협의회의 견딜 수 없는 동요야말로 페트로그라드와 모스크바 노

---

5 엥겔스의 『독일의 혁명과 반혁명』 참조. 이 책은 1851년부터 1852년까지 「뉴욕 데일리 트리뷴(New York Daily Tribune)」에 연재되었다. 이 연재물의 서명자는 마르크스였다. 마르크스는 원래 이 작업을 직접 할 생각이었지만 경제학 연구에 바빠 엥겔스에게 대신해 달라고 요청을 했다. 엥겔스는 여러 사항에 관하여 마르크스와 상의하고, 글을 신문에 보내기 전에 마르크스에게 먼저 보냈다. 이 글을 엥겔스가 썼다는 사실은 나중에 그들이 주고받은 편지들이 공개되면서 드러났다.

동자들의 인내를 바닥낼 수밖에 없다! 지금 우리가 권력을 장악하지 않으면 역사가 우리를 용서하지 않을 것이다.

기구가 없다고? 기구는 있다. 소비에트와 민주적 조직들이 있다. 영국과 독일 사이의 단독 강화 체결 **전야**인 **현재**의 국제적 상황은 **우리에게 유리**하다. 지금 여러 나라에 평화를 제안하는 것은 곧 **승리**를 의미한다.

모스크바와 페트로그라드 양쪽에서 **즉시** 권력을 잡으면(어느 쪽이 먼저냐는 중요하지 않다. 아마 모스크바에서 먼저 시작될 것이다) 우리는 **절대적으로 의문의 여지없이** 승리할 것이다.

N. 레닌

파국과 혁명 사이에서

7

마르크스주의와 봉기

• 레닌이 1917년 9월 13~14일(26~27일)에 작성하였다.

러시아사회민주노동당(볼셰비키) 중앙위원회에 보내는 편지

지배적인 '사회주의' 정당들의 가장 사악한 또 아마도 가장 널리 퍼진 마르크스주의의 왜곡 가운데 하나는 봉기의 준비, 나아가 일반적으로 봉기를 하나의 기술로 다루는 태도를 '블랑키주의'[1]라고 보는 기회주의적 거짓말이다.

기회주의의 지도자 베른슈타인은 이미 마르크스주의를 블랑키주의라고 비난하여 오명을 얻었다. 지금 우리의 기회주의자들은 베

---

1   걸출한 유토피아적 공산주의자 루이 오귀스트 블랑키(Louis Auguste Blanqui)가 이끌던 프랑스 사회주의 운동 내부의 한 경향. 블랑키주의는 프롤레타리아 계급투쟁이 아니라 소수의 지식인들이 꾸민 음모를 통해 인류가 임금노예제에서 해방될 것이라고 기대한다.

른슈타인의 빈약한 '사상'을 조금이라도 개선하거나 '풍부하게' 다듬지도 않고 똑같이 블랑키주의를 외친다.

마르크스주의자들이 봉기를 기술로 다룬다는 이유로 블랑키주의라고 비난을 받다니! 이보다 더 터무니없는 진실 왜곡이 있을까? 마르크스주의자라면 어느 누구도 마르크스 자신이 이 점에 관하여 아주 분명하고 정확하고 단정적인 방식으로 자신의 입장을 밝힌 것을 부정할 사람이 없을 텐데 말이다. 마르크스는 봉기를 구체적으로 **기술**이라고 언급하면서, 봉기는 기술로 다루어야 하며, 첫 **승리를 거두고** 거기서부터 승리에서 승리로 계속 나아가야 하며, 적에 대한 **공세**를 절대 중단하지 말고, 적의 혼란을 이용해야 한다는 등의 말을 했다.

승리를 거두려면 봉기는 음모에 의지하는 것이 아니라, 정당에 의지하는 것이 아니라, 선진 계급에 의지해야 한다. 이것이 첫 번째로 중요한 점이다. 봉기는 **인민의 혁명적 고양**에 의지해야만 한다. 그것이 두 번째로 중요한 점이다. 봉기는 성장하는 혁명의 역사에서 전환점, 즉 인민의 신진 대오의 활동이 정점에 이르고, 적의 대오 내부에서 그리고 **허약하고, 냉담하고, 우유부단한 혁명의 친구들의 대오 내부에서** 동요가 가장 심한 시점에 이루어져야 한다. 이것이 세 번째로 중요한 점이다. 봉기 문제를 제기할 때 이 세 가지 조건을 제시한다는 점이 **마르크스주의와 블랑키주의**의 차이다.

그러나 일단 이런 조건이 존재할 때 봉기를 기술로 다루기를 거부하는 것은 마르크스주의를 배신하고 혁명을 배신하는 것이다.

당은 현재 이 순간을 사태의 전체적 흐름으로 인해 **봉기가** 일정에 오르게 된 순간으로 인식**해야만** 한다. 이제 봉기는 기술로 다루어야 한다. 이 점을 보여주려면 비교의 방법을 이용하여, 7월 3~4일(16~17일)²과 9월의 며칠을 대비하는 것이 최선일 것이다.

---

2 레닌이 염두에 두고 있는 것은 1917년 7월 3~4일에 페트로그라드에서 벌어진 대중 시위다. 이것은 임시정부가 명백하게 가망 없는 공격 — 결국 대실패로 끝나고 말았다. — 에 부대를 파견한 것에 분노한 병사, 해군, 노동자들의 운동이었다. 이 운동은 7월 3일 비보르그 지구의 제1기 관총 연대의 시위에서 시작하여 임시정부에 대항한 무장 폭동으로 발전할 태세였다.

당시 볼셰비키당은 봉기에 반대했다. 아직 혁명적 위기가 절정에 이르지 않았다고 보았기 때문이다. 7월 3일 오후 4시에 열린 중앙위원회는 행동에 나서기를 거부하는 쪽으로 결정을 내렸고, 당시 회기 중이던 볼셰비키 2차 페트로그라드 시협의회도 비슷한 결정을 내렸다. 볼셰비키 대표들은 공장과 지구로 가서 대중이 행동에 나서는 것을 막으려 했다. 그러나 운동은 이미 시작되어 어떤 것으로도 막을 수가 없었다.

그날 밤 늦게 중앙위원회는 페트로그라드 위원회, 군사 조직과 더불어 대중의 분위기를 고려하여 시위에 참여하되 평화적이고 질서정연한 방식으로 시위를 유도하기로 결정했다. 레닌은 쉬지 않고 일을 한 뒤라 과로 때문에 짧은 휴가를 보내는 중이었다. 그러나 사태를 알게 되자 7월 4일 아침에 페트로그라드로 돌아와 지도력을 행사했다.

7월 4일 시위에는 50만 명 이상이 참여했다. 시위자들은 "모든 권력을 소비에트로" 같은 볼셰비키 구호를 내걸고 전 러시아 소비에트 중앙위원회가 권력을 장악할 것을 요구했다. 그러나 사회주의자혁명가당과 멘셰비키 지도자들은 그것을 거부했다. 임시정부는 멘셰비키와 사회주의자혁명가당이 지배하는 중앙집행위원회가 알고 동의하는 가운데 사관생도와 코사크를 보내 평화 시위자들을 공격하고 시살했다. 시위를 해산하려고 전방에서 반혁명 부대들을 불러오기도 했다.

그날 밤 레닌은 중앙위원회와 페트로그라드 위원회 회의를 주재했으며, 여기에서 시위를 조직적인 방법으로 중단하기로 결정했다. 이것은 지혜로운 조치였다. 혁명 주력군이 좌절을 겪지 않도록 막아주었기 때문이다. 멘셰비키와 사회주의자혁명가당은 반혁명을 돕는 쪽으로 행동했다. 그들은 부르주아지에게 가세하여 볼셰비키당을 공격했다. 임시정부는 볼셰비키 신문인 「프라우다」, 「솔다츠카야 프라우다(Soldatskaya

7월 3~4일에는 권력을 장악하는 것이 올바른 일이었다고 주장해도 진실에 위배되지는 않을 것이다. 우리의 적들은 어떤 경우에도 우리에게 봉기를 일으켰다고 비난하고, 우리를 반역자들로 무자비하게 다루었을 것이기 때문이다. 그러나 이런 점 때문에 당시에 권력을 잡았어야 한다고 결정을 내리는 것은 잘못이다. 봉기 성공을 위한 객관적 조건이 존재하지 않았기 때문이다.

(1) 우리에게는 혁명 전위 계급의 지지가 아직 부족했다.

당시 우리는 아직 페트로그라드와 모스크바의 노동자와 병사들 사이에서 다수파가 되지 못했다. 그러나 이제 우리는 양쪽 소비에트에서 다수파다. 이것은 **오직** 7월과 8월의 역사, 볼셰비키에 대한 '무자비한 처우'의 경험, 코르닐로프 반란의 경험에서 얻은 것이다.

(2) 당시에는 전국적인 혁명적 고양이 없었다. 그러나 코르닐로프 반란 뒤인 지금은 있다. 지방의 상황과 여러 곳에서 소비에트가 권력을 장악했다는 사실이 이것을 증명한다.

(3) 당시에는 우리의 적과 우유부단한 프티부르주아지 사이에서 정치적으로 심각한 규모의 **동요**가 없었다. 지금은 동요가 엄청나다.

Pravda, 병사들의 진실)」 등을 폐간시켰으며, 노동자들이 기부한 자금으로 운영되는 트루드 인쇄소를 파괴했다. 또 노동자들을 무장해제하고 체포했으며, 수색과 박해를 시작했다. 페트로그라드의 혁명적 부대들은 수도에서 빼내 전방으로 보냈다.

7월 사태 이후 러시아의 권력은 반혁명 임시정부의 손으로 넘어갔으며, 소비에트는 무력한 부속 기관에 지나지 않았다. 이중 권력의 시기는 끝났으며, 혁명의 평화적 단계도 끝났다. 볼셰비키는 임시정부를 전복할 무장봉기를 준비하는 과제에 직면했다.

우리의 주적인 연합군과 세계 제국주의('연합국'이 세계 제국주의의 선두에 서 있으므로)는 승리로 마무리하기 위해 계속 전쟁을 하는 방향과 러시아에 대항하여 단독 강화를 하는 방향 사이에서 **흔들리기 시작했다.** 우리의 프티부르주아 민주주의자들은 인민 사이에서 명백한 소수파로 밀려나자 엄청나게 동요하기 시작했으며, 카데트와 함께하는 블록, 즉 연립을 거부했다.

(4) 따라서 7월 3~4일에 봉기를 했다면 잘못이었을 것이다. 우리는 물리적으로나 정치적으로 권력을 유지할 수 없었다. 당시 페트로그라드가 우리 수중에 있었지만 우리는 그것을 물리적으로 유지할 수 없었다. 당시에 우리의 노동자와 병사들은 페트로그라드를 위해 싸우다 죽지 않았을 것이기 때문이다. 당시에는 케렌스키 같은 자들에 대해서도 **또** 체레텔리나 체르노프 같은 자들에 대해서도 '성난 태도' 또는 격렬한 증오가 없었다. 우리 인민은 아직 볼셰비키 박해 — 사회주의자혁명가당과 멘셰비키도 참여했다. — 의 경험으로 단련되지 않은 상태였다.

우리는 7월 3~4일에 정치적으로 권력을 유지할 수 없었다. **코르닐로프 반란 이전에는** 군대와 지방이 페트로그라드에 대항하여 행군할 수 없고 하지도 않았을 것이기 때문이다.

그러나 이제는 그림이 완전히 달라졌다.

하나의 **계급**, 즉 혁명의 전위, 인민의 전위, 대중을 함께 끌고 갈 능력이 있는 계급의 다수가 우리를 따른다.

인민의 **다수**가 우리를 따른다. 체르노프의 사임은 농민이 사회주의자혁명가당 블록으로부터(또는 사회주의자혁명가당 자체로부터) **땅을**

받지 못할 것임을 보여주는 증후, 결코 유일한 증후는 아니지만 가장 뚜렷하고 분명한 증후이기 때문이다. 이것이 혁명이 전 인민적 성격을 띠게 된 주된 이유다.

제국주의 전체, 그리고 멘셰비키와 사회주의자혁명가당 블록 전체가 믿을 수 없을 정도로 동요하는 시기에 우리는 가야 할 길을 확실하게 아는 정당으로서 유리한 입장에 서 있다.

우리의 승리는 확실하다. 인민은 절망에 다가가고, 우리는 모든 인민에게 절망에서 빠져나갈 길을 보여주고 있기 때문이다. 우리는 '코르닐로프 시기' 동안 전 인민에게 우리 지도력의 가치를 보여주었으며, 그 뒤에 블록의 정치가들에게 타협안을 **제안했다.** 그러나 **그들은 이것을 거부했으며**, 그럼에도 그들의 동요는 줄어들 줄 모른다.

우리의 타협 제안이 **아직** 거부되지 않았다고, 민주협의회가 **아직** 그것을 받아들일지 모른다고 생각하면 큰 오산이다. 그 타협은 **정당**이 **정당들**에게 제안한 것이다. 다른 식으로는 제안할 수 없었다. 그런데 **정당들**이 그것을 거부했다. 민주협의회는 어디까지나 **회의일** 뿐, 그 이상이 아니다. 한 가지는 잊지 말아야 한다. 즉 혁명적 인민의 **다수**, 빈민, 실망한 농민은 그 회의 안에 대표자를 두지 못했다는 것이다. 민주협의회는 **인민의 소수파**의 회의다. 이 명백한 진실을 잊지 말아야 한다. 민주협의회를 의회로 간주한다면 그것은 우리의 커다란 실수, 순전히 의회주의적인 크레틴병cretinism*이 될 것이다. **설사 민주협의회가** 주권을 가진 상설 혁명 의회라고 자칭한다 해도, 그

---

* 선천성 갑상선 기능 저하증. 신체 발육과 지능 발달이 현저하게 느려서 성인이 되어도 유아의 체격과 지능에 머무르게 하는 병.

것은 **아무것도 결정하지 못할 것이다.** 페트로그라드와 모스크바의 노동계급 거주지에서는 결정권이 민주협의회 **밖에** 있기 때문이다.

봉기의 승리를 위한 모든 객관적 조건이 존재한다. 상황은 우리에게 매우 유리하다. 지금은 우리가 봉기에서 승리를 거두어야**만** 세상에서 가장 고통스러운 일이며 지금까지 인민의 진을 빼 온 동요에 끝장낼 수 있는 상황이다. 지금은 우리가 봉기에서 승리를 거두어야만 농민에게 즉시 땅을 줄 수 있는 상황이다. 봉기에서 **우리가** 승리를 거두어야**만** 혁명을 겨냥한 단독 강화 게임을 **저지**할 수 있다. 공개적으로 더 충실하고, 더 정의롭고, 더 빠른 평화, 혁명에 **유익한** 평화를 제안하여 단독 강화를 저지할 수 있다.

마지막으로 우리 당만이 봉기 승리를 통하여 페트로그라드를 구**할 수** 있다. 만일 우리의 평화 제안이 거부당하면, 심지어 휴전도 이끌어내지 못하면, 우리는 '조국 방위론자'가 될 것이다. 우리는 **주전파 정당들의 선두에** 설 것이다. 우리는 **최고의 주전파 정당**이 될 것이다. 그리고 우리는 진정 혁명적인 방식으로 전쟁을 수행할 것이다. 우리는 자본가들로부터 빵과 장화를 모두 빼앗을 것이다. 우리는 그들에게 빵 껍질만 남기고 나무 껍질 신발만 신길 것이다. 빵과 신발은 모두 전선으로 보낼 것이다.

그렇게 해서 우리는 페트로그라드를 구할 것이다.

진정으로 혁명적인 전쟁을 위한 러시아의 물질적이고 정신적인 자원은 여전히 방대하다. 독일이 최소한 휴전을 받아들일 가능성은 백 대 일이다. 지금 휴전을 한다는 것은 그 자체로 **온 세상**을 얻는 것과 다름없다.

혁명을 구하고 러시아를 양쪽 집단의 제국주의자들이 강요하는 '분리적' 분할로부터 구하기 위해서는 페트로그라드와 모스크바의 노동자들의 봉기가 절대로 필요하다는 사실을 인식했다면, 우리는 우선 민주협의회에서 우리의 정치적 전술을 점차 확대되는 봉기의 조건들에 맞추어야 한다. 둘째로 봉기를 하나의 기술로 다루어야 한다는 마르크스의 생각을 단지 말로만 받아들이는 것이 아님을 보여주어야 한다.

민주협의회에서 우리는 숫자를 쫓지 말고, 동요하는 자들을 그들의 진영에 남겨두는 것을 두려워하지 말고, 볼셰비키 그룹의 단결을 즉시 강화해야 한다. 그들은 단호하고 헌신적인 투사들의 진영으로 오는 것보다 **그곳에** 남아 있는 것이 혁명의 대의에 더 도움을 줄 수 있다.

우리는 볼셰비키의 간략한 성명을 작성하여, 긴 연설, 나아가서 '연설' 자체의 무익함을 강조하고, 혁명을 구할 즉각적인 행동의 필요성을 모호하지 않게 강조해야 한다. 나아가 부르주아지와 완전히 단절하고, 현재의 정부 전체를 없애고, 러시아의 '분리적' 분할을 준비하는 영국과 프랑스 제국주의자들과 완전히 손을 끊고, 모든 권력을 **혁명적 프롤레타리아가 이끄는 혁명적 민주주의자들**에게 즉각 이양할 절대적 필요성을 강조해야 한다.

우리의 성명은 여러 민족에게 평화를 제안하고, 농민에게 토지를 제공하고, 터무니없는 이익을 몰수하고, 자본가들의 말도 안 되는 생산 사보타주를 저지하는 강령적 계획과 관련하여 이런 결론을 가장 간결하고 가장 명쾌하게 정리해야 한다.

성명은 간결하고 명쾌할수록 좋다. 성명에서는 그 외에 다른 두 가지 매우 중요한 사항을 분명하게 밝혀야 한다. 즉 인민이 동요 때문에 진이 빠졌다는 점, 그들이 사회주의자혁명가당과 멘셰비키의 우유부단에 질렸다는 점, 이 **정당들**이 혁명을 배신했기 때문에 우리는 이들과 확실하게 단절한다는 점이다.

또 한 가지가 있다. 즉각 합병 없는 평화를 제안하고, 즉각 연합국 제국주의자들을 비롯한 모든 제국주의자들과 결별해야 한다. 그러면 우리는 즉시 휴전을 얻게 될 것이며, 그렇지 않다면 혁명적 프롤레타리아 전체가 조국 방위에 나설 것이다. 프롤레타리아의 지도 하에 혁명적 민주주의자들이 진정으로 정의로운, 진정으로 혁명적인 전쟁을 하게 될 것이다.

이 성명을 읽고, 말이 아니라 **결단**, 결의문 작성이 아니라 **행동**을 하자고 호소하고, 우리 그룹 전체를 **공장과 막사**에 **급파**해야 한다. 그들이 있을 곳은 거기다. 거기에서 생명이 고동치고 있다. 거기에 우리 혁명의 구원의 원천이 있으며, 거기에 민주협의회의 원동력이 있다.

그곳에서 우리는 열렬하고 감동적인 연설로 우리의 강령을 설명하고 양자택일을 촉구해야 한다. 민주협의회가 그것을 **전체적으로** 채택하거나 봉기하거나 둘 중의 하나다. 중간 길은 없다. 지연은 불가능하다. 혁명이 죽어가고 있기 때문이다.

이런 식으로 문제를 제기하여, 우리 그룹 전체를 공장과 막사에 집중하여, **우리는 봉기를 시작할 정확한 순간을 결정할 수 있을 것이다.**

봉기를 마르크스주의적인 방법으로 다루려면, 즉 하나의 기술로 다루려면, 우리는 동시에, 한순간도 허비하지 말고, 봉기 부대의 **사령부**를 조직하고, 병력을 배치하고, 가장 중요한 지점에 믿을 만한 연대를 파견하고, 알렉산드린스키 극장을 포위하고, 페트로파블로프스크 요새[3]를 점거하고, 참모 본부와 정부 요인을 체포하고, 사관생도와 야만 사단[4]에 대항하여 적이 도시의 전략 요충에 접근하게 하느니 차라리 죽겠다고 결심한 부대를 배치해야 한다. 우리는 무장 노동자들을 동원하여, 그들에게 결사적으로 최후의 싸움을 할 임무를 맡기고, 즉시 전신과 전화교환국을 점거하게 하고, **우리의** 봉기 사령부를 중앙 전화교환국으로 이동하고, 전화로 사령부와 모든 공장, 모든 연대, 모든 무상 투쟁 지점을 연결해야 한다.

물론 이것은 모두 사례들, 지금 이 순간에 봉기를 기술로 다루지 않고는 마르크스주의에 충실할 수도 없고, 혁명에 충실할 수도 없다는 사실을 **설명하는** 사례들일 뿐이다.

N. 레닌

---

3 페트로그라드의 알렉산드린스키 극장은 민주협의회가 열리던 곳이다. 겨울궁전 맞은편 네바 강변의 페트로파블로프스크 요새는 차르의 정적들을 가두는 국가 감옥 역할을 했다. 현재는 박물관이지만 이곳에는 커다란 병기고가 있었으며, 전략적으로 주요한 지점에 자리를 잡고 있었다.

4 제1차 세계대전 중에 코카서스 북부 산지의 자원병들로 조직되었다. 코르닐로프 장군은 혁명적 페트로그라드를 공격할 때 이 사단을 선봉대로 이용하려 했다.

파국과 혁명 사이에서

8

혁명의 임무

* 레닌이 1917년 10월에 작성하였다.

러시아는 프티부르주아지의 나라다. 주민의 대다수가 이 계급에 속해 있다. 프티부르주아지가 부르주아지와 프롤레타리아 사이에서 동요하는 것은 불가피하다. 그러나 프티부르주아가 프롤레타리아에 합세할 때에만 혁명의 승리, 평화, 자유, 근로 인민에게 토지 분배라는 대의의 승리를 쉽게, 평화적으로, 빨리, 순조롭게 보장받을 수 있다.

우리 혁명의 경로는 이런 동요를 실제로 보여준다. 따라서 사회주의자혁명가당과 멘셰비키 정당들에 대하여 어떠한 환상도 품지 말자. 우리 프롤레타리아 계급의 길을 확고하게 고수하자. 빈농의 궁핍, 전쟁의 참화, 기아의 참상 — 이 모든 것이 대중에게 프롤레타리아가 가는 길의 올바름, 프롤레타리아혁명을 지지할 필요가 있다는 것을 점점 더 분명하게 보여주고 있다.

부르주아지와 '연립'을 하고 그들과 협정을 맺을 수도 있다, 제헌 의회의 '신속한' 소집을 '차분하게' 기다릴 수도 있다는 따위의 프티부르주아지의 '평화적인' 희망들은 혁명의 경로가 무자비하게, 잔인하게, 용서 없이 깨버렸다. 코르닐로프 반란은 노동자와 농민이 각지의 자본가와 지주에게 속고, 병사가 장교들에게 속는다는 등의 작은 교훈 수천 개를 보완하는 마지막 잔인한 교훈, 웅장한 규모의 교훈이었다.

군대에서, 농민과 노동자들 사이에서 불만, 의분, 분노가 늘고 있다. 사회주의자혁명가당과 멘셰비키가 부르주아지와 '연립'을 하여 모든 것을 약속만 하고 아무것도 이행하지 않자, 대중은 화를 내고, 눈을 뜨고, 봉기 쪽으로 밀려가고 있다.

사회주의자혁명가당(스피리도노바 등)과 멘셰비키(마르토프 등) 내부에서는 좌익 반대파가 늘고 있다. 이 반대파는 이미 양당의 평의회와 대회의 40퍼센트에 이르렀다. 또 **하부**에서는, 프롤레타리아와 농민에서는, 특히 극빈층에서는, 사회주의자혁명가당과 멘셰비키의 **다수파**가 **좌익**에 속한다.

코르닐로프 반란은 사람들을 교육하는 훌륭한 교훈임이 입증되었다.

소비에트가 사회주의자혁명가당과 멘셰비키 지도자들보다 더 나아갈 수 있는지, 그렇게 해서 혁명의 평화적 발전을 보장할 것인지, 아니면 계속 제자리걸음을 하여 프롤레타리아 봉기를 불가피하게 만들 것인지는 알 수 없다.

그것은 알 수가 없다.

우리가 할 일은 혁명의 평화적 발전을 위한 '마지막' 가능성을 보장하기 위하여 가능한 모든 일을 하는 것이다. 우리 강령을 제시하여 그것의 전 인민적 성격을 분명히 밝히고, 그것이 주민 대다수의 이익과 요구에 절대적으로 일치한다는 점을 분명히 밝히는 것이다.

이 글은 그러한 강령을 제시하려는 시도다.

이 강령을 하층에게, 대중에게, 사무직원에게, 노동자에게, 농민에게, 지지자만이 아니라, 특히 사회주의자혁명가당을 추종하는 자들에게, 정당에 소속되지 않은 사람들에게, 무지한 자들에게 더 가까이 가져가자. 그들을 고양시켜, 그들이 독립적인 판단을 하고, 그들 스스로 결정하고, 민주협의회와 소비에트와 정부에 **그들 자신의** 대표를 보내게 하자. 그러면 민주협의회의 결과가 **무엇이든 간에** 우리의 작업은 헛되지 않을 것이다. 우리의 작업은 민주협의회를 위해서도, 제헌의회 선거를 위해서도, 다른 정치 활동 전반을 위해서도 유용하다는 것이 증명될 것이다.

경험은 볼셰비키 강령과 전술이 옳다는 것을 가르쳐준다. 4월 20일부터 코르닐로프 반란까지 시간은 얼마 지나지 않았는데 아주 많은 일이 벌어졌다.

대중의 경험, **억압받는** 계급들의 경험은 그 시간 동안 그들에게 아주, 아주 많은 것을 가르쳐주었다. 사회주의자혁명가당과 멘셰비키 지도자들은 대중으로부터 완전히 유리되었다. 우리가 강령을 대중에게 알릴 수만 있다면, 그 점은 우리의 구체적인 강령을 토론하는 가운데 아주 확실하게 드러날 것이다.

자본가들과 협정을 맺으면 결과가 비참하다

1. 설사 소수라 해도 부르주아지의 대표자들을 권력의 자리에 남겨두는 것, 알렉세예프, 클렘보프스키, 바그라티온, 가가린처럼 코르닐로프를 추종하는 악명 높은 장군들, 또는 케렌스키처럼 부르주아지 앞에서 완전히 무력하고 보나파르트처럼 행동하는 능력밖에 없다는 것을 증명한 자들을 권력의 자리에 남겨두는 것은, 자본가들이 의도적으로 속도와 강도를 높이는 기근과 불가피한 경제적 파국에 문을 활짝 열어주는 것이나 다름없다. 동시에 이것은 군사적 파국을 낳을 것이다. 군대는 참모본부를 증오하고, 제국주의 전쟁에 의욕적으로 참여하지 않기 때문이다. 게다가 아직 권좌에 남아 있는, 코르닐로프를 추종하는 장군과 장교들이 갈리치아와 리가에서 그랬던 것처럼 **독일군에게 일부러 앞문을 열어줄 것**이 틀림없다. 이것은 새로운 기초 위에 새로운 정부를 구성하는 것으로만 막을 수 있는데, 이 점은 뒤에 상술할 것이다. 4월 20일(5월 3일) 이후 우리가 그 모든 일을 겪었음에도 사회주의자혁명가당과 멘셰비키가 부르주아지와 어떤 종류든 협정을 계속한다면, 그것은 잘못일 뿐 아니라 인민과 혁명에 대한 직접적인 배신이기도 하다.

권력을 소비에트로

2. 분명한 강령의 기초 위에서, 정부가 소비에트에게 완전히 책임

을 진다는 조건하에서 전국의 모든 권력은 오직 노동자·병사·농민 대의원 소비에트의 대표자들에게로 옮겨야 한다. 소비에트의 새로운 선거가 즉시 이루어져야 한다. 그래야 특히 파란이 심했던 혁명의 최근 몇 주 동안 인민의 경험을 반영하는 동시에 간혹 여전히 남아 있는 심한 불의(비례 대표제의 결여, 불평등 선거 등)를 제거할 수 있다.

민주적으로 선출된 제도가 아직 존재하지 않는 지역과 군대에서는 모든 권력을 오로지 소비에트, 그리고 소비에트가 선출한 위원이나 다른 기관, 단 제대로 선출된 기관이 장악해야 한다. 노동자와 혁명적 부대, 즉 실제로 코르닐로프 추종자들을 진압하는 능력을 보여준 부대는 어디에서나 무장을 해야 한다. 그것도 국가의 전폭적 지원을 받아 무장을 해야 한다.

모든 민족에게 평화를

3. 소비에트 정부는 **즉시 모든** 교전 국민에게(즉 그 정부만이 아니라 노동자와 농민 대중에게) 민주적 조건에 따라 전반적인 강화를 즉시 체결하고, 또 휴전 협정(설사 석 달 간이라 하더라도)을 즉각 체결하자고 제안해야 한다.

민주적 강화의 주요 조건은 합병(강점)의 포기다. 모든 강대국이 잃은 것을 되찾는다는 잘못된 의미에서가 아니라, 유럽에서든 식민지에서든 예외 없이 **모든** 민족이 **별도의** 국가를 구성할 것인지, 아니면 어떤 다른 국가의 구성원으로 참여할 것인지, 스스로 결정할 자유와 가능성을 확보한다는 유일하게 올바른 의미에서 그렇게 한다는 것이다.

소비에트 정부는 강화 조건을 제시하면서 즉시 그 이행을 위한 조치들을 취해야 한다. 즉 우리가 지금까지 얽매어 있었던 비밀 조약들, 차르가 체결했던 조약들, 러시아 자본가들에게 터키, 오스트리아 등의 약탈을 약속했던 조약들을 공개하고 폐기해야 한다. 그런 뒤에 즉시 우크라이나와 핀란드의 요구를 받아들여, 그들을 비롯한 러시아의 다른 모든 비러시아 민족들에게 분리의 자유를 비롯한 완전한 자유를 보장하고, 이와 동일한 내용을 아르메니아 전체에도 적용하여 아르메니아를 비롯하여 우리가 점령한 터키 땅 등지에서도 철수해야 한다.

이런 평화 조건들은 자본가들의 승인을 얻지는 못하겠지만, 모든 민족의 크나큰 공감을 얻어 전 세계적으로 열광적 분위기가 조성되면서 침략 전쟁이 지속되는 것에 대한 분노가 터져나올 것이다. 그 결과 우리는 즉시 휴전과 더불어 강화 협상을 개시하겠다는 동의를 얻어낼 가능성이 아주 높다. 전쟁에 반대하는 노동자들의 혁명은 도처에서 걷잡을 수 없이 확대되고 있으며, 평화에 관한 말(우리의 케렌스키 정부를 포함한 **모든** 제국주의 정부가 그런 말로 노동자와 농민을 속여왔다)이 아니라 자본가들과 단절하고 평화를 제안하는 행동으로만 거기에 박차를 가할 수 있기 때문이다.

만일 가장 가능성이 없는 일이 실제로 일어난다면, 즉 교전국 가운데 단 한 나라도 휴전조차 받아들이지 않는다면, 우리의 입장에서는 진정으로 전쟁을 강요당한 셈이 된다. 전쟁은 진정으로 정의로운 조국 방위 전쟁이 되는 것이다. 프롤레타리아와 빈농이 이 점을 이해한다면 러시아는 심지어 군사적인 의미에서도 몇 배나 강해질 것이다. 특히 인민을 강탈하는 자본가들과 완전히 단절한 뒤이기 때문이다. 나아가서 그러한 조건에서 우리에게 전쟁은 말이 아니라 행동에서 만국의 피억압 계급들과 동맹한 전쟁, 전 세계 피억압 민족들과 동맹한 전쟁이 될 것이다.

인민은 가끔 프티부르주아지를 비롯하여 겁에 질린 다른 사람들에게 영향을 끼치는 자본가들의 주장에 특히 주의해야 한다. 즉 우리가 영국이나 다른 자본가들과 맺은 현재의 약탈적 전쟁에서 손을 떼면 그들 때문에 러시아혁명에 심각한 피해를 입게 될 수 있다는 주장이다. 그러한 주장은 철두철미 거짓이다. '연합국의 재정 지원'은 은행가들만 부유하게 할 뿐이며, 밧줄이 교수형을 당하는 사람을 지탱하는 것과 똑같은 방식으로 러시아 노동자와 농민을 '지탱할' 뿐이다. 러시아에는 빵, 석탄, 석유, 철이 풍부하다. 이런 제품들을 제대로 분배하려면 인민을 강탈하는 지주와 자본가들만 없애면 된다. 현재 러시아의 동맹국들이 러시아 인민을 군사적으로 위협할 가능성을 이야기하는데, 프랑스와 이탈리아가 독일과 군대를 합쳐 정의로운 평화를 제안한 러시아를 향해 진군한다고 가정하는 것은 정말 터무니없다. 영국, 미국, 일본을 보면, 그들이 설사 러시아에 선전포고를 한다 해도(그들에게 이것은 극히 어려운 일이다. 우선 그런 전쟁이 대중에게 매우 인기가 없고, 또 아시아의 분할, 특히 중국의 약탈을 둘러싼 각국 자본가들의 물질적 이해관계가 일치하지 않기 때문이다), 그들은 지금 독일, 오스트리아, 터키와 벌이는 전쟁이 러시아에 주는 피해와 참화의 백분의 일도

겨지 않을 것이다.

토지를 경작하는 사람들에게

4. 소비에트 정부는 즉시 무상으로 지주 소유지의 사유를 폐지하고, 제헌의회가 이 문제를 해결할 때까지 이 토지의 관리를 농민위원회에 맡겨야 한다. 농민위원회는 또 모든 토지 소유자의 가축과 농기구도 관리해야 한다. 단 이러한 가축과 농기구는 일차적으로 빈농이 무료로 사용할 수 있게 해주어야 한다.

이런 조치는 농민의 압도적 다수가 농민대회의 결의나 수백 건의 위탁서를 통해 오래전부터 요구해오던 것으로(예를 들어 「이즈베스티야 소베타 크레스티안스키크 데푸타토프Izvestia Soveta Krestyanskikh Deputatov」[1]가 발표한 242개 위탁서 총괄표에서도 알 수 있다), 절대적으로 또 긴급하게 필요한 것이다. '연립' 정부 시기에 농민을 심하게 괴롭혔던 꾸물거림은 이제 사라져야 한다.

이런 조치 도입을 망설이는 정부는 인민에게 적대적인 정부로 간주하여, 노동자와 농민의 봉기로 쓰러뜨리고 짓밟아야 한다. 반대로 이런 조치를 현실로 만드는 정부만이 모든 인민의 정부가 될 것이다.

---

1   전 러시아 농민 대의원 소비에트 소식지로, 1917년 5월 9일(22일)부터 12월까지 페트로그라드에서 발행되던 전 러시아 농민 대의원 소비에트의 일간 공식 기관지. 이 신문은 사회주의자혁명가당 우익의 견해를 대변했다.

기아와 경제적 파멸에 대항한 투쟁

5. 소비에트 정부는 즉시 전국적 규모로 생산과 분배에 대한 노동자 통제 시스템을 도입해야 한다. 5월 6일(19일) 이후의 경험은 그런 통제가 없는 상태에서 모든 개혁 공약과 개혁 도입 시도는 무력하다는 것을 보여주었다. 전례 없는 파국을 동반한 기아는 한 주가 지날 때마다 전국에 점점 더 큰 위협이 되고 있다.

은행과 보험 사업체를 즉시 국유화하고, 더불어 가장 중요한 산업 분야(석유, 석탄, 제철, 설탕 등)도 국유화할 필요가 있다. 동시에 영업 비밀을 폐지하고, 정부와 계약을 하여 부를 늘리면서도 이익과 재산에 대한 회계와 정당한 과세는 회피하는 극소수 자본가들에게 노동자와 농민의 철저한 감독을 시행해야 한다.

중농이나 코사크나 소규모 수공업자들에게서 단 1코페이카도 빼앗지 않는 이런 조치는 기근에 대항한 투쟁에서 긴요하며, 전쟁의 부담을 공평하게 나누는 것이기 때문에 절대적으로 정당하다. 자본가의 약탈을 저지하고 고의적인 생산 사보타주를 막아야만 노동 생산성 향상을 위해 노력하고, 보편적 노동의무제나 곡물과 공업 제품의 올바른 교환을 실시하고, 현재 부자들이 은닉한 지폐 수십억을 국고에 회수하는 것이 가능할 것이다.

이러한 조치들이 없다면 지주 소유지의 보상 없는 철폐도 불가능하다. 지주 소유지의 대부분이 은행에 저당 잡혀 있는 상황에서 지주와 자본가의 이해관계는 서로 떼려야 뗄 수 없이 연결되어 있기 때문이다.

전 러시아 노동자·병사 대의원 소비에트 중앙위원회 경제부의 최신 결의안(「라보차야 가제타」 152호)은 정부의 조치들(지주와 쿨라크의 부를 늘려주기 위한 곡물가 인상 등)이 주는 '피해'만이 아니라, '정부가 경제생활 규제를 위해 세운 중앙기관의 완전한 무능력'만이 아니라, 이 정부의 '법률 위반'까지도 인정한다. 여당인 사회주의자혁명가당과 멘셰비키가 이런 점을 인정한다는 것은 부르주아지와 연립하는 정책의 범죄적 성격을 다시 한 번 증명하는 것이다.

지주와 자본가들의 반혁명에 대항한 투쟁

6. 카데트당('인민의 자유'당)을 선두로 지주와 자본가 계급 전체가 코르닐로프와 칼레딘 반란을 지지했다. 이 점은 중앙집행위원회의 「이즈베스티야」가 공개한 사실들이 완전히 증명했다.

그러나 이 반혁명을 완전히 진압하기는커녕, 심지어 제대로 조사하는 일조차 전혀 이루어지지 않았다. 실제로 권력을 소비에트로 옮기지 않으면 어떠한 진지한 시도도 이루어질 수 없다. 어떤 위원회도 국가권력을 쥐지 않는 한 완전한 조사를 하거나 범죄자를 체포하는 일 등을 할 수가 없다. 오직 소비에트 정부만이 이 일을 할 수 있으며 또 해야 한다. 오직 소비에트 정부만이 코르닐로프를 추종하는 장군들과 부르주아 반혁명의 주모자들(구치코프, 밀류코프, 랴부신스키, 마클라코프 일파)을 체포하여, 반혁명적 결사체들(국가 두마, 장교연맹 등)을 해체하여, 그 구성원들을 지역 소비에트의 감시하에 두고, 반혁명적 부대들을 해산하여 그렇지 않을 경우 불가피하게 일어날 '코르닐로프' 시도의 반복으로부터 러시아를 안전하게 지킬 수 있다.

오직 소비에트 정부만이 코르닐로프 사건을 비롯한 다른 모든 사건들, 심지어 부르주아지가 고발한 사건들까지 공개적으로 완전하게 조사할 위원회를 세울 수 있다. 볼셰비키당은 노동자들에게 그러한 위원회에만 충실하게 협조를 하고 복종하라고 호소할 것이다.

오직 소비에트 정부만이 자본가들이 인민에게서 쥐어짠 수백만 루블로 큰 인쇄소와 대부분의 신문을 장악하려 하는 언어도단의 불의와 맞서 성공적으로 싸울 수 있다. 부르주아 반혁명 신문들(「레치」, 「루스코예 슬라보Russkoye Slovo」[2] 등)을 폐간하고, 그 인쇄소를 몰수하고, 신문의 사적인 광고를 국가 독점으로 선언하고, 그 광고를 소비에트가 발행하는 신문, 농민에게 진실을 말하는 신문으로 옮겨야 한다. 오직 이런 방법으로만 부르주아지에게서, 거짓말과 중상을 하고, 아무런 처벌 없이 인민을 속이고, 농민을 오도하고, 반혁명을 준비하는 강력한 무기를 박탈할 수 있고, 또 박탈해야 한다.

---

2 1895년부터 모스크바에서 발행된 일간지(시험판은 1894년에 발간되었다). 겉으로는 독립적인 것처럼 보였지만 러시아 부르주아지의 이해관계에 맞추어 온건하게 자유주의적인 태도를 취했다. 1917년에 이 신문은 부르주아 임시정부 편을 들어, 레닌과 볼셰비키당을 신랄하게 공격했다. '루스코예 슬라보'는 '러시아의 말'이란 뜻이다.

혁명의 평화적 발전

7. 혁명의 역사에서 정말 보기 드문 기회가 현재 러시아의 민주주의 앞에, 소비에트와 사회주의자혁명가당과 멘셰비키 정당들 앞에 놓여 있다. 더 지체하지 않고 정해진 날짜에 제헌의회를 소집하고, 군사적이고 경제적인 파국에 대비하여 나라의 안전을 확보하고, 혁명의 평화적 발전을 보장할 가능성이다.

만일 앞서 제시한 강령을 이행할 목적으로 소비에트가 완전한 국가권력을 수중에 독점한다면, 그들은 러시아 주민 10분의 9의 지지, 노동계급과 농민의 압도적 다수의 지지를 얻게 될 것이다. 그뿐만 아니라 군대와 인민 다수가 틀림없이 크나큰 혁명적 열의로 보답할 것이다. 이런 열의가 없으면 기근과 전쟁을 누르는 승리는 불가능하다.

소비에트 자체가 흔들리지 않는다면 소비에트에 저항한다는 것은 불가능하다. 어떤 계급도 감히 소비에트에 대항하여 봉기를 시작하지 못할 것이며, 코르닐로프 반란 경험에서 교훈을 얻은 지주와 자본가는 권력을 평화적으로 넘겨주고 소비에트의 최후 통첩에 굴복할 것이다. 소비에트 강령에 대한 자본가들의 저항을 극복하려면, 노동자와 농민의 착취자들을 감독하고, 반항하는 자들에게 단기간 체포와 더불어 전 재산 몰수 같은 처벌을 하는 것으로 충분할 것이다.

소비에트가 전권을 장악한다면 지금이라도 — 아마 지금이 마지막 기회일 것이다. — 혁명의 평화적 발전, 인민의 대표자들의 평화적 선출, 소비에트 내에서 정파들 간의 평화로운 투쟁을 보장받을 수 있다. 소비에트는 다양한 정당의 강령을 시험해볼 수 있으며, 권력은 평화롭게 이 정당에서 저 정당으로 옮겨다닐 수 있다.

4월 20일(5월 3일) 운동에서부터 코르닐로프 반란에 이르기까지 혁명 발전의 전체적 과정은 이 기회를 놓칠 경우 부르주아지와 프롤레타리아 사이에 가장 살벌한 내전이 벌어질 수밖에 없음을 보여준다. 불가피한 파국이 이 내전을 더 앞당길 것이다. 인간 이성으로 파악할 수 있는 모든 자료와 연구가 증명하듯이, 내전은 노동계급의 완전한 승리로 끝날 수밖에 없으며, 이 계급은 빈농의 지지를 얻어 앞의 강령을 이행할 것이다. 그러나 내전은 매우 힘겨운 과정을 거치며 많은 피를 보게 되어, 지주, 자본가, 그들에게 동조하는 장교 수만 명이 목숨을 잃을 것이다. 프롤레타리아는 혁명을 구하기 위해 ― 그것은 오직 앞에 제시한 강령을 실행에 옮길 때에만 가능하다. ― 어떠한 희생도 망설이지 않을 것이다. 또 소비에트가 혁명의 평화적 발전의 마지막 기회를 이용하려 한다면 프롤레타리아는 모든 방법으로 소비에트를 지지할 것이다.

파국과 혁명 사이에서

9

위기가 무르익었다[1]

1   비보르그에서 쓴 글. 이 글은 여섯 장으로 이루어져 있는데, 마지막 장
     은 공개할 목적이 아니라 중앙위원회, 페트로그라드 위원회와 모스크바
     위원회, 소비에트의 구성원들에게 회람할 목적으로 쓴 것이다. 편집자들
     에게는 마지막 두 장의 원고만 전해졌다. 이 글은 1917년 10월 20일(11
     월 2일)자 「라보치 푸트(Rabochy Put)」 30호에 처음 발표되었다. 신문에 실
     린 텍스트와 원고를 비교해보니 한 장이 생략되고, 5장은 4장으로 발표
     되었다. 이 글은 볼셰비키 정기간행물에 널리 게재되었다.

9월 말은 의심의 여지없이 러시아혁명, 나아가서 어느 모로 보나 세계 혁명의 역사에서 위대한 전환점이었다.

세계 노동계급 혁명은 개인들의 행동에서 시작되었으며, 그 가없는 용기는 부패한 공식 '사회주의' ― 실제로는 사회배외주의에 불과하다. ― 에 남아 있는 정직한 모든 것을 대표했다. 독일의 리프크네히트Karl Liebknecht, 오스트리아의 아들러Viktor Adler, 영국의 맥린 John Maclean ― 이들은 세계 혁명의 선구자라는 힘겨운 역할을 떠맡은 고립된 영웅들의 유명한 이름이다.

이 혁명의 역사적 준비의 두 번째 단계는 대중의 불만의 확산이었다. 이것은 공식 정당의 분열, 비합법 출판, 가두시위로 표현되었다. 전쟁에 대한 항의는 더 강해졌으며, 정부의 박해를 받은 피해자 숫자는 늘어갔다. 법의 준수, 심지어 자유로 유명한 나라들 — 독일, 프랑스, 이탈리아, 영국 — 의 감옥은 수만 명의 국제주의자, 전쟁 반대자, 노동계급 혁명 옹호자로 가득 찼다.

이제 세 번째 단계가 시작되었다. 이 단계는 혁명의 전야라고 불러도 좋을 것이다. 자유로운 이탈리아에서 당 지도자들의 대량 체포, 특히 독일 군대에서 폭동의 시작[2]은 위대한 전환점이 눈앞에 다가왔다는 사실, 우리가 전 세계적인 혁명의 전야에 있다는 사실을 보여주는 논란의 여지없는 징후들이다.

물론 이 폭동 전에도 독일 부대에서 개별적인 폭동 사건들이 있었다. 그러나 너무 작고, 너무 약하고, 고립되어 있어서 조용히 뭉개 버릴 수 있었다. 그것이 선동적인 행동의 **대중 전염**을 저지하는 주요한 방법이기도 했다. 그러나 마침내 군사적 노예 상태를 강요하는 독일의 가혹한 체제 — 이 가혹한 체제는 놀라울 정도로 세세하게 다듬어지고 믿을 수 없을 정도로 현학적으로 준수되었다. — 에도 불

---

2   1917년 8월 독일 수병들의 혁명적 행동을 가리킨다. 이 반란은 4,000명에 달하는(1917년 7월 말) 혁명적 수병 조직이 주도했다. 그 지도자는 프리드리히데어그로세 호의 선원 막스 라이히피추와 알빈 쾨비스였다. 이 조직은 민주적 평화를 위해 투쟁하고 봉기를 준비하기로 결정했다. 8월 초에는 해군에서 시위가 벌어졌다. 빌헬름스하펜에 있던 전함 프린츠레겐텐루이트폴트 호의 수병들은 전에 파업을 주도한 혐의로 체포된 동지들의 석방을 위해 싸우려고 무단 외출을 했다. 8월 16일(29일)에는 베스트팔리아 호의 화부들이 작업을 거부했다. 동시에 바다에 나가 있던 순양함 뉘른베르크 호의 승무원들이 봉기를 일으켰다. 수병들의 운동은 빌헬름스하펜의 몇 개 소함대에 속한 배들로 번져 나갔다. 이 시위는 가혹하게 진압되었다. 라이히피추와 쾨비스는 총살을 당했으며, 다른 적극적 참여자들은 장기 중노동형을 선고받았다.

구하고 그냥 뭉개버리는 것이 **불가능한** 운동이 해군에서 시작되었다.

이제 의심은 불가능하다. 우리는 세계 프롤레타리아혁명의 문턱에 서 있다. 모든 나라의 모든 프롤레타리아 국제주의자들 가운데 오직 우리 러시아 볼셰비키만이 어느 정도의 자유를 누리기 때문에 ─ 우리에게는 합법적 정당과 이십 여 개의 신문이 있고, 두 수도의 노동자·병사 대의원 소비에트가 우리 편이고, 혁명의 시기에 인민 **다수**의 지지를 얻었다. ─ "많은 것을 준 자에게 많은 것을 요구한다" 는 말을 우리에게 적용해도 아무런 무리가 없을 것이다. 아니, 반드시 적용해야 할 것이다.

‖
러시아혁명은 분명히 결정적 지점에 이르렀다

농민의 나라에서, 그것도 어제까지만 해도 프티부르주아 민주주의를 지배를 받았던 사회주의자혁명가당과 멘셰비키가 지지하던 혁명적이고 공화주의적인 정부 체제에서, **농민 폭동**이 전개되고 있다.

믿어지지 않는 일이지만 사실이다.

우리 볼셰비키는 이 사실에 놀라지 않는다. 우리는 부르주아지와 악명 높은 '연립'을 한 정부는 민주주의와 혁명을 **배신**하는 정부이며, **제국주의적** 학살자의 정부이며, 자본가와 지주를 인민으로부터 보호하는 정부라고 이야기해왔다.

사회주의자혁명가당과 멘셰비키의 기만 때문에 공화제 체제이고

혁명의 시기임에도 러시아에는 여전히 소비에트와 나란히 자본가와
지주의 정부가 존재한다. 이것이 씁쓸하고 불길한 현실이다. 따라서
제국주의 전쟁의 연장과 그 결과로 인민이 당한 믿을 수 없는 곤경
을 고려할 때 러시아에서 농민 폭동이 시작되어 확산되고 있는 것이
놀라운 일일까?

따라서 볼셰비키의 적들, 그동안 쭉 '연립'을 지지했던 바로 그 정
당, 지난 며칠 또는 몇 주 전만 하더라도 인민 다수를 자기 편에 거느
리고 있던 정당, 연립 정책이 농민의 이익을 배신하는 행위임을 깨달
은 '새로운' 사회주의자혁명가당원들을 계속 괴롭히고 학대하는 정
당인 **공식** 사회주의자혁명가당의 지도자들, 이 지도자들이 9월 29
일(11월 1일) 그들의 공식 기관지 「드옐로 나로다」에 다음과 같은 사설
을 쓴 것이 놀라운 일일까?

> 지금까지도 러시아 중부 농촌 마을에 퍼져 있는 예속 관계를 끝장
> 내는 일은 실제로 전혀 이루어지지 않았다. … 임시정부가 오래진에 도
> 입했고, 사법협의회 같은 연옥까지 통과한, 농촌의 토지 규제 법안은
> 아무런 대책 없이 사무실에 처박혀 있다. … 우리의 공화주의적 정부가
> 차르 행정부의 낡은 습관을 벗어버리는 목표로부터 여전히 멀리 떨어
> 져 있으며, 혁명적 장관들이 사용하는 방법에서는 죽은 스톨리핀의 손
> 길이 여전히 강하게 느껴진다고 주장한다 해도 틀린 것은 없지 않을까?

이것은 공식 사회주의자혁명가당원들이 쓴 것이다! 생각해보라.
연립의 지지자들이 농민의 나라에서 혁명 일곱 달이 지난 뒤에도 농

민을 지주의 노예로 묶고 있는 "예속 관계를 끝장내는 일은 실제로 전혀 이루어지지 않았다"고 인정할 **수밖에 없는** 것이다! 이 사회주의자혁명가당원들은 그들의 동료인 케렌스키와 그의 장관 패거리에게 **스톨리핀**이라는 이름을 부여할 **수밖에 없는** 것이다.

연립이 붕괴하고 케렌스키를 용인했던 공식 사회주의자혁명가당이 **반인민적, 반농민적, 반혁명적** 정당이 되었을 뿐 아니라, 러시아 혁명 전체가 전환점에 이르렀다는 사실에 대한 우리 적 진영의 증언 가운데 이보다 더 설득력 있는 것이 어디 있겠는가?

농민의 나라에서 사회주의자혁명가당원 케렌스키, 멘셰비키 니키틴과 그보즈됴프, 또 그 밖에 자본과 지주들의 이해관계를 대표하는 다른 장관들로 이루어진 정부에 대항하는 농민 폭동이라니! 게다가 공화주의적 정부가 이 폭동을 **군사적 방법**으로 진압하다니!

이런 사실들을 마주할 때, 위기가 무르익었다는 사실, 혁명이 극히 중대한 순간을 통과하고 있다는 사실, 정부가 농민 폭동을 진압하고 거둔 승리가 이제 혁명에 조종을 울리며 코르닐로프 반란의 대미를 장식하게 될 것이라는 사실을 부인하면서도 프롤레타리아의 양심적인 옹호자 자리를 그대로 유지할 수 있을까?

III

농민의 나라에서 민주공화제를 일곱 달 시행한 뒤에 농민 폭동이 일어났다면, 이것은 혁명이 전국적으로 붕괴하고 있다는 사실, 혁명이 전례 없는 엄혹한 위기를 겪고 있다는 사실, 반혁명 세력이 **갈 데까지 갔다**는 사실을 반박의 여지없이 증명하는 것이 분명하다.

그 점은 분명하다. 농민 폭동이라는 사실에 비추어 볼 때, 다른 모든 정치적 증후들은, 심지어 전국적인 위기가 무르익고 있다는 사실과 모순된다 해도 아무런 의미가 없다.

사실 모든 증후들은 전국적인 위기가 무르익었음을 보여주고 있다.

러시아의 국가적 문제에서 농업 문제 다음으로 중요한 문제는 민족 문제다. 이것은 특히 주민 가운데 프티부르주아지 대중에게 중요하다. 체레텔리 씨 일파가 확정한 '민주주의' 회의를 보면 '민족' 쿠리아Curia*가 급진주의라는 면에서 두 번째를 차지하는 것을 알 수 있다. 연립에 **반대하는** 표를 던진 비율로 볼 때 '민족' 쿠리아(55표 가운데 40표)는 노동조합에만 밀릴 뿐, 심지어 노동자·병사 대의원 소비에트 쿠리아도 **넘어섰다.** 케렌스키 정부 — 농민 폭동을 탄압하는 정부 — 는 반동적인 핀란드 부르주아지를 강화하려고 핀란드에서 혁명부대들을 철수시키고 있다. 우크라이나에서는 정부와 우크라이나인 전체, 특히 그 가운데도 우크라이나 부대 사이에 생기는 갈등이 점점 잦아지고 있다.

나아가서 전시에는 모든 국가 문제에서 특히 큰 역할을 하는 군대를 보자. 우리는 핀란드 군대와 발트해 함대가 정부와 완전히 **갈라 섰다**는 사실을 알고 있다. 우리에게는 장교 두바소프의 증언이 있다.

• 고대 로마 시민의 구분 단위. 초기에는 군사적·정치적 의미로 쓰였으나, 제정기에는 지방 도시 평의회를 통칭하였다.

그는 볼셰비키가 아니면서도, 전선 전체의 이름으로 또 어떤 볼셰비키보다 혁명적인 방식으로 병사들이 이제 싸우지 않을 것이라고 선언한다.[3] 우리에게는 병사들이 '동요' 상태에 있으며, '질서' 유지를 보장할 수 없다(즉 이 부대들을 농민 폭동 진압에 투입할 수 없다)는 내용이 담긴 정부 보고서가 있다. 마침내 모스크바에서 투표가 이루어졌는데, 1만 7,000명의 병사들 가운데 1만 4,000명이 볼셰비키를 지지했다.

이 모스크바 지구 의회 선거는 전체적으로 전국의 분위기에 중대한 변화가 일어나고 있다는 가장 놀라운 증후의 하나다. 일반적으로 모스크바는 페트로그라드보다 프티부르주아적인 곳으로 알려져 있다. 모스크바의 프롤레타리아는 농촌과 훨씬 더 강하게 연결되어 있으며, 그 때문에 농민에게 더 공감하고 정서상 그들과 더 가깝다는 것은 자주 확인되어 논란의 여지가 없는 사실이다.

그럼에도 모스크바에서 사회주의자혁명가당과 멘셰비키를 지지하는 표는 6월의 70퍼센트에서 18퍼센트로 떨어졌다. 프티부르주아지와 인민이 연립에 등을 돌렸다는 사실에는 의심의 여지가 없다. 카데트는 17퍼센트에서 30퍼센트로 힘을 늘렸지만 여전히 소수다. '우익' 사회주의자혁명가당과 '우익' 멘셰비키와 힘을 합친 것이 분명하지만, 그래도 여전히 가망 없는 소수인 것이다. 「루스키예 베도모스티Russkiye Vedomosti」[4]는 카데트를 지지한 표의 절대 숫자가 6

3　두라소프라는 장교가 1917년 9월 21일(10월 4일) 페트로그라드 소비에트 회의에서 한 말을 가리킨다. 그는 막 전선에서 돌아와 선언했다. "여러분이 여기서 뭐라고 하든 병사들은 싸우지 않을 것입니다."

4　1863년부터 모스크바에서 발간된 일간지로, 온건한 자유주의적 지식인

만 7,000에서 6만 2,000으로 떨어졌다고 보도한다. 오직 볼셰비키를 지지하는 표만 3만 4,000에서 8만 2,000으로 늘었다. 볼셰비키는 전체 표의 47퍼센트를 얻었다. 이제 우리가 좌익 사회주의자혁명가당과 더불어 소비에트, 군대, **농촌**에서 다수파가 되었다는 사실은 조금도 의심할 수 없다.

단지 징후적일 뿐 아니라 매우 현실적인 의미도 있는 징후들 가운데 전체적인 경제적, 정치적, 군사적 관점에서 엄청나게 중요한 철도와 체신 고용인들이 계속 정부와 첨예하게 대립하고 있고,[5] 심지어 멘셰비키 방위주의자들조차 '그들의' 장관 니키틴에게 불만을 품고 있으며, 공식적 사회주의자혁명가당이 케렌스키 일파를 '스톨리핀들'이라고 부른다는 사실이 있다. 멘셰비키와 사회주의자혁명가당의 그러한 정부 '지지'에 어떤 가치가 있다면 그것은 오직 부정적 가치일 수밖에 없다는 점은 분명하지 않은가?

IV

...

들의 관점을 표현했다. 1905년부터 카데트당 우익의 기관지가 되었다. '루스키예 베도모스티'는 '러시아의 기록자'라는 뜻이다.

5   철도 직원들의 임금 인상을 위한 전국적 파업을 가리킨다. 이 파업은 1917년 9월 23일(10월 6일) 밤에 시작되어 임시정부를 공황에 몰아넣었다.

V

그렇다. 중앙집행위원회의 지도자들은 부르주아지와 지주들을 방어한다는 정확한 전술을 추구하고 있다. 볼셰비키가 입헌주의적 환상, 소비에트 대회와 제헌의회 소집에 대한 '믿음', 소비에트 대회를 '기다리는' 태도 등의 덫에 빠진다면, 볼셰비키는 틀림없이 프롤레타리아 대의의 **비참한 배신자**가 될 것이라는 데 의심의 여지가 없다.

볼셰비키는 대의의 배신자가 될 것이다. 해군에서 폭동을 시작한 독일의 혁명적 노동자들을 행동으로 배반하는 것이기 때문이다. 이런 상황에서 소비에트 대회 등을 '기다리는' 것은 **국제주의의 배신**일 것이며, 세계 사회주의혁명이라는 대의의 배신일 것이다.

국제주의는 말이 아니라, 연대의 표현이 아니라, 결의문이 아니라 **행동**으로 이루어지는 것이기 때문이다.

볼셰비키는 **농민**의 배신자가 될 것이다. 「디엘로 나로다」조차 스톨리핀 정부와 비교하는 정부, 그 정부가 농민 폭동을 진압하는 것을 묵과하는 것은 혁명 전체를 **망치는**, 영원히 망치는 일이기 때문이다. 사람들은 무정부 상태에 관해서, 인민의 늘어나는 무관심에 관해서 시끄럽게 떠든다. 그러나 농민이 폭동으로 내몰리는 판에 이른바 '혁명적 민주주의자들'이 군대의 폭동 진압을 참을성 있게 묵과하고 있으니 인민이 선거에 무관심하지 않으면 어쩌겠는가!

볼셰비키는 민주주의와 자유의 배신자가 될 것이다. 그러한 순간에 농민 폭동 진압을 묵과하는 것은 민주협의회와 '예비의회'를 확정했던 것과 **똑같은** 방식으로, 오히려 더 형편없고 더 조악한 방식으로 제헌의회 선거를 확정하는 것을 허용하겠다는 **의미**이기 때문이다.

위기는 무르익었다. 러시아혁명의 미래 전체가 위태롭다. 볼셰비키당의 명예가 문제가 되고 있다. 국제 노동자들의 사회주의혁명의 미래 전체가 위태롭다.

위기는 무르익었다….

1917년 9월 29일(10월 12일)

여기까지는 모든 것을 발표해도 좋으나, 다음에 이어지는 글은 **중앙위원회, 페트로그라드 위원회, 모스크바 위원회, 소비에트**의 구성원들에게만 **공개해야** 한다.

VI

그러면 무엇을 할 것인가? 우리는 "사실을 말해야 한다ausprechen was ist." 우리 중앙위원회 내부에, 우리 당의 지도자들 사이에 소비에트 대회를 **기다리는** 것에 찬성하고, 즉각 권력을 장악하는 것에 **반대하고**, 즉각 봉기를 일으키는 것에 **반대하는** 경향 또는 의견이 있다는 사실을 인정해야 한다. 이런 경향 또는 의견은 **극복해야** 한다.

그렇지 않으면 볼셰비키는 영원한 **수치**에 싸여 정당으로서 **자멸할 것이다.

이러한 순간을 놓치고 소비에트 대회를 '기다리는' 것은 **완전한 바보짓** 아니면 **완전한 배신**이다.

그것은 독일 노동자들에 대한 완전한 배신이 될 것이다. 물론 우리는 그들의 혁명이 시작될 때까지 기다리면 안 된다. 그럴 경우 심지어 리베르단Lieberdan*조차 혁명을 '지지'할 것이다. 그러나 케렌스키, 키슈킨 일파가 권좌에 있는 한 혁명은 시작**될 수 없다**.

그것은 농민을 완전한 배신하는 일이 될 것이다. 두 수도의 소비에트를 우리가 통제하는 상황에서 농민 폭동 진압을 허용한다면 농민의 신뢰를 모조리 **잃게, 당연히 잃게** 될 것이다. 농민의 눈에는 우리가 리베르단을 비롯한 다른 악당들과 똑같은 수준으로 내려가는 것으로 보일 것이다.

소비에트 대회를 '기다리는' 것은 완전한 바보짓이다. 몇 주, 심지어 며칠이 **모든 것**을 결정하는 시기에 **몇 주**를 잃어버린다는 뜻이기 때문이다. 그것은 심약하게 권력을 **포기한다는** 뜻이다. 11월 1~2일(14~15일)에는 권력을 장악하는 것이 불가능하기 때문이다(이런 식으로 멍청하게 봉기 날짜를 '미리 정해놓으면*, 이에 대비하여 코사크를 동원할 것이기 때문에 정치적으로나 기술적으로나 불가능하다).

소비에트 대회를 '기다린다'는 것은 바보짓이다. 대회는 **아무것도 주지 않을 것이고, 아무것도 줄 수 없기 때문이다!**

'도덕적' 중요성? 소비에트가 농민을 **지지하는** 상황에서 농민 폭

•　　멘셰비키 지도자들인 마르크 리베르(M. Lieber)와 표도르 단(F. Dan)의 이름을 합친 별명.

＊　　'권력 장악' 문제를 결정하기 위해 10월 20일에 소비에트 대회를 '소집' 하는 것 ― 이것이 봉기 날짜를 어리석게 '정하는' 것과 무엇이 다른가? 지금은 권력을 장악할 수 있지만, 10월 20~29일에는 그럴 기회가 없을 것이다.

동이 진압되고 있는데 결의안이나 리베르단과 나누는 대화의 '중요성'을 이야기하다니 정말 신기하다! 초라한 토론장으로 **소비에트**의 지위를 격하시키는 셈이다. 먼저 케렌스키를 꺾고, 그다음에 대회를 소집하라.

볼셰비키는 현재 봉기의 성공을 **보장받고** 있다. (1) 우리는 세 지점, 즉 페트로그라드, 모스크바, 발트해 함대로부터 기습을 시작**할 수 있다**(소비에트 대회를 '기다리지' 않는다면).* (2) 우리에게는 우리에 대한 지지를 보장할 슬로건이 있다. ─ 지주에 대한 농민의 폭동을 탄압하는 정부를 타도하라! (3) 우리는 **농촌에서** 다수파다. (4) 멘셰비키와 사회주의자혁명가당의 해체가 완료되었다. (5) 우리는 기술적으로 모스크바에서 권력을 장악할 위치에 있다(적의 허를 찌르기 위해 이곳에서 시작할 수도 있다). (6) 페트로그라드에는 겨울궁전, 참모본부, 전화교환국, 대형 인쇄소를 **동시에** 접수할 수 있는 무장한 노동자와 병사 **수천** 명이 있다. 어떤 것도 우리를 몰아낼 수 없다. 또 **군대**에서 선동 작업이 이루어지면, 교전국과 강화를 하고 농민에게 토지를 분배하는 정부에 군대가 대항하는 일은 **불가능**할 것이다.

즉시, 갑자기, 세 지점, 즉 페트로그라드, 모스크바, 발트해 함대에서 공격을 한다면, 7월 3~5일보다 적은 희생으로 승리를 거둘 확률은 100 대 1이다. **군대는** 강화를 추구하는 정부에 반대하여 **진격하지 않을 것**이기 때문이다. 케렌스키가 **이미** 페트로그라드에 '충성

---

*   당은 부대의 배치 등을 **연구**하기 위해 무엇을 했는가? 봉기를 기술로 수행하기 위해 무엇을 했는가? 중앙집행위원회에서 단순히 말만 했을 뿐이다!

스러운' 기병대 등을 주둔시켰다 해도, 우리가 양면에서 공격하면 그는 **굴복**할 수밖에 없을 것이다. **우리가** 군대의 공감을 얻고 있기 때문이다. 우리가 현재 이런 가능성을 갖고 있는데도 권력을 장악하지 않는다면, 권력을 소비에트로 옮기라는 이야기는 모두 **거짓말**이 된다.

지금 권력을 장악하지 않고, '기다리고', 중앙집행위원회에서 말하는 데에나 몰두하고, (소비에트의) '기관을 위해 싸우는' 일, '대회를 위해 싸우는' 일에만 만족하는 것은 **혁명에게 실패를 선고하는 것**이다.

민주협의회가 시작된 이래 내가 이런 정책을 줄기차게 요구했음에도 중앙위원회가 **심지어 답변조차 하지 않았다**는 사실을 볼 때, 중앙 기관지가 내 글에서 예비의회에 참여하기로 했다는 수치스러운 결정, 멘셰비키를 소비에트의 최고간부회의에 받아들이기로 한 결정 등과 같은 명백한 오류에 대한 모든 언급을 **삭제**하고 있다는 사실을 볼 때, 나는 이것을 중앙위원회가 이런 문제를 생각조차 하고 싶어 하지 않는다는 '미묘한' 암시, 나더러 입을 다물고 있으라는 미묘한 암시, 나더러 물러나라는 제안으로 받아들일 수밖에 없다.

나는 **중앙위원회 사퇴서를 제출**할 수밖에 없으며, 이 문서로 사퇴서를 대신한다. 이렇게 하면 나는 당의 **평당원들** 사이에서 또 당 대회에서 캠페인을 벌일 자유를 확보할 수 있다.

우리가 소비에트 대회를 '기다리면서' 이 순간을 흘려보내면, 우리는 혁명을 **망치고** 만다는 것이 나의 확고한 신념이기 때문이다.

N. 레닌

9월 29일(10월 12일)

추신: 코사크 부대조차 강화를 추구하는 정부에 반대하지 않을 것임을 증명하는 사실들이 많다! 그들은 몇 명이나 될까? 그들은 어디에 있을까? 군대 전체가 **우리를 지지하여** 부대들을 파견하지 않을까?

파국과 혁명 사이에서

10

한 국외자의 조언

나는 10월 8일(21일)에 이 글을 쓰고 있으며, 9일까지 이 글이 페트로그라드의 동지들에게 도착할 것이라는 희망은 거의 없다. 북부 소비에트 대회 날짜가 10월 10일로 잡혀 있으니 너무 늦게 도착할 가능성도 있다. 그럼에도 '한 국외자의 조언'을 해보도록 하겠다. 페트로그라드, 그리고 그 '지역' 전체에서 노동자와 병사가 곧 행동에 나서겠지만, 아직 나서지 않았을지도 모르니까 말이다.

모든 권력을 소비에트로 넘겨야 한다는 것은 분명하다. 프롤레타리아혁명 권력(또는 볼셰비키 권력 — 지금은 그 둘이 하나다)이 전 세계, 특히 교전국들의 착취당하는 모든 근로 인민, 그 가운데도 특히 러시아 농민의 절대적 공감과 무조건적 지지를 받고 있다는 사실 역시 모든 볼셰비키에게 논란의 여지가 없다. 너무 잘 알려져 있고 또 이미 확증된 지 오래인 이런 사실들을 다시 이야기할 필요는 없다.

지금 다루어야 하는 것은 모든 동지들에게 분명해 보이지 않을 수도 있는 점, 즉 소비에트로 권력을 옮기는 것이 이제 실천적으로는 무장봉기를 의미한다는 점이다. 이것은 분명해 보일지도 모르지만, 이 점에 관해 모두가 생각을 해보았거나, 생각을 하고 있는 것은 아니다. 지금 무장봉기를 거부하는 것은 볼셰비키의 핵심 구호("모든 권력을 소비에트에게로")와 더불어 프롤레타리아의 혁명적 국제주의 전체를 거부하는 것이다.

그러나 무장봉기는 **특별한** 형태의 정치투쟁으로, 주의를 기울여 생각해야 하는 특별한 법칙의 지배를 받는다. 카를 마르크스는 "**봉기는 전쟁과 마찬가지로 하나의 기술**"이라는 말로 이러한 진실을 놀랍도록 명료하게 표현했다.

마르크스는 이 기술의 주요한 규칙들에 관하여 다음과 같이 언급했다.

(1) 봉기를 **절대 장난삼아** 하지 말 것이며, 시작할 때는 **끝까지** 가야만 한다는 것을 분명하게 인식하라.

(2) 결정적인 순간과 결정적인 지점에 훨씬 우월한 역량을 결집하라. 그렇지 않으면 준비와 조직에서 더 나은 적에게 봉기군이 참패할 것이다.

(3) 일단 봉기가 시작되면 최대한 **결단력** 있게 행동해야 하며, 무슨 일이 있어도, 반드시, **공세**를 취해야 한다. "방어는 모든 무장봉기의 죽음이다."

(4) 적을 기습하여 적의 역량이 분산된 순간을 노려야 한다.

(5) 아무리 작다 하더라도 매일(한 도시의 경우라면 매 시간이라고 말할

수도 있다) 승리를 거두려고 노력해야 하며, 무슨 일이 있어도 **"정신적 우월성"**을 유지해야 한다.

마르크스는 무장봉기와 관련하여 모든 혁명의 교훈을 이런 말로 요약했다. "지금까지 혁명적 정책의 최고 대가인 당통은 이렇게 말했다. 대담하게 행동하고, 대담하게 행동하고, 또 대담하게 행동하라de l'audace, de l'audace, encore de l'audace."

이 말을 러시아와 1917년 10월에 적용하면 이런 의미가 된다. 가능한 한 **빠른** 속도로 페트로그라드를 동시에 급습해야 한다. 이 공격은 반드시 안팎에서, 노동자계급 거주 지구와 핀란드에서, 레벨과 크론시타트에서 이루어져야 한다. 해군 **전체**의 공격이어야 한다. '부르주아 근위대'(사관학교), '방데 부대'(코사크 부대) 등의 1만 5,000명 또는 2만 명(그 이상일 수도 있다)에게 **엄청나게 우월한** 역량을 집중해야 한다.

우리의 **세** 주력군 — 함대, 노동자, 육군 부대들 — 을 결합하여 **어떤 대가를 치르더라도** 다음 시설을 점령하고 유지해야 한다. (a) 전화교환국, (b) 전신국, (c) 철도역, (d) 특히 교량.

가장 결의가 굳은 분자들(우리의 '돌격대'와 **젊은 노동자들**, 또 최고의 수병들)을 소규모 부대로 편성하여 가장 중요한 지점들을 점령하고 어디에서나 모든 중요한 작전에 **참여**하게 해야 한다. 그런 작전에는 다음과 같은 경우들이 있다. 페트로그라드를 포위하고 봉쇄하는 것. 수병, 노동자, 육군 부대와 합동 공격으로 페트로그라드를 장악하는 것 — **기술과 삼중의 대담함**이 요구되는 임무다. 최고의 노동자들로 소부대를 편성하여 라이플과 폭탄으로 무장하고 적의 '중심부'(사관학교, 전신국, 전화교환국 등)를 공격하고 포위하는 것. 그들의 표어는 **"적을 통과시키느니 차라리 우리 모두에게 죽음을!"**이 되어야 한다.

행동하기로 결정하면 지도자들이 당통과 마르크스의 위대한 가르침을 성공적으로 적용할 수 있기를 바라자.

러시아혁명과 세계 혁명의 성패가 2, 3일간의 전투에 달려 있다.

파국과 혁명 사이에서

11

동지들에게 보내는 편지

* 레닌이 1917년 10월 17일(30일)에 작성하였다.

동지들,

우리는 아주 위태로운 시기에 살고 있다. 워낙 믿을 수 없는 속도로 사태가 급진전하기 때문에 운명의 뜻에 따라 역사의 주류로부터 약간 떨어져 있게 된 정치평론가는 늘 뒤처지거나 상황을 제대로 알지 못할 위험이 있다. 글을 쓰는 시점과 그것이 인쇄되는 시점 사이에 시간 간격이 어느 정도 벌어질 경우에는 더 그렇다. 이런 점을 잘 알고 있고 또 이 편지는 공개되지 않을 수도 있지만, 그래도 이 편지를 볼셰비키에게 보낼 수밖에 없다. 동요 — 이것을 가장 단호하게 경고하는 것이 나의 의무라고 생각한다. — 가 전례 없는 수준으로 심해져, 당, 국제 프롤레타리아의 운동, 혁명에 참담한 영향을 끼칠 수도 있기 때문이다. 내가 너무 뒤처졌기 때문에 생길 수 있는 위험은 내가 가진 정보의 성격과 날짜를 암시하여 막아보도록 하겠다.

10월 16일(29일) 월요일 아침이 되어서야 나는 전날 페트로그라드에서 매우 중요한 볼셰비키 모임에 참여했던 한 동지를 만나, 토론의 상세한 내용을 전해 들었다.[1] 토론의 주제는 정치적 경향을 막론하고 모든 일요일 신문에서 논의된 바로 그 봉기 문제였다. 모임에는 수도의 볼셰비키 사업 모든 분야의 영향력이 있는 사람들이 다 참석했다. 아주 적은 소수, 즉 두 명의 동지만이 봉기에 부정적인 입장이었다. 이 동지들이 제시한 논거는 힘이 없었다. 그들의 주장은 놀라울 정도로 혼란스럽고, 소심하며, 볼셰비즘과 혁명적 프롤레타리아 국제주의의 모든 근본적 개념의 붕괴를 보여준다. 그런 수치스러운 동요가 어디서 나왔는지 설명하는 것은 쉽지 않다. 그러나 사실은 사실이다. 혁명적 정당은 이런 심각한 문제에서 동요를 허용할 권리가 없기 때문에, 자신들의 원칙을 바람에 날려버린 이 두 동지가 혼란을 초래할 수도 있기 때문에, 그들의 주장을 분석하고, 그들의 동요를 폭로하고, 그들이 얼마나 부끄러운 생각을 하는지 보여줄 필요가 있다. 다음은 그렇게 해보려는 시도다.

***

"우리는 인민 사이에서 다수파가 아니다. 따라서 봉기는 가망이 없다…."

---

1 10월 16일 확대 중앙위원회 회의를 가리킨다. 레닌은 이때 페트로그라드에 은신해 있었으며, 자신이 회의에 참석했다는 사실을 감추려고 회의 날짜를 10월 15일로 바꾸어놓았다. 마찬가지로 보안상의 이유로 한 동료가 회의의 내용을 자신에게 알려주었다는 식으로 이야기를 꾸몄다.

이렇게 말하는 사람들은 진실을 왜곡하는 사람들이거나 전국에서 볼셰비키당이 정확하게 절반 더하기 한 표를 받았다는 보장을 미리 얻기를 바라는 사람들이다. 그들은 어떤 경우에도 이것을 원하며, 혁명의 현실적 상황은 고려하려 하지 않는다. 그러나 역사는 그런 보장을 해준 적이 없으며, 어떤 혁명도 그런 보장은 해줄 수 없다. 그런 요구를 하는 것은 청중을 조롱하는 것이며, 자신이 현실로부터 **도피**한 것을 감추려는 시도에 불과하다.

현실은 7월 이후 인민 다수가 빠르게 볼셰비키 편으로 넘어오기 시작했음을 보여주기 때문이다. 이것은 코르닐로프 반란이 일어나기도 전인 8월 20일(9월 2일) 페트로그라드 선거에서 처음 드러났다. 이때 볼셰비키의 득표는 교외를 제외한 도시에서 20퍼센트에서 33퍼센트로 올라갔다. 9월의 모스크바 지구 의회 선거에서 볼셰비키의 득표는 11퍼센트에서 49퍼센트로 올라갔다(최근에 만난 모스크바의 한 동지는 정확한 수치는 51퍼센트라고 말해주었다). 이것은 소비에트의 새로운 선거에서도 증명되었다. 또 농민 소비에트의 다수가 그들의 '악센티예프' 중앙 소비에트에도 불구하고 연립에 **반대** 의사를 표명한 것에서도 증명되었다. 연립에 반대한다는 것은 **실제로는** 볼셰비키를 지지한다는 의미다. 나아가서 전선의 보고들은 사회주의자혁명가당과 멘셰비키 지도자, 장교, 대표 등등의 악의에 찬 중상과 공격에도 불구하고 병사들이 전보다 훨씬 더 단호한 태도로 대규모로 볼셰비키 편으로 넘어오고 있음을 더 자주 또 더 분명하게 보여준다.

마지막, 그러나 어느 것 못지않게 중요한 사실, 오늘날 러시아의 삶에서 가장 눈에 띄는 사실은 **농민 폭동**이다. 이것은 말이 아니라 행동으로 인민이 볼셰비키의 편으로 넘어오고 있다는 사실을 객관적으로 보여준다. 그리고 소요와 무정부 상태에 관해 떠드는 부르주아 언론과 '동요하는'「노바야 지즌」패거리에 속하는 그 비참한 예스맨들이 있음에도 불구하고 이 사실에는 변함이 없다. 탐보프 구베르니아의 농민 운동[2]은 물리적인 의미에서나 정치적인 의미에서나 엄연한 봉기였다. 무엇보다도 토지를 농민에게 양도한다는 합의와 같은 훌륭한 정치적 성과를 이끌어낸 봉기였다.「드옐로 나로다」를 포함하여 사회주의자혁명가당의 어중이떠중이가 봉기에 겁을 먹고 토지를 농민에게 양도할 필요에 관하여 **비명**을 지르는 것도 공연한 일이 아니다. 이것은 볼셰비즘이 옳으며, 그것이 승리했음을 **실제로** 보여주는 것이나 다름없다. 봉기가 아니고서는 예비의회의 보나파르트주의자와 그 종복들을 '가르치는' 것이 불가능하다는 것이 증명되었다.

이것은 사실이며, 사실은 완강한 것이다. 봉기를 뒷받침하는 그러한 사실적 '논거'가 겁을 먹고 혼란에 빠진 정치가들의 수천 가지 '비관적인' 얼버무림보다 더 강력하다.

---

2   1917년 9월 탐보프 구베르니아에서는 대규모의 농민 운동이 일어났다. 농민들은 넓은 지주 소유지를 장악하고, 지주의 저택을 파괴하고 불살랐으며, 저장된 곡물을 몰수했다. 9월에 68개 구베르니아와 주변 지역에서 82개 지주 소유지가 파괴되었는데, 그 가운데 32개가 탐보프 구베르니아 소속이었다. 탐보프 구베르니아에서는 총 166건의 농민 시위가 벌어졌는데, 특히 코즐로프 우예즈드에서 큰 시위가 벌어졌다. 겁에 질린 지주들은 곡물을 철도역으로 가져가 팔려고 했으며, 그 바람에 역들은 말 그대로 곡물에 잠기고 말았다. 모스크바 지구대의 지휘관은 농민 봉기를 진압하려고 부대를 파견하고 계엄령을 선포했지만, 토지를 쟁취하려는 농민의 혁명적 투쟁은 계속 그 범위가 확대되었다.

만일 농민 봉기가 전국적으로 정치적 중요성이 있는 사건이 아니라면, 예비의회의 사회주의자혁명가당의 종복들이 토지를 농민에게 넘겨줄 필요에 관하여 소리를 지르지도 않을 것이다.

「라보치 푸트」도 이미 언급했듯이 농민 봉기의 또 하나의 빛나는 정치적, 혁명적 결과는 곡물을 탐보프 구베르니아 철도역에 배달한 것이다. 혼란에 빠진 신사들이여, 여기 당신들을 위한 또 하나의 '논거', 우리 문을 두드리는 기근으로부터, 전대미문의 위기로부터 이 나라를 구할 유일한 수단으로서 봉기를 지지할 논거가 있다. 인민을 배반한 사회주의자혁명가당과 멘셰비키는 투덜거리고, 협박을 하고, 결의안을 쓰고, 제헌의회를 소집하여 굶주린 사람들을 먹이겠다고 약속하지만, 인민은 **볼셰비키의 방법으로**, 지주와 자본가와 투기꾼에 대항하여 **반역을 일으켜** 빵 문제를 해결하기 시작했다.

심지어 「루스카야 볼랴」 같은 **부르주아** 언론도 탐보프 구베르니아 철도역들이 곡물의 늪에 잠겼다는 내용의 소식을 보도하여 **그러한** 식량 문제 해법(유일한 진짜 해법)의 놀라운 결과를 받아들일 수밖에 없게 되었다. … **이것도 농민이 폭동을 일으킨 뒤에 나타난 현상이다!**

이제 인민 다수가 볼셰비키를 따르고 있으며 또 앞으로 따를 것이라는 사실을 의심하는 것은 수치스러운 동요이며, 실천적으로는 프롤레타리아혁명의 모든 원칙을 버리고, 볼셰비즘을 완전히 포기하는 것이다.

***

"우리는 권력을 장악할 만큼 강하지 못하고, 부르주아는 제헌의회 소집을 방해할 만큼 강하지 못하다."

이 주장의 앞부분은 앞에 나왔던 주장을 말을 바꾸어 표현한 것에 불과하다. 이런 주장을 하는 사람들의 혼란과 부르주아지에 대한 공포가 노동자들에 관해서는 비관주의로, 부르주아지에 관해서는 낙관주의로 표현된다면 힘이나 설득력을 얻기 힘들다. 만일 사관생도와 코사크 부대원들이 마지막 피 한 방울까지 바쳐서 볼셰비키와 싸우겠다고 말한다면, 그 말은 전적으로 믿을 만하다고 생각한다. 그러면서도 만일 노동자와 병사들이 수백 번의 회의에서 볼셰비키에 대한 완전한 신뢰를 표명하고 소비에트로 권력을 옮기는 것을 옹호할 준비가 되어 있다고 확인을 해주어도, 그때는 투표와 싸움은 별개의 문제임을 기억하는 것이 '시의적절하다'는 식이다!

물론 그런 식으로 주장을 하면 봉기의 가능성은 '반박'할 수 있다. 하지만 묻고 싶다. 이 독특한 방향성, 독특한 충동을 지닌 '비관주의'가 정치적으로 부르주아지 편으로 이동하는 것과 어떤 면에서 다른가?

사실을 보라. 수천 번이나 되풀이했음에도 지금 우리의 비관주의자들이 '잊어버린' 볼셰비키의 선언을 기억하라. 우리는 노동자·병사대의원 소비에트가 하나의 세력이라고, 그들이 혁명의 전위라고, 그들이 권력을 장악**할 수 있다**고 수천 번이나 말했다. 멘셰비키와 사회주의자혁명가당이 소비에트로 권력을 옮기는 것을 **두려워하여** '민주주의 전권 기구'니 뭐니 말을 지어낸다고 수천 번이나 신랄하게 비판했다.

코르닐로프 반란은 무엇을 증명했는가? 소비에트가 진정한 세력임을 증명했다.

이제 이것이 경험으로, 사실로 증명이 되었음에도, 우리는 볼셰비즘을 거부하고, 우리 자신을 부정하고, 우리는 힘이 부족하다고(페트로그라드와 모스크바의 소비에트와 지방 소비에트 다수가 볼셰비키 편에 있음에도 불구하고) 말해야 한다는 것인가! 이것이 수치스러운 동요가 아닌가? 우리의 '비관론자'들은 스스로 인정하기를 **두려워하지만**, 사실 그들은 "모든 권력을 소비에트로"라는 슬로건을 버리고 있다.

부르주아지가 제헌의회 소집을 방해할 만큼 강하지 못하다는 것을 어떻게 증명할 수 있는가?

만일 소비에트에게 부르주아를 뒤집어엎을 만한 **힘이 없다면**, 이것은 부르주아지가 제헌의회 소집을 막을 만큼 강하다는 **뜻이다**. 달리 그들을 막을 사람이 없기 때문이다. 케렌스키 일파의 약속을 신뢰하는 것, 굴종적인 예비의회의 결의안을 신뢰하는 것 ─ 이것이 프롤레타리아 정당의 당원이자 혁명가가 보여줄 태도인가?

현재의 정부를 쓰러뜨리지 않으면 부르주아지는 제헌의회 소직을 막을 만한 힘을 가질 뿐 아니라, 페트로그라드를 독일군에게 넘겨주고, 전선을 개방하고, 공장폐쇄를 늘리고, 식량 배달을 사보타주하여 **간접적으로** 그 목표를 이룰 수 있다. 부르주아지가 부분적으로 이런 일을 하고 있다는 것은 **사실들**에 의해 증명이 되었다. 따라서 노동자와 병사들이 그들을 뒤집어엎지 않으면 그들은 **전면적으로** 그런 일을 할 수 있다는 뜻이다.

***

"소비에트는 리볼버가 되어 제헌의회를 소집하고 코르닐로프 같은 자들의 모든 음모를 중단시키라는 요구로 정부의 머리를 겨누어야 한다."

이것이 두 명의 애처로운 비관주의자 가운데 한 사람이 최대한 나아갈 수 있는 한계다.

그는 거기까지는 갈 수밖에 없었다. 봉기를 거부하는 것은 "모든 권력을 소비에트로"라는 슬로건을 거부하는 것과 **똑같기** 때문이다.

물론 슬로건이란 "신성한 것이 아니다." 우리 모두 그 점에 동의한다. 그렇다면 왜 **아무도** 이 슬로건을 바꾸자는 문제를 제기하지 않았을까(내가 7월 사태 이후에 이 문제를 제기했듯이)? 당이 9월 이후 이제 "모든 권력을 소비에트로"라는 슬로건을 실현할 **유일한 방법**이 된 봉기 문제를 논의해왔음에도 왜 그것을 공개적으로 말하기를 **두려워 할까?**

우리의 애처로운 비관주의자들에게는 선택의 여지가 없다. 봉기를 포기하는 것은 소비에트로 권력을 옮기는 것을 포기하는 것이다. 또 모든 희망과 기대를 제헌의회 소집을 '약속한' 친절한 부르주아지에게로 '옮긴다'는 뜻이다.

권력이 소비에트의 수중에 들어가면 제헌의회와 그 성공이 **보장된다**는 것이 그렇게 이해하기 어려울까? 볼셰비키는 수천 번 그렇게 이야기를 했지만, **아무도** 그것을 반박하려 하지 않았다. 모두가 이 '혼합형'을 인정했지만, 권력을 소비에트로 옮기는 것을 **포기**하는 것을 '혼합형'이라는 말 밑으로 몰래 들여오는 것, 우리의 슬로건을 공개적으로 포기하기를 두려워하면서 **비밀리에** 그것을 들여오는 것은 놀랄 일이다. 그것을 묘사할 의회적 용어가 있을까?

어떤 사람은 우리의 비관주의자의 주장을 아주 신랄하게 반박했다. "그것은 탄창 없는 리볼버 아닌가?" 만일 그렇다면 소비에트를 "리볼버"라고 수천 번이나 비난한, 그렇게 해서 인민을 수천 번이나 속인 리베르단 같은 자들에게로 곧장 넘어간다는 뜻이다. **그들이 통제를 하는 동안** 소비에트는 가치가 없다는 것이 증명되었기 때문이다.

그것이 '탄창이 있는' 리볼버가 되려면, 봉기를 위한 **기술적** 준비를 할 수밖에 없다. 탄창은 확보해야 하며, 리볼버에 장전해야 한다. 탄창만으로는 충분하지 않다.

리베르단들의 편으로 넘어가 **공개적으로** "모든 권력을 소비에트로"라는 슬로건을 포기하거나, 그것이 아니라면 봉기를 시작하라.

중간 길은 없다.

***

"로지 안코가 원한다 해도 부르주아지는 페트로그라드를 독일군에게 넘겨줄 수 없다. 전투는 부르주아지가 하는 것이 아니라 우리의 영웅적 수병들이 하는 것이기 때문이다."

이 주장은 다시 **부르주아지와 관련하여** 똑같은 '낙관주의'로 전락하는데, 이것은 혁명 세력들과 프롤레타리아의 능력에 비관적인 사람들이 매 단계마다 치명적으로 드러내는 태도다.

전투는 영웅적 수병이 한다. **그럼에도** 외젤 섬이 독일군에게 함락되기 전에 두 제독이 **사라지는** 것을 막지는 못했다!

이것은 사실이며, 사실은 완강한 것이다. 사실은 제독들이 코르닐로프만큼이나 배반 **능력이 있다**는 것을 증명한다. 야전 사령부는 개혁되지 않았으며, 참모본부가 그 구성에서 코르닐로프파라는 것은 논쟁의 여지가 없는 사실이다.

코르닐로프파가 페트로그라드를 내주기 **원한다면**, 두 가지, 심지어 세 가지 방식으로 그렇게 할 수 있다.

첫째, 그들은 코르닐로프파 장교들의 반역 행위로 북부 전선을 개방할 수 있다.

둘째, 그들은 우리보다 **강한** 독일 해군 전체의 행동의 자유에 '동의'할 수 있다. 그들은 독일과 영국 양쪽의 제국주의자와 의견 일치를 볼 수 있다. 나아가서 사라진 제독들이 독일군에게도 계획을 전달했을 수 있다.

셋째, 그들은 공장폐쇄, 식량 배달 사보타주로 부대를 완전히 **절망**과 무능에 빠뜨릴 수 있다.

이 세 가지 방법 가운데 어느 것도 부인할 수 없다. 사실은 러시아의 부르주아-코사크 정당이 이미 이 세 개의 문을 모두 두드렸고 강제로 열어젖히려 했다는 것을 증명했다.

결론은 무엇인가? 결론은 부르주아지가 혁명을 교살할 때까지 **기다릴** 권리가 우리에게는 없다는 것이다.

경험은 로지 안코의 소망이 하찮은 것이 아님을 증명했다. 로지 안코는 실무자다. 로지 안코는 **자본**의 후원을 받고 있다. 이것은 논란의 여지가 없다. 프롤레타리아가 권력을 쥐고 있지 않은 한 자본은 엄청난 힘이다. 로지 안코는 **수십 년 동안** 자본의 정책을 충실하고 진실하게 수행해 왔다.

결론은 무엇인가? 결론은 혁명을 구할 유일한 수단인 봉기 문제에서 동요하면 겁을 먹고 부르주아지를 쉽게 믿게 된다는 뜻이다. 이것은 반은 리베르단, 사회주의자혁명가당, 멘셰비키 같은 태도이며, 반은 '농민처럼' 무조건 믿는 태도다. 볼셰비키는 무엇보다도 이런 태도와 싸워 왔다.

빈 가슴 위에 한가하게 팔짱을 끼고 기다리면서 제헌의회에 대한 '믿음'을 맹서하다가 로지 안코 일파가 페트로그라드를 내주고 혁명을 교살하는 꼴을 보거나, 그것이 아니라면 봉기를 시작하거나 둘 중의 하나다. 중간 길은 없다.

제헌의회 소집 그 자체로는 아무것도 달라지지 않는다. '제헌'도, 최고의 주권을 가진 의회의 표결도 기근에는, 빌헬름에게는 아무런 영향을 끼치지 못하기 때문이다. 제헌의회의 소집과 **성공** 두 가지 모두가 소비에트로 권력을 옮기는 데 달려 있다. 이 오래된 볼셰비키의 진리는 점점 더 분명하게 또 점점 더 **잔인하게** 현실로 증명이 되고 있다.

***

"우리는 매일 강해지고 있다. 우리는 강한 야당으로 제헌의회에 들어갈 수 있다. 왜 우리가 모든 것을 걸어야 하는가? …"

이것은 제헌의회가 소집될 것이라고 '읽은' 속물, 또 그것이 가장 합법적이고, 가장 충성스럽고, 가장 합헌적인 경로라고 믿고 안심하고 묵묵히 따르는 속물의 주장이다.

제헌의회를 **기다린다고** 해서 기근 문제나 페트로그라드를 내주는 문제가 해결되지는 않는다. 혼란에 빠진 사람들 또는 겁을 집어먹은 사람들은 이 '사소한 일'을 잊고 있다.

기근은 기다려주지 않을 것이다. 농민 봉기는 기다려주지 않았다. 전쟁은 기다려주지 않을 것이다. 사라진 제독들은 기다려주지 않았다.

볼셰비키가 제헌의회 소집에 대한 믿음을 **선언**한다고 해서 기근이 기다려줄까? 사라진 제독들이 기다려줄까? 마클라코프와 로지안코 같은 사람들이 공장폐쇄와 곡물 배달 사보타주를 중단하겠다고, 또는 영국이나 독일 제국주의자들과 맺은 비밀 협정의 실효失效를 통고하겠다고 동의할까?

'제헌적 환상'과 의회 크레틴병의 영웅 두 사람의 주장은 고작 **이 정도**다. 살아있는 현실은 사라지고, 남은 것은 제헌의회 소집을 **서류로** 다루는 것뿐이다. 선거를 하는 것 외에는 아무것도 남지 않는다.

그럼에도 눈먼 사람들은 여전히 왜 장군과 제독들에게 배신을 당한 굶주린 인민과 병사들이 선거에 무관심한지 이해를 못하고 있다! 오, 아는 체하는 자들이여!

"만일 코르닐로프 추종자들이 다시 일을 벌이면 우리는 그들에게 확실하게 보여줄 것이다! 하지만 왜 우리가 먼저 나서서 모험을 하는가?"

이것이야말로 참으로 설득력 있고 혁명적이다. 역사는 되풀이되지 않는다. 그러나 우리가 역사에 **등**을 돌린다면, 첫 번째 코르닐로프 반란을 보고도 "코르닐로프 추종자들이 일을 벌이기만 한다면" 하고 되풀이한다면 ― 우리가 그렇게 한다면, 그것은 얼마나 뛰어난 혁명적 전략이겠는가! 기다리자는 이야기와 얼마나 흡사한가! 어쩌면 코르닐로프 추종자들이 자신들에게 불리한 시기에 다시 일을 벌일 수도 있다. 얼마나 '무게 있는' 논거인가! 도대체 이것이 프롤레타리아 정책의 어떤 진지한 근거가 된단 말인가?

만일 두 번째 시도에 나선 코르닐로프 추종자들이 한두 가지를 배운 뒤라면 어쩔 것인가? 그들이 기아 폭동이 시작되기를, 전선이 돌파당하기를, 페트로그라드가 넘어가기를 **기다린 뒤에 일을 벌인다면** 어쩔 것인가? 그러면 어쩔 것인가?

그런데도 코르닐로프 추종자들이 그들의 예전의 잘못을 되풀이할 가능성에 기초하여 프롤레타리아 정당의 전술을 구축하자고 제안하다니!

볼셰비키가 수도 없이 보여주고 있고 **보여준** 것, 우리 혁명의 여섯 달의 역사가 증명한 것을 잊어버리자. 즉 코르닐로프 추종자들의 독재냐 프롤레타리아 독재냐 이 둘 가운데 하나가 **아니라면** 출구가

없다는 것, 객관적인 출구가 존재하지 않고 존재할 수도 없다는 것이다. 이것은 잊어버리자. 이 모든 것을 부인하고 기다리자! 무엇을 기다린단 말인가? 기적을 기다린다는 것인가? 4월 20일(5월 3일)부터 8월 29일(9월 11일)까지 벌어진 태풍 같고 재앙 같은 사태의 흐름 뒤에 (전쟁의 장기화와 기근의 확산에도 불구하고) 제헌의회의 평화적이고 고요하고 순조롭고 합법적인 소집이 이어지고, 가장 합법적인 결정들의 이행이 이어지기를 기다린다는 것인가? 그러고도 '마르크스주의적' 전술을 구사한다고 말하는가! 기다려라, 너희 굶주린 자들이여! 케렌스키가 제헌의회를 소집하기로 약속했도다.

***

"국제 정세에는 사실 우리가 즉각 행동에 나서게 할 만한 것이 없다. 오히려 우리가 나서서 총에 맞으면 서방의 사회주의혁명이라는 대의에 피해를 주게 될 가능성이 더 높다…."

정말 대단한 주장이다. 샤이데만[3]이 '직접 나서도', 르노델Pierre Renaudel[4]이 '직접 나서도' 국제 사회주의혁명에 대한 노동자들의 공감을 이보다 교묘하게 '조작'하려 들 수는 없을 것이다!

생각해보라. 리프크네히트 한 사람밖에 없고(그나마 감옥에 있었다), 신문도 없고, 집회의 자유도 없고, 소비에트도 없고, 부농을 포함한 주민의 **모든** 계급이 국제주의라는 관념에 믿을 수 없을 정도로 적대

---

3   독일 사회민주주의의 우익 지도자.

4   프랑스 사회주의 당의 개혁주의 지도자.

적이고, 제국주의적인 대, 중, 소 부르주아지가 멋지게 조직되어 있는 그 엄청나게 어려운 조건에서도 독일인들, 즉 독일의 혁명적 국제주의자들, 수병 군복을 입은 독일 노동자들은 이길 가능성이 1 대 100일 것을 알면서도 해군에서 폭동을 일으켰다.

그런데 우리, 수십 개의 신문을 마음대로 내고, 집회의 자유가 있고, 소비에트에서 **다수**를 차지한 우리, 세상에서 가장 조건이 좋은 프롤레타리아 국제주의자들인 우리는, 우리의 봉기로 독일 혁명가들을 지원하는 것을 거부하다니. 우리더러 샤이데만이나 르노델 같은 자들과 마찬가지로 폭동을 일으키지 않는 것이 신중한 태도라고 생각하라는 것이다. 우리가 사살을 당하면, 세계는 뛰어나고, 분별력 있고, 이상적인 국제주의자들을 잃게 될 터이니!

우리가 얼마나 분별력이 있는지 증명하자. **독일에서 봉기한 사람들**에게 공감하는 결의안을 통과시키고, 러시아의 **봉기**는 포기하자. 그러면 진실하고, 분별력 있는 국제주의가 될 것이다. 이런 지혜로운 정책이 **어디에서나** 승리를 거둔다면 세계 국제주의가 얼마나 빠르게 만개할지 상상해보라!

전쟁은 만국의 노동자들을 극도의 피로와 고통으로 몰아넣었다. 이탈리아, 독일, 오스트리아에서는 폭동이 자주 일어나고 있다. **오직** 우리에게만 노동자·병사 대의원 소비에트가 있다. 따라서 **계속 기다리자**. 우리에게 케렌스키 정부에 대항하여 일어나라고 말이 아니라 행동으로, 지주에 대한 봉기로 호소하는 러시아 농민을 배반하듯이 독일 국제주의자들을 배반하자….

러시아혁명을 교살하려는 만국의 자본가들의 제국주의적 음모의 구름이 모여들게 내버려두자. ― 우리가 **루블로** 목이 졸릴 때까지 참을성 있게 기다리자! 노동자·병사 대의원 소비에트의 승리로 음모자들을 공격하고 그들의 대오를 부수는 대신, 제헌의회를 기다리면, 케렌스키와 로지 안코가 양심적으로 제헌의회를 소집해준다면 그곳에서 국제적인 음모들은 모두 **표결로** 물리칠 수 있을 것이다. 우리에게 케렌스키와 로지 안코의 선의를 의심할 권리가 있는가?

***

"그러나 '모두' 우리에게 적대적이다! 우리는 고립되어 있다. 중앙집행위원회, 멘셰비키 국제주의자, 「노바야 지즌」 사람들, 좌익 사회주의자혁명가당은 우리에게 대항하자는 호소를 해왔고 앞으로도 계속할 것이다!"

결정적인 주장이다. 지금까지 우리는 동요하는 사람들을 바로 그 동요 때문에 무자비하게 채찍질해왔다. **그렇게 해서** 우리는 인민의 공감을 얻었다. **그렇게 해서** 우리는 소비에트에서 승리를 거두었다. 이것이 없다면 안전하고, 빠르고, 확실한 봉기는 불가능할 것이다. 그런데 이제 우리가 승리를 거둔 소비에트를 이용하여 **동요하는 사람들의 진영에 합류하자고?** 볼셰비즘의 앞날은 얼마나 찬란한가!

리베르단이나 체르노프 같은 자들, 또 좌익 사회주의자혁명가당과 멘셰비키의 정책의 핵심은 **동요다.** 좌익 사회주의자혁명가당과 멘셰비키 국제주의자들은 대중이 **왼쪽으로 움직이고 있다**는 사실을 보여주는 **지표로서** 정치적 중요성이 엄청나게 크다. 멘셰비키와 사회주의자혁명가당 양쪽의 40퍼센트가 좌파 진영으로 넘어왔다는 사실과 농민 봉기, 이 두 가지는 분명하게 서로 연결되어 있다.

그러나 바로 이런 연결의 성격에서 쇠약해진 중앙집행위원회나 동요하는 좌익 사회주의자혁명가당 일파가 우리에게 대항하고 나섰다는 사실을 놓고 홀쩍거리게 된 자들의 지독하게 줏대 없는 태도가 드러난다. 프티부르주아적 지도자들 — 마르토프, 캄코프, 수하노프 일파 — 의 **이런** 동요를 농민의 **봉기**와 비교해야 하기 때문이다. 이것은 **현실적인** 정치적 비교다. 우리는 누구와 함께 갈 것인가? **간접적**으로 대중이 **왼쪽으로 기우는 경향**을 표현해주지만, 정치적 전환기가 올 때**마다** 창피하게 홀쩍거리고, 동요하고, 리베르단, 아프크센티예프 일파의 용서를 구하러 달려가는 한 줌의 동요하는 페트로그라드 지도자들인가? **아니면 왼쪽으로 이동한 그 대중인가?**

그런 식으로, 오직 그런 식으로만 문제를 제기할 수 있다.

마르토프, 캄코프, 수하노프 같은 자들이 농민 봉기를 배반했고, 혁명적 국제주의자들의 노동자 정당인 우리도 그 봉기를 배반하라는 요구를 받고 있기 때문이다. 좌익 사회주의자혁명가당과 멘셰비키 국제주의자들에게 책임을 돌리는 정책은 결국 여기에 이르고 만다.

그러나 우리는 동요하는 사람들을 도우려면 우리가 동요를 중지해야 한다고 말했다. 그 '훌륭한' 좌익 프티부르주아 민주주의자들은 연립을 지지하여 '동요하지' 않았던가? 결국 우리는 그들이 우리를 따르게 했다. 우리 자신이 동요하지 않았기 때문이다. 사태의 흐름은 우리가 옳았음을 보여주었다.

이 신사들은 동요로 늘 혁명의 뒷덜미를 붙잡았다. 우리만 그 이야기를 했다. 그런데 기근이 페트로그라드의 문을 두드리고, 로지안코 일파가 도시를 내줄 준비를 하고 있는 지금 우리가 포기를 해야 하는가?!

***

"하지만 우리는 철도 쪽 사람들이나 우체국 직원들과 확고한 연계조차 확보하지 못했다. 그들의 공식 대표자들은 플란손A. Planson[5] 같은 자들이다. 우리가 체신과 철도 없이 승리를 거둘 수 있겠는가?"

그래, 그렇다, 여기에는 플란손 같은 자들이 있고, 저기에는 리베르단 같은 자들이 있다. 그러나 **대중**이 그들에게 얼마나 신뢰를 보여주었는가? 그런 지도자들은 **대중**을 배반한다는 사실을 우리는 늘 보여주지 않았던가? 대중은 모스크바 선거와 소비에트 선거에서 그 지도자들에게 등을 돌리고 **우리를 향하지** 않았던가? 아니면 철도에서 일하는 대중과 우체국 직원들은 굶지 않는단 말인가! 케렌스키 일파에 대항하여 파업을 하지 않는단 말인가?

"우리가 2월 28일 전에 이런 조합들과 연계가 있었습니까?" 한 동지가 비관주의자에게 물었다. 그러자 비관주의자는 두 혁명은 비교할 수 없다고 대답했다. 그러나 이런 대답은 그런 질문을 한 사람의 입장만 **강화**해줄 뿐이다. **부르주아지에 대항한 프롤레타리아혁명**

---

5   인민사회주의자, 중앙집행위원회(1차) 위원. 철도인 노동조합 전 러시아 집행위원회인 빅젤의 지도자. 빅젤은 타협주의자들이 운영하던 조직이다.

을 위한 오랜 준비에 관하여 수도 없이 이야기를 한 것이 바로 볼셰비키이기 때문이다(그러나 그들은 결정적인 순간이 다가오자 자신이 한 말을 잊기 위하여 그 이야기를 하지 않았다). 체신 직원과 철도 노동자 조합의 정치적, 경제적 생활의 특징은 대중 가운데 프롤레타리아 분자가 프티 부르주아나 부르주아 상층과 **분리**되어 있다는 점이다. 양쪽 가운데 어느 조합과 미리 '연계'를 확보하는 것이 꼭 필요한 것은 아니다. 중요한 것은 프롤레타리아와 농민 봉기의 승리만이 철도 노동자와 우편과 전신 직원들로 이루어진 대중을 만족**시킬 수 있다**는 것이다.

***

"페트로그라드에는 2, 3일치 식량밖에 없다. 우리가 봉기자들에게 식량을 줄 수 있는가?"

이것은 수많은 회의적인 발언 가운데 하나(회의주의자들은 **언제나** '의심'을 할 수 있으며, 경험 외에는 무엇으로도 그들을 반박할 수 없다), 엉뚱한 사람에게 책임을 전가하는 발언 가운데 하나다.

기근을 준비하고 기근으로 혁명을 교살하는 짓을 두고 투기를 하는 자들은 로지 안코 일파, 부르주아지다. 기근을 피하는 것은 **불가능하다**. 농촌에서는 지주에 대한 농민의 봉기, 도시와 페트로그라드와 모스크바에서는 자본가들에 대한 노동자들의 승리가 아니라면 불가능하다. 그 외에 부자로부터 곡물을 얻어내거나, 그들의 사보타주에도 불구하고 그것을 운송하거나, 부패한 직원들이나 자본가 모리배들의 저항을 분쇄하거나, 엄격한 회계를 확립하는 **다른 방**

법은 없다. 자본가들의 사보타주에 대해 수도 없이 불만을 토로하고, 홀쩍거리고, 탄원을 했음에도 공급 조직이 겪어온 역사, '민주주의'가 겪어온 식량난의 역사가 그 증거다.

불평과 간청과 눈물로부터 **혁명적 행동**으로 나아갈 수 있는 권력은 지상에 승리한 프롤레타리아혁명의 권력밖에 없다. 프롤레타리아혁명이 지연될수록, 여러 가지 사건에 의해 또 혼란에 빠져 흔들리는 자들의 동요에 의해 지연될수록, 더 많은 희생자가 생기고, 식량의 운송과 분배를 조직하는 것은 더 어려워질 것이다.

"봉기에서는 지연이 치명적이다." — 이것이 확산되는 경제적 파탄, 다가오는 기근을 보면서도 여전히 노동자들에게 봉기를 **단념하라고 설득하는**(즉 더 기다리면서 부르주아지를 믿으라고 설득하는) 애처로운 '용기'를 가진 자들에게 주는 우리의 답이다.

***

"전선에는 아직 아무런 위험이 없다. 병사들이 스스로 휴전을 한다 해도 그것이 아직 재앙은 아니다."

그러나 병사들은 휴전을 하지 않을 것이다. 휴전을 하려면 권력이 필요하며, 이 권력은 봉기 없이는 얻을 수 없기 때문이다. 병사들은 단지 **탈영할** 것이다. 전선의 소식이 그것을 말해준다. 우리는 기다리면 안 된다. 병사들이 완전한 절망에 빠져(**이미 그런 절망에 가까이 다가갔다**) 모든 것을 운명에 맡기면 대규모로 탈영을 할 터인데, 그러면 로지 안코와 빌헬름 사이의 충돌을 도울 위험이 있고, **완전한** 경제적 파멸을 맞이할 위험이 있기 때문이다.

***

"하지만 우리가 권력을 장악하여 휴전을 하지도 못하고 민주적인 강화를 하지도 못하면, 병사들은 혁명 전쟁을 하려 하지 않을지도 모른다. 그러면 어떻게 할 것인가?"

이 주장을 들으면 다음과 같은 말이 떠오른다. 한 사람의 바보가 열 사람의 지혜로운 사람이 답할 수 있는 것보다 열 배나 많은 질문을 할 수 있다.

우리는 제국주의 전쟁 기간에 **권력을 장악한 사람들**이 겪을 어려움을 부정한 적이 없다. 그럼에도 우리는 늘 프롤레타리아와 빈농의 독재를 **설교**해왔다. 그러다가 정작 행동할 시간이 왔을 때 그것을 포기할 것인가?

우리는 늘 한 나라의 프롤레타리아 독재가 국제 정세, 그 나라의 경제생활, 군대의 조건과 그 분위기에 엄청난 변화를 가져올 것이라고 이야기해왔다. 그런데 이제 이것을 다 '잊고', 혁명의 '어려움'에 겁을 집어먹을 것인가?

***

"모두가 이야기하듯이 대중은 거리로 나올 분위기가 아니다. 소수민족 학살과 검은 백인단 언론의 독자가 크게 늘어났다는 사실도 비관주의를 뒷받침해주는 증거로 들 수 있다."

사람들이 부르주아지에 겁을 집어먹으면, 그들 눈에는 모든 대상과 현상에서 자연스럽게 두려움을 느끼게 된다. 우선 그들은 마르크스주의적 운동 기준 대신 인상주의적이고 지성주의적 기준을 제시한다. 전체적인 국제적 배경에서 나라 전체의 계급투쟁과 사태의 발전을 정치적으로 분석하는 **대신** 분위기에 대한 주관적 인상을 제시한다. 물론 그들은 특히 첨예한 혁명적 순간에는 당의 확고한 노선, 그 불굴의 결의 역시 분위기를 만드는 **요인**이라는 점을 '편리하게도' 잊어버린다. 책임감 있는 지도자들이 동요에 의해서, 어제의 우상들을 기꺼이 태워버리는 행동에 의해서 대중의 특정 계층의 분위기에 가장 꼴사나운 동요를 일으킨다는 사실을 사람들은 가끔 아주 '편리하게도' 잊어버린다.

둘째로 — 이것이 지금은 주요하다. — 대중의 분위기를 이야기하면서 줏대 없는 사람들은 다음과 같은 점들을 덧붙이는 것을 잊는다.

이 분위기를 긴장되고 기대감에 찬 분위기라고 '모두가' 말한다는 것.

소비에트가 소비에트의 방어를 호소하면 노동자들이 마지막 한 사람까지 일어설 것이라는 데 '모두가' 동의한다는 것.

노동자들은 '마지막 결정적 투쟁'이 불가피하다는 점을 명확하게 인식하고 있으며, 그에 관한 중앙의 우유부단에 크게 실망하고 있다는 데 '모두가' 동의한다는 것.

가장 광범한 대중의 분위기는 절망에 가까우며, 거기에서 발전한 무정부 상태를 보이고 있다는 것에 '모두가' 만장일치로 찬성한다는 것.

부분적 투쟁이 아니라 전반적 투쟁이 미결인 상황에서 개별적 파업이나 시위나 행동이 당국에 영향을 줄 가능성이 없다는 사실을 이미 확인했고 또 분명하게 깨닫고 있기 때문에, 계급의식을 갖춘 노동자들은 **오직** 시위만을 위해서는, **오직** 부분적 투쟁만을 위해서는 거리로 나가지 않으려는 분위기가 팽배하다는 사실 또한 '모두가' 인식한다는 것.

기타 등등.

만일 대중의 분위기를 어떻게 규정할 것인가 하는 문제를 우리 혁명의 지난 6개월간의 계급투쟁과 정치투쟁의 전체적 발전, 사태의 전반적 흐름의 관점에서 파악한다면, 부르주아지에게 겁을 먹은 사람들이 문제를 왜곡한다는 사실이 분명하게 드러날 것이다. 사태는 4월 20~21일, 6월 9일, 7월 3일 이전과 같지 않다. 당시에는 **자연 발생적 흥분**이 주류였으며, 우리는 하나의 정당으로서 그것을 파악하지 못했거나(4월 20일), 그것을 저지하여 평화적 시위로 유도했다(6월 9일과 7월 3일). 당시에는 소비에트가 **아직** 우리의 것이 **아니었고**, 농민이 **여전히** 볼셰비키의 길(봉기)이 아니라 리베르단 – 체르노프를 신뢰했으며, 그 결과 우리는 우리를 뒷받침할 인민의 다수를 확보할 수 없었고, 따라서 봉기는 시기상조라는 것을 잘 알았기 때문이다.

당시에 계급의식을 갖춘 노동자들 다수는 마지막 결정적 투쟁의 문제를 전혀 제기하지 않았다. 당시 같으면 우리 당 단위 가운데 단 하나도 그 문제를 제기하지 **못했을** 것이다. 계몽되지 않은 아주 광범한 대중에게서 일치된 노력이나 절망에서 나온 결의를 찾아볼 수 없었다. 당시에는 '행동'으로, 순수하고 단순한 시위로 케렌스키와 부르주아지에게 '영향'을 끼치고자 하는 소박한 희망을 품은 자연발생적 **흥분**밖에 없었다.

봉기에 필요한 것은 그것이 아니다. 한편으로는 계급의식을 갖춘 분자들의 끝까지 싸우겠다는 의식적이고, 확고하고, 흔들림 없는 결의가 있어야 한다. 또 한편으로는 광범한 대중의 절망의 분위기가 있어야 한다. 그들은 이제 어중간한 방법으로는 아무것도 구할 수 없다고, 누구에게도 '영향'을 줄 수 없다고, **만일** 볼셰비키가 그들을 결정적인 전투로 이끌지 않는다면 굶주린 자들이 '심지어 무정부주의적으로 모든 것을 부수고, 모든 것을 파괴할 것'이라고 **느껴야** 한다.

혁명의 전개는 실제로 노동자와 농민 **양쪽**에게서 바로 이런 결합, 즉 계급의식을 갖춘 사람들에게서는 경험에서 나오는 긴장된 분위기, 가장 광범한 대중에게서는 공장폐쇄를 무기로 사용하는 자들과 자본가들을 향한 증오의 분위기, 이 양자의 결합을 가져왔다.

우리는 바로 이 땅에서 볼셰비즘을 모방하는 반동적 언론의 악당들이 '성공'을 거두는 것도 이해할 수 있다. 반동들이 부르주아지와 프롤레타리아 사이의 결정적인 전투가 다가오는 것에 악의를 품고 기뻐하는 것은 모든 혁명에서 예외 없이 관찰되는 사실이다. 이것은 늘 그러했으며, 절대로 피할 수 없다. 만일 **이런** 상황에 겁을 먹는다면, 봉기만이 아니라 프롤레타리아혁명 전체를 포기해야 한다. 자본주의 사회에서 이런 혁명이 성숙하면 **반드시** 반동의 악의에 찬 기쁨과 그들이 이런 식으로 사리사욕을 채울 수 있을 것이라는 희망을 동반하기 때문이다.

계급의식을 갖춘 노동자들은 검은 백인단이 부르주아지와 손을 잡고 일한다는 사실, 노동자들의 결정적 승리(프티부르주아지는 이것을 믿지 않으며, 자본가들은 이것을 두려워하며, 검은 백인단은 볼셰비키가 권력을 유지할 수 없다고 확신하기 때문에 가끔 순전히 악의에서 그것을 바라기도 한다)가 검은 흑인단을 완전히 **박살낼** 것이라는 사실, 볼셰비키는 확고하게 권력을 유지**할 수 있으며**, 그 결과 전쟁으로 고통을 당하는 모든 인류가 큰 혜택을 볼 것이라는 사실을 아주 잘 알고 있다.

사실 제정신을 가진 사람 가운데 **로지 안코**와 수보린 같은 자들이 서로 협력한다는 사실, 그들 사이에 역할을 나누었다는 사실을 의심할 수 있는 사람이 누가 있을까?

케렌스키가 로지 안코의 명령에 따라 행동하고, 러시아 공화국 국가 인쇄소가 (웃지 마라!) 국가의 비용으로 '두마'에서 반동들의 검은 백인단 연설을 인쇄한다는 것은 사실들에 의해 증명되지 않았는가. 이런 사실은 '그들 자신의 마네킹'을 섬기는 「드옐로 나로다」의 추종자들**조차** 폭로한 것 아닌가? 차르주의적인 지주들의 '이해관계'에 의해 통제되는 타락한 신문 「노보예 브레먀」가 카데트 후보들을 완전히 지지한다는 것은 **모든** 선거의 경험으로 증명되지 않았는가?

어제 우리는 상업 자본가와 산업 자본가들(물론 비당파적 자본가들이다. 아, 물론 비홀라예프와 라키트니코프, 그보즈됴프와 니키틴 같은 자들이 보기에는 비당파적 자본가들이 카데트가 아니라 — 하느님 맙소사! — **비당파적인** 상업적, 산업적 서클들과 제휴한다!)이 카데트에게 30만 루블이라는 상당한 금액을 기부했다는 보도를 읽지 않았는가?

감상적인 관점이 아니라 계급적인 관점에서 보자면 검은 백인단 언론 전체가 '랴부신스키, 밀류코프 일파'라는 회사의 한 지사다. 자본가들은 한편으로는 밀류코프, 자슬라프스키, 포트레소프 등을 사고, 다른 한편으로는 검은 백인단을 산다.

검은 백인단이라는 싸구려 독을 인민에게 주입하는 이 무시무시한 사태를 끝내는 유일한 수단은 **프롤레타리아의 승리**다.

굶주림과 긴 전쟁에 지쳐 비참한 상태로 떨어진 군중이 검은 백인단이라는 독을 움켜쥐는 것이 놀라운 일일까? 붕괴 전야의 자본주의 사회에서 대중이 절망적이지 **않은** 경우를 상상할 수 있을까? 대중 — 다수가 여전히 무지에서 벗어나지 못했다. — 의 절망이 온갖 종류의 독을 더 많이 먹게 **될 것**이라는 사실을 의심할 수 있을까?

대중의 분위기를 이야기하면서 자신들의 개인적으로 줏대 없는 태도를 대중 탓으로 돌리는 사람들은 가망이 없다. 대중은 의식적으로 때를 기다리는 사람들과 무의식적으로 절망에 빠져들 준비가 되어 있는 사람들로 나뉜다. 그러나 억압당하고 굶주리는 대중은 그래도 줏대는 **있다**.

***

"또한 마르크스주의 정당은 봉기 문제를 군사적 음모의 문제로 축소할 수 없다…"

마르크스주의는 매우 심오하고 다양한 측면을 가진 신조다. 따라서 마르크스와 결별하는 사람들의 '주장'에서 마르크스의 인용문 조각 — 물론 부적절한 인용인 경우가 흔하지만 — 을 늘 발견하게 되는 것도 놀랄 일은 아니다. **만일 확고한 계급의 정당이 군사적 음모**

를 주장하지 않았다면, **만일** 그 조직자들이 정치적 상황 전체, 그 가운데도 특히 국제 정세를 분석하지 않았다면, **만일** 그 정당이 인민 다수의 공감을 받지 못한다는 것이 객관적 사실에 의해 증명되었다면, **만일** 혁명적인 사태 발전이 프티부르주아지의 타협적인 환상을 실천적으로 반박하지 못했다면, **만일** 혁명 투쟁에서 권위를 인정받은 또는 실천적으로 권위를 보여준 소비에트 유형의 기관에서 다수를 얻지 못했다면, **만일** (전시일 경우) 전체 인민의 의지에 반한 불의의 전쟁을 오래 끄는 정부에 반대하는 정서가 군대 내에 성숙하지 않았다면, **만일** 봉기의 슬로건들("모든 권력을 소비에트로" "토지를 농민에게" "모든 비밀 조약과 비밀 외교의 즉각 폐기와 더불어 모든 교전국들에 민주적 강화의 즉각 제안" 등)이 널리 알려져 인민의 입에 오르내리지 않는다면, **만일** 선진적인 노동자들이 대중의 절망적인 상황과 농촌의지지 — 진지한 농민 운동이나 지주와 지주를 옹호하는 정부에 대항한 봉기로 증명된 지지 — 를 확신하지 못한다면, **만일** 나라의 경제 상황이 평화적이고 의회적인 수단으로 위기를 적절하게 해결할 수 있을 것이라는 진지한 희망을 품어볼 수 있는 수준이라면, 그 군사적 음모는 블랑키주의가 된다.

이 정도면 충분할 것이다.

나의 「볼셰비키는 국가권력을 유지할 수 있는가」라는 제목의 팸플릿(하루나 이틀 뒤에 나오기를 바란다)에는 봉기의 문제와 진정으로 관련이 있는, 하나의 '기술'로서 봉기의 특징들을 열거하는 마르크스의 인용문이 나온다.

만일 우리가 러시아에서 현재 군사적 음모에 반대하여 소리를 지르는 그 모든 수다쟁이들에게 입을 열어 봉기의 '기술'과 비난을 받아야 할 군사적 음모 사이의 차이를 설명해보라고 요구한다면, 그들은 위에 인용한 것을 되풀이하거나 아니면 부끄러워 얼굴을 가릴 것이며, 노동자들의 조롱을 받게 될 것이다. 내기라도 걸 수 있다. 한번 해보라, 친애하는 자칭 마르크스주의자들이여! 우리 앞에서 '군사적 음모'에 반대하는 노래를 불러보라!

후기

앞의 글을 쓰고 있던 화요일 저녁 8시에 페트로그라드 조간신문들을 받아보았다. 그 가운데 「노바야 지즌」에는 바자로프 씨가 쓴 글이 실렸다. 바자로프 씨는 "도시에 손으로 쓴 성명서가 배포되는데, 거기에는 즉각적인 행동에 반대하는 주장이 담겨 있으며, 그 주장은 두 명의 저명한 볼셰비키의 이름으로 제시되었다"고 말한다.

만일 그 말이 사실이라면, 이 편지를 수요일 정오나 되어야 받아볼 수 있는 동지들은 가능한 한 빨리 **이 편지를 공개**할 것을 간청한다.

나는 언론 매체를 위해 이 글을 쓴 것이 아니다. 나는 우리 당의 당원들과 편지로 이야기하고 싶었다. 하지만 「노바야 지즌」의 영웅들, 당에 속해 있지 않으며, 경멸할 만한 줏대 없는 행동으로 수도 없이 조롱당한 사람들(그들은 그저께 볼셰비키에게 찬성표를 던졌다가 어제는 멘셰비키에게 찬성표를 던졌으며, 세계적으로 유명한 통합 대회에서 그들을 **거의** 통일시킬 뻔했다), 이런 사람들이 우리 당의 당원들로부터 봉기 반대를 선전하는 **성명서**를 받을 때, 우리는 침묵할 수 없다. 우리는 봉기에 **찬성하는** 선동을 해야 한다. 익명의 개인들이 대낮의 빛 속으로 나오게 하라. 그들이 수치스러운 동요에 대하여 받아 마땅한 벌 — 설사 계급의식을 갖춘 모든 노동자들의 조롱뿐이라 해도 — 을 받게 하라. 이 편지를 페트로그라드로 보내야 할 때까지 한 시간밖에 남지 않았다. 따라서 어리석은 「노바야 지즌」 경향의 애처로운 영웅들의 '방법들' 가운데 한 가지에 관해서 한두 마디밖에 할 수가 없다. 바자로프 씨는 랴자노프 동지에게 맞서 논쟁을 하려 하는데, 랴자노프 동지는 이렇게 말했다. "대중 속에서 절망과 무관심의 분위기를 만드는 모든 사람들은 결국 봉기를 준비하는 것이다." 이것은 백 번 옳은 말이다.

애처로운 명분의 애처로운 영웅은 다음과 같이 '대꾸'한다.

"절망과 무관심이 극복된 적이 있는가?"

오, 경멸받아 마땅한 「노바야 지즌」 바보들이여! 그들은 역사에서 봉기의 사례들을 모르는가? 억압받는 계급들로 이루어진 대중은 오랜 고통을 겪고 온갖 종류의 위기가 극도로 첨예해졌음에도 절망으로 떨어지지 않고 봉기에 나서 가망 없는 전투에서 승리를 거두었다. 그들은 아첨꾼 같은 다양한 예비의회들, 혁명을 가지고 노는 한가한 장난, 소비에트를 권력과 봉기의 기관에서 공허한 수다의 장소로 전락시키려는 리베르단의 시도 등에 무관심했던 적이 없다.

경멸받아 마땅한 「노바야 지즌」 바보들은 대중이 식량 문제, 질질 끄는 전쟁 문제, 농민 문제에 무관심한 것을 본 적이 있는가?

파국과 혁명 사이에서

12

페트로그라드 노동자·병사
대의원 소비에트 회의[1]

1   이 회의는 1917년 10월 25일(11월 7일) 오후 2시 35분에 열렸으며, 임시
정부 전복과 혁명 승리에 관한 군사혁명위원회의 보고를 들었다. 레닌은
소비에트 권력이 직면한 과제에 관한 보고서를 제출했다. 레닌이 동의한
결의안(뒤에 나온다)은 압도적 다수가 채택했다.

1
소비에트 권력 신문 보도의 임무에 관한 보고

동지들, 볼셰비키가 늘 그 필요성을 이야기해왔던 노동자와 농민 혁명이 완수되었다.

이 노동자·농민 혁명의 의미는 무엇인가? 그 의미는 무엇보다도 우리가 소비에트 정부, 우리 자신의 권력 기관, 부르주아는 전혀 참여하지 않는 권력 기관을 갖게 되었다는 것이다. 억압받는 대중은 스스로 권력을 창출할 것이다. 낡은 국가기구는 그 기초까지 박살날 것이며, 새로운 행정기구는 소비에트 조직이라는 형태로 세워질 것이다.

이제부터 러시아 역사의 새로운 국면이 시작된다. 이것은, 러시아 3차 혁명은 결국 사회주의의 승리로 귀결될 것이다.

우리의 긴급한 과제의 하나는 전쟁을 즉시 끝내는 것이다. 이 전쟁, 현재의 자본주의 체제와 밀접한 관련이 있는 전쟁을 끝내기 위해서는 자본 자체와 싸워야 한다는 것은 이제 모두가 분명히 알고 있다.

우리는 이 과제에서 세계 노동계급 운동의 지원을 받을 것이며, 이 운동은 이탈리아, 영국, 독일에서 이미 전개되기 시작했다.

국제 민주주의를 향한 정의로운 즉각적 평화 제안은 어디에서나 국제적 프롤레타리아 대중의 뜨거운 반응을 불러일으킬 것이다. 프롤레타리아의 신뢰를 강화하기 위해 모든 비밀 조약[2]은 즉시 공표되어야 한다.

러시아 내에서 농민의 대다수가 자본가들과는 오랫동안 함께 놀았다면서, 이제 노동자들과 함께 행진하겠다고 말했다. 이제 토지 소유를 끝장내는 단 하나의 법령이면 농민의 신뢰를 얻게 될 것이다. 농민은 노동자들과 동맹을 맺을 때에만 구원을 얻을 수 있다는 사실을 이해할 것이다. 우리는 노동자의 진정한 생산 통제를 제도화할 것이다.

---

2   차르 체제와 이후의 부르주아 임시정부가 영국, 프랑스, 독일, 일본을 비롯한 제국주의 세력과 체결한 비밀 조약 같은 비밀 외교 문서들을 가리킨다. 1917년 11월 10일(23일)부터 이 문서들이 「프라우다」와 「이즈베스티야」에 공개되기 시작했으며, 12월에는 『전 외무부 문서보관소 비밀문서 모음』이라는 제목의 시리즈로 간행되었다. 이 책은 1917년 12월부터 1918년 2월까지 일곱 권이 간행되었다. 소비에트 정부는 비밀조약 공표로 합병과 배상 없는 전반적인 민주적 강화를 위한 중요한 돌파구를 열었으며, 제1차 세계대전의 제국주의적 성격을 폭로했다.

우리는 이제 협력을 해야 한다는 것을 배웠다. 방금 완료된 혁명이 그 근거다. 우리는 대중조직의 힘을 소유하고 있으며, 이것은 모든 것을 극복하고 프롤레타리아를 세계혁명으로 이끌 것이다.

우리는 이제 러시아에 프롤레타리아 사회주의 국가를 건설하는 일에 나서야 한다.

세계 사회주의혁명 만세!(우레와 같은 갈채.)

2
결의안

페트로그라드 노동자·병사 대의원 소비에트는 페트로그라드 프롤레타리아와 수비대의 혁명 승리를 환영한다. 소비에트는 많은 피를 흘리지 않고 엄청난 성공을 거두었다는 점에서 특별했던 이 봉기에서 대중이 보여준 연대, 조직, 규율, 완전한 만장일치를 특별히 강조한다.

혁명으로 창조될 노동자·농민 정부는 소비에트 정부로서 도시 프롤레타리아에게 빈농 대중 전체의 지지를 확보해줄 것이다. 이 정부는 확고하게 사회주의를 향해 전진할 것이며, 이것이 전쟁의 헤아릴 수 없는 참화로부터 이 나라를 구하는 유일한 수단이라는 것이 소비에트의 흔들림 없는 확신이다.

새로운 노동자·농민 정부는 즉시 모든 교전국에 정의롭고 민주적인 강화를 제안할 것이다.

이 정부는 즉시 토지 소유를 폐지하고, 토지를 농민에게 넘겨줄 것이다. 이 정부는 노동자의 생산 통제와 물자 분배를 제도화하고, 국가의 은행 통제를 확립하는 동시에 은행들을 단일한 국가 사업체로 바꿀 것이다.

페트로그라드 노동자·병사 대의원 소비에트는 모든 노동자와 농민에게 헌신적으로, 모든 힘을 쏟아 노동자와 농민 혁명을 지지할 것을 요구한다. 소비에트는 도시 노동자들이 빈농과 동맹하여 엄격한 동지적 규율을 보여주고 가장 엄격한 혁명 질서를 확립할 것이라는 확신을 표명한다. 이것이야말로 사회주의 승리에 필수적이다.

소비에트는 서유럽 국가들의 프롤레타리아가 우리를 도와 사회주의 대의의 완전하고 지속적인 승리를 달성해 나아갈 것임을 확신한다.

출전

이 책에 실린 레닌의 글은 모두 다음 책에서 옮긴 것이다.

V. I. Lenin, *Collected Works*, 4th English edition, 42 volumes, Moscow: Progress Publishers 1964.

1 멀리서 쓴 편지들

vol. 23, pp. 295~342. 레닌이 1917년 3월 7일(20일)부터 26일(4월 8일)까지 작성한 글을, 레빈M. S. Levin과 조 파인버그Joe Fineberg 외 여러 명이 영어로 옮기고, 레빈이 편집했다.

2 당면한 혁명에서 프롤레타리아의 임무(「4월테제」)

vol. 24, pp. 21~29. 레닌이 1917년 4월 7일(20일) 「프라우다」에 발표했으며, 버나드 아이작스Bernard Isaacs가 영어로 옮기고 편집했다.

3 슬로건에 관하여

vol. 25, pp. 185~192. 레닌이 1917년 7월에 쓴 글을 스테판 아프레시안Stephan Apresyan과 짐 리오단Jim Riordan이 영어로 옮기고 편집했다.

4 임박한 파국, 어떻게 그것과 싸울 것인가

vol. 25, pp. 323~369. 레닌이 1917년 10월에 발표한 글을 스테판 아프레시안과 짐 리오단이 영어로 옮기고 편집했다.

5 혁명의 한 가지 근본 문제

vol. 25, pp. 370~377. 레닌이 1917년 9월 14일(27일)에 발표한 글을 스테판 아프레시안과 짐 리오단이 영어로 옮기고 편집했다.

6 볼셰비키는 권력을 장악해야 한다

vol. 26, pp. 19~21. 레닌이 1917년 9월 12~14일(25~27일)에 쓰고 1921년에 발표한 글을, 유리 소도니코프Yuri Sodobnikov와 조지 한나George Hanna가 영어로 옮기고, 조지 한나가 편집했다.

7 마르크스주의와 봉기

vol. 26, pp. 22~27. 레닌이 1917년 9월 13~14일(26~27일)에 쓰고 1921년에 발표한 글을, 유리 소도니코프와 조지 한나가 영어로 옮기고, 조지 한나가 편집했다.

8 혁명의 임무

vol. 26, pp. 59~68. 레닌이 1917년 10월에 발표한 글을, 유리 소도니코프와 조지 한나가 영어로 옮기고, 조지 한나가 편집했다.

9 위기가 무르익었다

vol. 26, pp. 74~85. 레닌이 I~III, V는 1917년 10월 20일(11월 2일), IV, VI은 1924년에 발표하였고. 이를 유리 소도니코프와 조지 한나가 영어로 옮기고, 조지 한나가 편집했다.

10 한 국외자의 조언

vol. 26, pp. 179~181. 레닌이 1917년 10월 8일(21일)에 쓰고 1920년 11월에 발표한 글을, 유리 소도니코프와 조지 한나가 영어로 옮기고, 조지 한나가 편집했다.

11 동지들에게 보내는 편지

vol. 26, pp. 195~215. 레닌이 1917년 10월 17일(30일)에 쓰고 11월에 발표한 글을, 유리 소도니코프와 조지 한나가 영어로 옮기고, 조지 한나가 편집했다.

12 페트로그라드 노동자·병사 대의원 소비에트 회의

vol. 26, pp. 239~241. 레닌이 1917년 10월 25일(11월 7일)에 발표한 글을, 유리 소도니코프와 조지 한나가 영어로 옮기고, 조지 한나가 편집했다.

2008년 한국어판 옮긴이 후기

타자기로 쳐서 여러 번 복사하는 바람에 잘 보이지도 않는 레닌의『무엇을 할 것인가』번역판을 처음 읽었을 때의 충격을 기억하는 사람들이 아직도 꽤 있을 것이다. 무엇에 충격을 받았던 것일까? 대부분 그 내용, 또는 어떤 행동 방침을 꼽을지 모르지만, 그런 내용을 빚어낸, 어떤 면에서는 생경하다고까지 할 수 있는 발상에도 적잖이 충격을 받았을 것이다. 사실 이 문건의 영향력이나 그 뒤의 흐름을 생각해볼 때, 레닌의 생각이 야기한 결과보다는 생각하는 방법으로부터 받은 충격이 좀 더 강했더라면 하는 아쉬움이 남기도 한다(『무엇을 할 것인가』가 스스로 생각할 것을 장려하는 내용과는 거리가 멀다는 점에서 아이러니이기는 하지만). 사실 많은 경우 생각의 결과를 받아들이는 것은 상대적으로 쉽지만, 생각하는 방법을 배우기는 그렇게 쉽지 않은 것 같다. 최악의 경우 그야말로 '포즈'만 가져오는 폐해 또한 만만치 않기도 하다.

당연한 말이지만, 한 개인의 하루하루와 마찬가지로 사회적인 상황 또는 위기도 늘 되풀이되는 것인 동시에 늘 전례 없는 것이기도 하다. 이런 상황에서 개인이든 어떤 역사적 과제를 떠안은 집단이든 전과 다름없는 결과를 되풀이해 내놓기도 하고, 외려 전보다 못한 결과에 좌절하기도 하고, 간혹 전례 없는 결과물을 창조해내기도 한다. 1917년 2월혁명 이후 러시아의 상황도 10여 년 전에 벌어졌던 상황의 되풀이인 동시에 전례 없는 상황이기도 했다. 많은 사람들이 어떤 틀에 맞추어 그 상황을 재단하면서 이전 역사 또는 다른 나라의 예와 비슷한 결과물을 만들어내려 했다. 그러나 레닌은 심지어 부인 크루프스카야에게 제정신이 아니라는 말을 들어가면서까지 새로운 눈으로 상황을 보고 또 새로운 주장을 했으며, 마침내 어떤 사람들은 경탄하고 어떤 사람들은 경악하는 전례 없는 결과물을 만들어냈다. 도대체 레닌은 어떤 식으로 생각을 했던 것일까?

지젝은 바로 그 점을 확인하기 위해, 이 책『혁명의 기술에 관하여』에 레닌이 1917년 2월부터 10월 사이에 쓴 주요 문건들을 모아 놓았다. 현재의 시점에서 이 글들을 일독하는 것은 그 자체로도 상당히 흥미 있는 일이 될 것이다.

그러나 지젝이 현 시점에서 90년 전 레닌의 글들을 다시 읽어보자고 하는 것은 회고 취미나 단순한 지적인 흥미 때문은 아니다. 자신의 앞에 놓인 21세기의 상황이 어떤 면에서는 1917년 레닌 앞에 놓인 상황의 되풀이인 동시에 전례가 없는 상황이라고 판단했기 때문이다. 그래서『레닌의 유산: 진리로 나아갈 권리』에서는 직접 나서서, 현재의 상황을 염두에 두면서 1917년에 레닌이 했던 생각을 살펴본다. 물론 레닌의 생각이 야기한 '낡은' 결과물을 가져오려는 것이 아니라, 레닌이 생각하던 방식, 또 그 앞뒤의 배경이나 결과를 추적하면서 거기서 배울 것을 배워 현재의 상황을 돌파할 해법을 모색하려는 것이다. 레닌이라는 날실을 지젝 자신의 공부, 그리고 그 나름의 독보적인 발상과 사유라는 씨실과 엮어 옷감을 짜 나아가는 일이니, 그 복잡하고 입체적인 무늬를 파악해 나아가는 것도 만만치는 않은 일이다. 그러나 결과만을 암기하려 하지 않는 다음에야 그런 까다로움이 바로 즐거움이기도 한 것 아닐까. 사실 우리 앞에 놓인, 언젠가 본 것 같으면서도 뭔가 다른 상황을 두고 생각을 갈아 날을 세우는 데 이만큼 좋은 기회도 드물지 싶다.

지젝의 논평이나 발상에 대해 레닌 자신은 과연 뭐라고 응수할까? 자못 궁금한 일이지만, 아쉽게도 그것은 이 책이 제공할 수 있는 범위를 넘어선다. 그 점은 각자 머릿속의 레닌에게 직접 물어볼 수밖에.

이 책을 번역하면서 일일이 거명할 수 없을 만큼 많은 도움을 받았지만, 한 가지만큼은 언급해두고 싶다. 레닌이 쓴 글들을 번역하면서 멀리는 20여 년 전에 나온 번역들까지 들추어보게 되었는데, 그 결과 번역을 업으로 삼고 사는 사람으로서 여러 대목에서 감탄하지 않을 수 없었다는 것이다. 그 익명의, 또는 가명의 번역자들의 뜨거움과 젊음에 경의를 표한다.

2017년 한국어판 옮긴이 후기

이 책의 첫 번역판이 나온 것은 2008년, 지금으로부터 거의 10년 전이다. 이명박 대통령이 취임한 것이 2007년이니 책을 번역하는 사람이나 펴내는 사람이나 읽는 사람이나 어떤 심정이었을지 짐작이 간다. 그 마음은 이후 10년 간 비슷했을 것이다. 한편으로는 이 책에서 많은 위로를 받기도 했을 것이다.

지젝이 매우 중시하고 높이 평가하는 것 가운데 하나가, 세계대전이 벌어지면서 이른바 좌파 대부분이 애국주의로 기울고 있던 시점에서, 또 그것을 이런저런 궤변으로 합리화하는 상황에서, 레닌만이 거의 유일하게 거기에서 벗어나 세계대전을 제국주의 전쟁으로 규정하고 반대했다는 점이다. 아마도 지젝이 레닌의 글을 모으고 거기에 공들여 주석 겸 해설을 쓴 것은 그런 점, 레닌이 어떤 상황에서도 자신의 당파성을 가장 깊고 견고한 진리와 결합시키려는 노력을 멈추지 않았다는 점 때문이 아닐까 싶다. 지젝 또한 좌파마저 상품화되는, 세계를 해석할 뿐 아니라 바꾸는 역할을 한다는 좌파의 긍지가 희화화되는 세계에 살고 있기 때문이다.

우리는 우리 나름으로 지난 10년 동안 끝 모르는 퇴행을 지켜보고, 때로는 거기에 휩쓸렸으며, 그 와중에 많은 사람들이 그 10년 이전까지 거슬러 복기하고 또 다음 수를 내다보았을 것이다. 그럴 때 레닌과 지젝을 연결하는 『혁명의 기술에 관하여』와 『레닌의 유산: 진리로 나아갈 권리』가 몇몇 사람에게는 위로도 되고 보탬도 되었으리라 짐작해보는 것이다. 물론 레닌이든 지젝이든, 어떤 사람을 또는 어떤 경험을 복제하려는 시도는 당연히 어리석은 일이며, 이 책을 펼친 독자들이 그런 어리석음에서 출발했을 리도 없다. 그러나 상황을 궁구하고 진지하게 한 걸음을 내딛고자 하는 마음과 논리들이 서로를 비추며 위로도 되고 보탬도 되리라는 것 또한 분명하다.

레닌에게 러시아 민중의 폭발이 마치 '도적'처럼 다가왔듯이, 우리에게도 지난 10년을 마감하는 사건은 너와 내가 모두 참여했으면서도 동시에 우리 모두의 예상을 넘어서서 다가왔다. 그 덕분에 새로운 해방의 공기를 맛있게 숨 쉬고 있지만, 순식간에 현실은 우리 뒷덜미를 낚아채고 있다. 지난 10년을 마감한 것은 사실이지만, 그리고 그 사건으로 인해 새로운 10년, 20년이 잉태되고 있겠지만, 당장 눈앞에 밀려오는 현실은 우리의 생각이 여전히 얕다는 사실을 여지없이 드러낸다. 그래서 혹시 이 책이 다시 위로가 되고 보탬이 될지도 모른다는 생각도 든다. 여전히 그럴 만한 책이면 좋겠다. 마침 올해는 러시아혁명 100주년이다. 어떤 식으로든 그 영향을 받고 살아온 우리 모두가 다시 큰 그림을 살펴보는 계기가 되기를 기대한다.

러시아혁명 연보

1861년, 알렉산드로 2세가 농노 해방령을 실시하다.

1870년 4월 22일, 블라디미르 일리치 레닌이 출생하다.

1902년, 레닌이 『무엇을 할 것인가』를 발표하다.

1905년 1월 9일 '피의 일요일', 군인들이 수도 상트페테르부르크에서 8시간 노동제와 최저임금제를 요구하며 평화 시위를 하고 있던 14만 명의 노동자들에게 발포하여 수백 명이 죽고 수천 명이 부상당한 사건이 벌어지다. 러시아 전역으로 시위가 확산되고, 노동자들은 총파업을, 농민들은 폭동을, 일부 군인들은 반란을 일으키다. 9월, 러일전쟁에서 러시아가 패배하다.

● 날짜는 러시아력(율리우스력)을 따랐다.

10월, 니콜라이 2세는 국민의 기본권과 자유, 선거에 의한 제헌 의회 창설을 약속하는 '10월선언'을 발표하다.

12월, 모스크바 노동자들이 10일 간 무장봉기를 일으키다.

1906년 5월, '10월선언'에 따라 간접선거에 의한 러시아 최초의 입법 의회 '두마'가 구성되다.

1914년 8월, 제1차 세계대전이 발발하다.

1917년 1월 9일, '피의 일요일'을 기념하여 페테로그라드의 노동자 5만 명이 파업에 동참하다.

2월 23일 '2월혁명', '세계 여성의 날'에 페트로그라드에서 식량 배급을 받기 위해 줄을 서고 있던 여성들이 시위를 시작하면서 혁명이 촉발되다. 여성들과 노동자들이 "차르 타도!" "빵을 달라!" "전쟁 반대!" 등의 슬로건을 내걸고 파업과 시위를 시작하다. 니콜라이 2세는 카발로프 장군은 니콜라이 2세의 진압 명령을 거부하였고, 일부 군부마저 반란을 일으켜 시위대에 가담하기 시작하다.

3월 2~15일, 니콜라이 2세가 퇴위하고, 두마 임시위원회가 임시정부를 수립하다. 로마노프 왕조 시대가 마감하다.

4월 4일, 스위스에 망명 중인 스위스로부터 독일이 제공한 열차 편으로 귀국한 레닌이 「4월테제」를 낭독하다. 이후 볼셰비키는 이를 강령으로 삼아 "모든 권력은 소비에트로"라는 슬로건을 내세워 임시정부에 대항하다.

4월 20~21일, 전쟁을 계속한다는 내용을 담은 비밀문서 폭로로 인해, 임시정부 외교정책을 반대하는 시위가 열리다.

5월 2일, 외무장관 밀류코프가 사임하다.

6월 3~24일, 전 러시아 소비에트 1차 대회에 개최되었다. 레닌은 볼셰비키 소수파를 대표하여 정권 장악을 선언하다.

7월 3~7일, 페트로그라드의 일부 병사들과 노동자들이 임시정부 타도를 외치며 무장봉기를 일으키다. 임시정부는 이를 볼셰비키 탄압의 구실로 삼아 트로츠키와 콜론타이 등 주요 지도자들을 체포하다. 레닌은 핀란드로 탈출하다.

7월 중순, 레닌이 「슬로건에 관하여」를 작성하다.

7월 24일, 케렌스키가 새로운 총리로 하는 3차 임시정부가 수립되다.

8월 27~31일, 코르닐로프 총사령관의 쿠데타가 실패하다.

9월 10~14일, 레닌이 「임박한 파국, 어떻게 그것과 싸울 것인가」를 작성하다.

9월 14일, 레닌이 「혁명의 한 가지 근본 문제」를 「라보치 푸트」에 발표하다.

9월 15일, 레닌이 「볼셰비키는 권력을 장악해야 한다」를 페트로그라드 볼셰비키 지도부에 전달하다.

9월 25일, 볼셰비키가 페트로그라드 소비에트에서 다수파가 되고, 트로츠키가 페트로그라드 소비에트 의장이 되다.

9월 29일, 레닌이 「위기가 무르익었다」를 작성하다.

10월 8일, 레닌이 「한 국외자의 조언」을 작성하다.

10월 10일, 볼셰비키 당 중앙위원회 회의에서, 레닌이 주장대로 무장봉기 조직과 권력 장악을 의사일정으로 확정하다.

10월 17일, 레닌이 「동지들에게 보내는 편지」를 작성하다.

10월 24~25일 '10월혁명'. 볼셰비키가 무장봉기를 일으켜 저항 없이 수도 페드로그라드를 점령하다. 혁명군사위원회는 임시정부의 해체를 선언하고 정권을 장악하다.

10월 25~26일, 전 러시아 소비에트 2차회의가 개최되다. 26일 새벽, 겨울궁전에 있던 임시정부 각료들을 체포하다. 오전 5시, 레닌이 작성한 선언문 「노동자, 병사, 농민에게」를 채택하여 혁명정부 수립을 합법화하다.

10월 26~27일, 전 러시아 소비에트 대회가 레닌의 「평화와 토지에 관한 포고령」을 인준하고, 레닌을 의장으로 하는 볼셰비키 혁명정부인 '인민위원회' 수립을 선언하다.

찾아보기

옮긴이 **정영목**

서울대학교 영문학과를 졸업하고 동 대학원을 졸업했다. 현재 전문번역가로 활동하며 이화여대 통역번역대학원 교수로 재직 중이다. 제3회 유영번역상과 제53회 한국출판문화상(번역 부문)을 수상했다. 옮긴 책으로『마르크스 평전』『프로이트』(1, 2)『호치민 평전』『로드』『카인』『죽음의 중지』『텍스트의 포도밭』『굴드의 피아노』『권력의 법칙』『제5도살장』『카탈로니아 찬가』『눈먼 자들의 도시』등이 있다.

파국과 혁명 사이에서 1

혁명의 기술에 관하여

1판 1쇄 펴냄 | 2017년 10월 25일

지은이 블라디미르 일리치 레닌
옮긴이 정영목
발행인 김병준
편집장 김진형
디자인 박연미·이순연
발행처 생각의힘

등록 2011. 10. 27. 제406-2011-000127호
주소 경기도 파주시 회동길 37-42 파주출판도시
전화 031-955-1653(편집), 031-955-1321(영업)
팩스 031-955-1322
전자우편 tpbook1@tpbook.co.kr
홈페이지 www.tpbook.co.kr

ISBN 979-11-85585-43-7 04300
ISBN 979-11-85585-42-0 04300 (세트)

이 도서의 국립중앙도서관 출판시도서목록(CIP)은
서지정보유통지원시스템 홈페이지(http://seoji.nl.go.kr)와
국가자료공동목록시스템(http://www.nl.go.kr/kolisnet)에서
이용하실 수 있습니다.(CIP제어번호: CIP 2017025166)